Complete Lithuanian

Complete
Lithuanian

Meilutė Ramonienė
and Virginija Stumbrienė

For UK order enquiries: please contact Bookpoint Ltd,
130 Milton Park, Abingdon, Oxon OX14 4SB.
Telephone: +44 (0) 1235 827720. *Fax:* +44 (0) 1235 400454.
Lines are open 09.00–17.00, Monday to Saturday, with a 24-hour
message answering service. Details about our titles and how to
order are available at www.teachyourself.com

For USA order enquiries: please contact McGraw-Hill
Customer Services, PO Box 545, Blacklick, OH 43004-0545, USA.
Telephone: 1-800-722-4726. *Fax:* 1-614-755-5645.

For Canada order enquiries: please contact McGraw-Hill
Ryerson Ltd, 300 Water St, Whitby, Ontario L1N 9B6, Canada.
Telephone: 905 430 5000. *Fax:* 905 430 5020.

Long renowned as the authoritative source for self-guided
learning – with more than 50 million copies sold worldwide –
the *Teach Yourself* series includes over 500 titles in the fields of
languages, crafts, hobbies, business, computing and education.

British Library Cataloguing in Publication Data: a catalogue record for
this title is available from the British Library.

Library of Congress Catalog Card Number: on file.

First published in UK 2006 as Teach Yourself Lithuanian by Hodder
Education, part of Hachette UK, 338 Euston Road, London NW1 3BH.

First published in US 2006 by The McGraw-Hill Companies, Inc.

This edition published 2010.

The *Teach Yourself* name is a registered trade mark of Hachette UK.

Typeset by MPS Limited, a Macmillan Company.

Printed in Great Britain for Hodder Education, an Hachette
UK Company, 338 Euston Road, London NW1 3BH.

The publisher has used its best endeavours to ensure that the
URLs for external websites referred to in this book are correct and
active at the time of going to press. However, the publisher and the
author have no responsibility for the websites and can make no
guarantee that a site will remain live or that the content will remain
relevant, decent or appropriate.

Hachette UK's policy is to use papers that are natural, renewable
and recyclable products and made from wood grown in sustainable
forests. The logging and manufacturing processes are expected to
conform to the environmental regulations of the country of origin.

Impression number   10 9 8 7 6 5 4 3 2 1

Year   2014 2013 2012 2011 2010

Contents

Meet the authors

Meilutė Ramonienė

I am Associate Professor and Head of the Department of Lithuanian Studies at the University of Vilnius. My research interests include applied linguistics, the teaching of foreign languages, sociolinguistics and onomastics, on which I also lecture at the University of Vilnius. In the 1990s I became involved with issues of language education and assessment. I have taught Lithuanian as a foreign language at the University of Helsinki and I am the author of several textbooks and teacher reference books for teaching Lithuanian as a second language including CD-ROM **Po truputį**, **Practical grammar of Lithuanian, Threshold Level, Vantage Level and Waystage Level of Lithuanian**. I have also published papers on applied linguistics, sociolinguistics and anthroponymics and have been engaged in several international research projects.

Virginija Stumbrienė

I have been teaching Lithuanian to foreigners at the Department of Lithuanian Studies of Vilnius University since 1992. My field of interest is teaching and testing Lithuanian as a foreign language and I am one of the authors of a textbook for adults **Nė dienos be lietuvių kalbos** and textbooks for young learners **Labas** and **Mano ir tavo šalis Lietuva**. I was joint author of the book **365 Lithuanian verbs** which is very popular among students. They call it 'the blue Bible' because the cover of the first edition was blue. I also took part in developing and writing Lithuanian language tests for native and foreign learners and wrote descriptions of Lithuanian for A1 **Lūžis**, a series of books for language examiners and teachers. I am involved in the training of teachers and examiners.

Only got a minute?

Lithuania is a small country on the Baltic Sea, measuring 65,000 km². Lithuania's population totals more than 3 million people, of which 84 per cent are ethnic Lithuanians.

In Lithuania people still speak an ancient language that is similar to Latin and Sanskrit. Antoine Meillet, who was one of the most distinguished French linguists of the 20th century once said, that if you want to listen to how the ancient Indo-Europeans spoke, then you should go to a Lithuanian village and listen to the language of Lithuanian peasants. Lithuanian is indeed a very archaic language, especially its grammar and vocabulary.

There are two main dialects of Lithuanian, which are Aukštaitian and Žemaitian, and numerous sub-dialects, which are still spoken. If an Aukštaitian from a rural area would speak with a Žemaitian from a rural area, they would have difficulties in understanding one another unless they used standard Lithuanian.

Though Lithuanian itself is ancient, standard Lithuanian was developed rather recently, a little more than 100 years ago. It is based on the Western Aukštaitian dialect.

Though Lithuania's traditions of statehood stretch back to the 13th century, Lithuanian was not recognized as the state language until the 20th century. After the First World War with the establishment of the Republic of Lithuania, Lithuanian was recognized as the official state language for the first time in 1922. During the Soviet period, Lithuanian was pushed out of the public sphere, in areas such as transport, administration, industry, the police, etc. After the regaining of independence in 1990, Lithuanian returned to the public sphere, and is protected by the Constitution and the Law on the State Language.

The Lithuanian alphabet consists of 32 letters based on the Latin alphabet. Lithuanian doesn't have articles, word order in the sentence, and stress is variable. Lithuanian grammar is not easy. Nouns have two genders, seven cases. Verbs have two aspects, two voices, three moods, four simple and several compound tenses, three persons, many participles and some other specific forms.

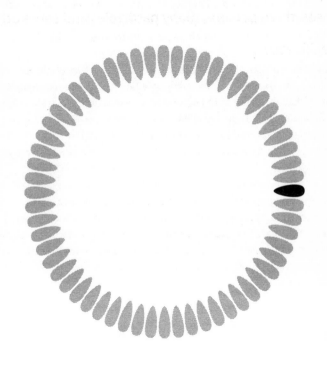

5 Only got five minutes?

Lithuania is a small country on the Baltic Sea that extends for over 65,000 km². There are no mountains, and its physical features are mostly plains and forests. People here live relatively far apart, as there are only 52 inhabitants for 1 km². Lithuania's population totals more than 3 million people, of which 84 per cent are ethnic Lithuanians.

In Lithuania people still speak an ancient language that is similar to Latin and Sanskrit. Antoine Meillet, who was one of the most distinguished French linguists of the 20th century once said, that if you want to listen to how the ancient Indo-Europeans spoke, then you should visit a Lithuanian village and listen to the language of Lithuanian peasants. Lithuanian is indeed a very archaic language, especially its grammar and vocabulary.

Like other languages, there are a number of kinds of Lithuanian, which are used by people of different social backgrounds and ages. However, the greatest differences can be found in the various dialects of Lithuanian. Linguists have divided them into two main dialects, which are Aukštaitian and Žemaitian, and numerous sub-dialects, which are still spoken.

If an Aukštaitian from a rural area spoke to a Žemaitian from a rural area, they would have difficulties in understanding one another unless they used standard Lithuanian. The Aukštaitian and Žemaitian dialects, which are the main dialects, do not have many linguistic similarities, so speakers are unable to understand each other. Though Lithuanian itself is ancient, standard Lithuanian was developed rather recently, a little more than 100 years ago. It is based on the Western Aukštaitian dialect.

Though Lithuania's traditions of statehood stretch back to the 13th century, Lithuanian was not recognized as the state language until the 20th century. After the First World War with the establishment of the Republic of Lithuania, Lithuanian was recognized as the official state language for the first time in the 1922 Constitution of the Republic of Lithuania. During the Soviet period, Lithuanian was pushed out of the public sphere, in areas such as transport, administration, industry, the police, etc. Russian began to dominate in these as well as other areas. After the regaining of independence in 1990, Lithuanian returned de jure and de facto to the public sphere, and is protected by the Constitution of the Republic of Lithuania and the Law on the State Language.

There are approximately 3 million Lithuanians in Lithuania, for whom Lithuanian is the mother tongue. Most of the inhabitants of other ethnicities in Lithuania know and use Lithuanian as a second language and for official matters. They speak Lithuanian in official situations, at work, and learn it at school. Lithuanian is the main language of institutions of higher education and universities.

Approximately one million Lithuanians live abroad. There are a number of Lithuanians living in Poland and Belarus who live in towns and villages near the border that have been inhabited by Lithuanians for centuries and who still speak Lithuanian, though they are citizens of other countries. You can also find Lithuanian schools there. A number of Lithuanians emigrated to other countries at different times. Most of them know Lithuanian and teach Lithuanian to their children.

There are large Lithuanian communities in the US, Canada, the UK, Ireland, Spain, Australia, Brazil and elsewhere and they have their own Lithuanian media, and Lithuanian weekend schools where they can learn and practise Lithuanian.

Foreigners learn Lithuanian as a foreign language in both Lithuania and abroad. More than three hundred people of various ages eager to learn Lithuanian take part in Lithuanian language courses at Vilnius University. There are Lithuanian language courses for foreigners at Vytautus Magnus University in Kaunas, Klaipėda University and other universities in Lithuania, and at various language schools and centres.

As Lithuanian is one of the most archaic Indo-European languages, it is taught in various universities all over the world, for example in Seattle and in Illinois in the US, Helsinki, Greifswald, Warsaw, Paris, Budapest,

Prague, Brno, Tokyo and elsewhere. Linguists all over the world are interested in Lithuanian, along with scientists, artists, businessmen and women, and people from other fields in various countries that learn and use Lithuanian as a means of communication.

The Lithuanian alphabet consists of 32 letters based on the Latin alphabet. The most distinct Lithuanian letters are Ą, Ę, Į, Ų, Ū, Ė, Č, Š, Ž, because they have special Lithuanian diacritic marks.

It is easiest to learn how to read Lithuanian, because each letter equals one sound. Lithuanian doesn't have articles, which also makes learning easier for those who don't have articles in their own language.

One advantage of Lithuanian is that you don't need to learn rules about word order in the sentence, because there is no word order in Lithuanian.

Stress is also free in Lithuanian, which may make it difficult to learn where to put the stress, because there are a number of types of stress, and these different kinds of stress can change the meaning.

So Lithuanian grammar is certainly not easy, especially for those whose mother tongue doesn't have many inflections, for example, English.

Lithuanian nouns have two genders, seven cases, which are different depending on whether they are in the singular or in the plural. They have different endings, which are sometimes very similar which make them difficult to remember. In addition, there are a number of different types of nouns, the declension of which is different.

Lithuanian verbs have two aspects, two voices, three moods, four simple and several compound tenses, three persons, many participles and some other specific forms.

Despite the difficulties, you can certainly learn Lithuanian. There are many foreigners who have learnt Lithuanian by attending various courses or studying independently, and can speak Lithuanian in everyday situations, and there are some who even write books or other works in Lithuanian.

Introduction

Welcome to **Complete Lithuanian**. This book is a complete course for beginners in spoken and written Lithuanian. It has been written for you to use on your own in order to learn how to communicate in Lithuanian independently in everyday life. We hope that the study of this book should enable you to:

▶ achieve the 'threshold' level in the Lithuanian language and be able to use it
▶ acquire essential grammar and vocabulary
▶ gain some insight into Lithuania and Lithuanian culture.

We wanted to write this book in such a way that it would not be difficult to study for a person who is not especially interested in grammar and linguistic matters or who does not necessarily know linguistic terminology. We have tried to use linguistic terms as little as possible. This, however, is no easy task, since Lithuanian is a very 'grammatical' language. In our language, endings and grammatical models are the main elements of the language in which we communicate. Therefore, there will be quite a lot of grammatical constructions in this book too, starting at the very first unit.

Our warmest thanks go to:

Rūta Buivydienė for putting the accent marks in the dictionaries; Jogile Ramonaitė for her help with the manuscript; our colleagues Lina Blauzdavičiūtė, Irena Raščiuvienė and Aurelija Kaškelevičienė for the consultations; Irmina Dūdėnienė for the cheerful drawings in the book; Ainė Ramonaitė, Eugenijus Stumbrys, Arūnas Šiurkus and Donatas Tarasevičius for the photos.

We also thank everyone who has contributed to the preparation and publication of this book.

The Lithuanian language

Lithuanian is one of the oldest living Indo-European languages and it has retained many archaic linguistic features that are also characteristic of Latin and Sanskrit. It has preserved its ancient system of sounds and most of its grammatical features and continues to use a significant number of old words. That is why linguists interested in Indo-European languages want to learn it. Lithuanian is one of two Baltic languages of the Indo-European family, the other being Latvian. But Lithuanians cannot communicate with Latvians when each talks his own language if they have not studied it, unlike, say, Swedes, Norwegians and Danes.

Standard Lithuanian is about 100 years old, which makes it relatively young, and it is the only state language of the Lithuanian Republic. It is used in all spheres of public life, education, and the media. In informal and semi-formal contexts, regional and urban dialects are used, two major ones of which are Aukštaičių and Žemaičių. These two dialects differ markedly – we find that users of different dialects can hardly understand one another unless they communicate in standard Lithuanian.

The population of Lithuania is 3,425,000, Lithuanian being the mother tongue of the vast majority (over 80%). It is also spoken by the majority of non-native speakers living in Lithuania and almost a million Lithuanians living abroad. Since 1 May 2004 Lithuania has been a member state of the European Union. Many tourists, students and specialists in different fields come to work in our country. Many of them learn to speak Lithuanian perfectly. We do hope that you, too, will be able to learn Lithuanian from this book and that you will come to Lithuania. We hope that you will like it there so much you will be able to talk the language taught in this book fluently.

Alphabet and pronunciation guide

If you have the recording listen to the alphabet, then repeat the sounds out loud as you hear them.

Lithuanian letter	Sound pronounced roughly as in English
A a	art, duck
Ą ą always long	art
B b	big
C c	bits
Č č	church
D d	day
E e	get
Ę ę always long	cat
Ė ė	air
F f	far
G g	go
H h	how
I i short	it
Į į	meet
Y y	meet
J j	young
K k	keep
L l	lovely
M m	man
N n	no
O o	short, spot
P p	pen
R r	dry
S s	see
Š š	sheep
T t	tall
U u	pull

Ų ų	cool
Ū ū	cool
V v	very
Z z	zoo
Ž ž	leisure

Lithuanian, like English, uses the Roman alphabet. There are 32 letters and the majority of Lithuanian letters are pronounced as in English, although there are some special letters that have diacritical marks hacek, dot, macron and tail:

č, š, ž   ė   ū   ą, ę, į, ų

Some letters with diacritical marks represent sounds that are completely different from the same letter with no diacritical mark. For example:

s–š
saldus (as in the English word *see*) – šuo (as in the English word *sheep*)

z–ž
zylė (as in the English word *zoo*) – žemė (as in the English word *leisure*)

c–č
cukrus (as in the English word *bits*) – čia (as in the English word *church*)

e–ė
esu (as in the English word *get*) – ėmė (as in the English word *air*)

A 'tail' (we call it 'nosinė') on vowels ą, ę, į, ų indicates the length; these are always long vowels. Sometimes a tail may show a grammatical meaning, for example the accusative singular or genitive plural is always written with a tail at the end.

There are several diphthongs in Lithuanian, that is, when two vowels or vowel–consonant are pronounced together in one syllable:

ai, au, ei, ie, ui, uo
al, am, an, ar,
el, em, en, er,

il, im, in, ir,
ul, um, un, ur

Some digraphs (a combination of two letters, representing one sound) are also used in Lithuanian; they are pronounced as follows:

ch as in Scottish Lo**ch** Ness
dz as in woo**ds**
dž as in **j**ungle

The consonants in Lithuanian are similar to the English consonants, but there are, of course, some differences. Lithuanian consonants **p, t, k** are pronounced without the puff of air that usually follows them in English.

Another difference is that Lithuanian consonants can be soft (palatalized) or hard depending on their position. Consonants are *always* soft before vowels **i, į, y, e, ę, ė** and diphthongs **ei, ie, el, em, en, er, il, im, in, ir**:

tiltas	kelti
tyla	pempė
ledas	kerpa
lėkė	tinginys

Before vowels **a, ą, o, u, ų, ū** and diphthongs **ai, au, ui, uo** consonants are hard:

namas	laiko
moko	Kaunas
kūnas	puodas
buvo	smuikas

Sometimes **i** precedes **a, ą, o, u, ų, ū, ai, au, ui, uo**. In these cases **i** is not pronounced at all, but **i** softens the preceding consonant:

kelias	kliūtis
gražiai	lietuvių
Vilnius	mažiau
kelionė	žaliuosius

If the consonant **t** or **d** occurs in such a position (when changing an ending or suffix), **t** changes into **č** and **d** into **dž**:

dviratis → dviračio, dviračiai
laikrodis → laikrodžio, laikrodžiai
karšta → karščiau
saldu → saldžiau

Stress

Stress in Lithuanian is 'free' and may fall on almost any syllable in the word. Because of this, and due also to the fact that when the form of the word changes, the stress very often changes as a result, lists of words and glossaries in the 13 units of the book do not carry stress marks. These are only to be found on the dictionary forms of the words, which you can find in the vocabulary sections at the back of the book.

Rules concerning word stress are really quite complicated in Lithuanian, unfortunately, so it is best if you try to imitate both pronunciation and stress as exactly as you can when listening to the recordings.

How to use this book

There are 13 units in the book, each consisting of six sections: dialogues, reading and listening, vocabulary, language points, information on culture and exercises.

In the dialogues, you will learn Lithuanian as it is really spoken, in a variety of real-life situations (meeting and introducing people, shopping, ordering meals and drinks in a cafe, renting an apartment, booking tickets at the station or theatre etc.).

You will be able to understand the gist as well as the details of reading and listening texts (advertisements, timetables, transport tickets, personal letters and the like) in the unit reading and listening section.

It is important to note that to understand the dialogues and reading and listening texts fully you will first need to study the vocabulary, language points, culture sections and to do the exercises which have been designed to practise communication, language structures and vocabulary.

As you study the vocabulary, remember that:

1 there are three main forms of verb; the question word of the case governed by the verb and the most popular prefix of completed action are introduced:

    (pa)laukti, laukia, laukė ko?   *to wait*
    (su)valgyti, valgo, valgė ką?   *to eat*

2 both masculine and feminine endings are indicated while introducing adjectives:

    geras, -a *good*; gražus, -i *beautiful*; gintarinis, -ė *amber*

3 both masculine and feminine endings are indicated while introducing past active participles:

    pavargęs, -usi *tired*; užsiėmęs, -usi *busy*

4 genitive endings are indicated while introducing nouns with ending -*is*; this helps determine the gender of noun:

    pilis, -ies *castle*; brolis, -io *brother*

There are a few nouns ending in -**is** that are masculine, but these will be pointed out as we go along:

    debesis, -ies (masc.) *cloud*

5 both masculine and feminine endings are indicated presenting names of persons, inhabitants and occupations:

    lietuvis, -ė *Lithuanian*; studentas, -ė *student*;
    mokytojas, -a *teacher*

Some vocabulary is presented in the unit's dialogues and reading and listening.

The language points section includes the grammar explanations. When you know the grammar better, you can create sentences of your own. You will feel much more confident while reading, listening to, speaking and writing in the Lithuanian language.

The culture section includes culturally specific information that will help you to understand the Lithuanian way of life, traditions and habits.

At the end of the book, you will find a key to the reading and listening exercises, a section containing grammar tables, and a Lithuanian–English and English–Lithuanian vocabulary (all the words from all the units).

The recording that accompanies the book contains all the dialogues and reading and listening texts. Listen to the recorded dialogues and texts a few times and then read out loud as often as you can. Try to practise your Lithuanian when you meet Lithuanians abroad and during your visits to Lithuania.

You will be happy – Lithuanians can understand you! And Lithuanians, too, will be happy that you are speaking to them in their language.

We hope you will enjoy your studies of Lithuanian and wish you the very best of luck!

Abbreviations

acc.	accusative
dat.	dative
fem.	feminine
gen.	genitive
inst.	instrumental
loc.	locative
masc.	masculine
nom.	nominative
pl.	plural
sing.	singular
voc.	vocative

1

Koks jūsų vardas?
What's your name?

In this unit you will learn
- *How to greet people*
- *How to meet people*
- *How to say thank you and respond when someone thanks you*
- *How to say your name and ask someone theirs*
- *How to ask where someone is from and say where you are from*
- *How to ask what languages someone speaks and say what languages you speak*
- *How to apologize and respond when someone apologizes to you*

Lietuva Lithuania *drawing by Irmina Dūdėnienė.*

This vocabulary box contains the vocabulary you will need to understand the following dialogues. Further words can be found underneath each specific dialogue.

ponas *Mr*
ponia *Mrs*
vardas *name*
pavardė *surname*
taip *yes*
ne *no*
ir *and*
būti, yra, buvo *to be*
kalbėti, kalba, kalbėjo *to speak*
suprasti, supranta, suprato ką? *to understand*
ačiū *thank you*
nėra už ką *responding to* **ačiū**
atsiprašau *sorry*
nieko tokio *no problem, it doesn't matter*
labas rytas *good morning*
laba diena *good day*
labas vakaras *good evening*
labas *hello*
sveikas *hello (addressing a man)*
sveika *hello (addressing a woman)*
labai malonu *nice to meet you*

Dialogue 1

Džonas	Labas rytas.
Rūta	Labas rytas.
Džonas	Mano vardas Džonas. Koks jūsų vardas?
Rūta	Labai malonu. Mano vardas Rūta.
Džonas	Ar jūs esate iš Lietuvos?
Rūta	Taip, aš esu iš Lietuvos, iš Vilniaus.

 jūsų *your (addressing politely)*

2

Dialogue 2

CD1, TR 4

Paulius	Laba diena.
Rita	Laba diena.
Paulius	Mano vardas Paulius.
Rita	Labai malonu. Mano vardas Rita.
Paulius	Aš tik truputį kalbu lietuviškai. Ar jūs kalbate angliškai?
Rita	Taip.
Paulius	Kalbame angliškai?
Rita	Gerai.

truputį *a little*
gerai *OK*

QV

Dialogue 3

CD1, TR 5

Lina Karaliūtė	Labas vakaras.
Aris Nieminenas	Labas vakaras. Atsiprašau, ar jūs esate ponia Nijolė Katinienė iš Vilniaus?
Lina Karaliūtė	Ne.
Aris Nieminenas	Oi, labai atsiprašau.
Lina Karaliūtė	Nieko tokio. Ponia Katinienė ten.
Aris Nieminenas	Labai ačiū.
Lina Karaliūtė	Nėra už ką.
Aris Nieminenas	Labas vakaras. Atsiprašau, ar jūs esate ponia Nijolė Katinienė?
Nijolė Katinienė	Taip. O jūs esate ponas Aris Nieminenas? Profesorius iš Helsinkio?
Aris Nieminenas	Taip.
Nijolė Katinienė	Labai malonu.
Aris Nieminenas	Labai malonu.

ten *there*

QV

Dialogue 4

Valentina Pičini	Labas rytas.
Administratorė	Labas rytas. Kokia jūsų pavardė?
Valentina Pičini	Pičini.
Administratorė	Koks jūsų vardas?
Valentina Pičini	Valentina.
Administratorė	Jūs esate iš Italijos? Iš Romos?
Valentina Pičini	Taip.

Reading and listening

1 Read the dialogue and finish the sentences

CD1, TR 7

Milda Gabrėnaitė	Labas, Kristina. Čia mano kolega iš **1** [Vilnius] – profesorius Giedrius Miškinis.
Kristina Bokoš	Laba diena. Labai malonu. Mano vardas Kristina, o pavardė Bokoš. Aš esu iš **2** [Budapest].
Giedrius Miškinis	Laba diena. Man taip pat labai malonu.
Milda Gabrėnaitė	Profesorius kalba **3** [Hungarian].
Kristina Bokoš	Puiku!
Giedrius Miškinis	Aš tik truputį kalbu vengriškai. Jūs, ponia Kristina, labai gerai kalbate **4** [Lithuanian].
Kristina Bokoš	Ačiū.

QV

tik *only*
puiku *excellent*
labai gerai *very good*

4

2 Listen to the dialogue. Mark with + the languages Marija and Karstenas speak and with – the languages they do not speak

	angliškai	vokiškai	rusiškai	prancūziškai	lietuviškai
Marija	+				
Karstenas					

Šalis, -ies Country	Sostinė Capital	Gyventojas, -a Inhabitant
Airija *Ireland*	Dublinas *Dublin*	airis, io; -ė *Irishman, Irishwoman*
Jungtinės Amerikos Valstijos (JAV), Amerika *United States of America (USA), America*	Vašingtonas *Washington*	amerikietis, -io; -ė *American*
Didžioji Britanija, Anglija *Great Britain*	Londonas *London*	anglas, -ė *Englishman, Englishwoman*
Austrija *Austria*	Viena *Vienna*	austras, -ė *Austrian*
Baltarusija *Belarus*	Minskas *Minsk*	baltarusis, -io; -ė *Belorussian*
Belgija *Belgium*	Briuselis, -io *Brussels*	belgas, -ė *Belgian*
Bulgarija *Bulgaria*	Sofija *Sofia*	bulgaras, -ė *Bulgarian*
Čekija *Czech Republic*	Praha *Prague*	čekas, -ė *Czech*
Danija *Denmark*	Kopenhaga *Copenhagen*	danas, -ė *Dane*
Estija *Estonia*	Talinas *Tallinn*	estas, -ė *Estonian*
Graikija *Greece*	Atėnai *Athens*	graikas, -ė *Greek*
Ispanija *Spain*	Madridas *Madrid*	ispanas, -ė *Spaniard*
Indija *India*	Delis, -io *Delhi*	indas, -ė *Indian*
Italija *Italy*	Roma *Rome*	italas, -ė *Italian*
Izraelis *Israel*	Tel Avivas *Tel Aviv*	žydas, -ė *Israeli*
Japonija *Japan*	Tokijas *Tokyo*	japonas, -ė *Japanese*
Kanada *Canada*	Otava *Ottawa*	kanadietis, -io; -ė *Canadian*

(Contd)

Šalis, -ies Country	Sostinė Capital	Gyventojas, -a Inhabitant
Kinija *China*	Pekinas *Beijing*	kinas, -ė *Chinese*
Kroatija *Croatia*	Zagrebas *Zagreb*	kroatas, -ė *Croat*
Latvija *Latvia*	Ryga *Riga*	latvis, -io; -ė *Latvian*
Lenkija *Poland*	Varšuva *Warsaw*	lenkas, -ė *Pole*
Lietuva *Lithuania*	Vilnius *Vilnius*	lietuvis, -io; -ė *Lithuanian*
Moldova *Moldova*	Kišiniovas *Kishiniov*	moldavas, -ė *Moldovan*
Norvegija Norway	Oslas *Oslo*	norvegas, -ė *Norwegian*
Nyderlandai, Olandija *Netherlands, Holland*	Amsterdamas *Amsterdam*	olandas, -ė *Dutchman, Dutchwoman*
Portugalija *Portugal*	Lisabona *Lisbon*	portugalas, -ė *Portuguese*
Prancūzija *France*	Paryžius *Paris*	prancūzas, -ė *Frenchman*
Rumunija *Romania*	Bukareštas *Bucharest*	rumunas, -ė *Romanian*
Slovakija *Slovakia*	Bratislava *Bratislava*	slovakas, -ė *Slovak*
Slovėnija *Slovenia*	Liublijana *Liubliana*	slovėnas, -ė *Slovene*
Rusija *Russia*	Maskva *Moscow*	rusas, -ė *Russian*
Suomija *Finland*	Helsinkis, -io *Helsinki*	suomis, -io; -ė *Finn*
Švedija *Sweden*	Stokholmas *Stockholm*	švedas, -ė *Swede*
Šveicarija *Switzerland*	Bernas *Bern*	šveicaras, -ė *Swiss*
Turkija *Turkey*	Ankara *Ankara*	turkas, -ė *Turk*
Ukraina *Ukraine*	Kijevas *Kiev*	ukrainietis, -io; -ė *Ukrainian*
Vengrija *Hungary*	Budapeštas *Budapest*	vengras, -ė *Hungarian*
Vokietija *Germany*	Berlynas *Berlin*	vokietis, -io; -ė *German*

(Some countries, cities and villages have the nominative plural ending
-ai: **Atėnai** (*Athens*), **Nyderlandai** (*Netherlands*) etc. More information
about plural Nominative endings in Unit 3.)

Language points

Personal pronouns

To introduce ourselves or to ask information about others we need to
know the personal pronouns:

aš (I)	mes (we)
tu (you)	jūs (you)
jis (he)	jie (they)
ji (she)	jos (they)

The pronoun **jie** is used for an all-male group or a mixed male and female group: **Andrius** and **Tomas** – **jie**; **Andrius, Tomas** and **Rūta** – **jie**. The pronoun **jos** is used to speak about exclusively female company: **Rūta** and **Viktorija** – **jos**.

Possessive pronouns

Mano and **tavo** are possessive pronouns. To say that something belongs to me, we use **mano**, to say that something belongs to you, we use **tavo**: **Mano vardas Marius. Koks tavo vardas?** (*My name is Marius. What is your name?*):

aš	→	mano
tu	→	tavo

When we want to express respect we ask: **Koks jūsų vardas?** (*What is your name?*)

Asking someone's name and family name

Koks and **kokia** (*what*) are question words asking for special information. We use **koks** when we ask special information about a masculine noun: **Koks tavo vardas?** (*What is your name?*). And we ask **kokia** when we ask special information about a feminine noun: **Kokia jūsų pavardė?** (*What is your surname?*).

-a type verbs

There are three types of verb in Lithuanian. In order to know how to make the forms of the verb you need to know the verb in the present tense 3rd person form. How do you know what the verb in the present tense 3rd person form looks like? In learners' dictionaries of Lithuanian and in textbooks, three main forms of the verb are usually given: the infinitive (the form of verb having -ti at the end), present tense 3rd person and simple past tense 3rd person. Verbs having the ending -a in the present tense 3rd person are verbs of -a type.

Verbs of the -a type have the following endings in the present tense:

aš (I)	-u		mes (we)	-ame
tu (you)	-i		jūs (you)	-ate
jis (he), ji (she)	→	-a	jie (they, masc.)	←
			jos (they, fem.)	

The main forms of the verb **būti** (*to be*) are: **būti**, **yra** (present tense 3rd person), **buvo**.

The verb **būti** (*to be*) belongs to the -a classification. Although the verb **būti** has the typical endings in the present tense, you can see how different the root is in the 1st, 2nd and 3rd persons:

aš (I)	esu		mes (we)	esame
tu (you)	esi		jūs (you)	esate
jis (he), ji (she)	→	yra	jie (they, masc.),	←
			jos (they, fem.)	

The verb **būti** (*to be*) can be omitted in sentences like these: **Aš Gintaras.** (*I am Gintaras*), **Ji Rūta.** (*She is Rūta*).

Masculine and feminine gender

Nouns can be either masculine or feminine gender. Endings -as, -is, -ys, -us are typical masculine endings: **Paul*ius*, Ign*as*, Stas*ys*, Jurg*is*, lietuv*is*, angl*as*, šved*as*, japon*as*.** Endings -a and -ė are typical feminine noun endings: **Violet*a*, Egl*ė*, lietuv*ė*, angl*ė*, šved*ė*, japon*ė*.** It is obvious why nouns referring to men and women or nouns meaning masculine and feminine inhabitants are masculine and feminine in gender. But why is **Vilnius** (the capital of Lithuania) masculine and why is **Lietuva** (Lithuania) feminine? The ending -ius of the word **Vil*nius*** informs us that it is a masculine noun. The ending -a of the word **Lietuva** tells us that it is feminine.

Singular masculine nouns can be replaced by the personal pronoun **jis** (*he*) while singular feminine nouns can be replaced by **ji** (*she*).

Nouns meaning a male inhabitant of a different country have either -as or -is as their ending: **anglas** (*Englishman*), **švedas** (*Swede*), **lietuvis** (*Lithuanian*), **vokietis** (*German*). For female inhabitants, the ending is -ė. Once we know the noun for the male inhabitant, we can easily form the noun for the woman:

angl-as	angl + -ė	→	anglė
vokiet-is	vokiet + -ė	→	vokietė

Introducing yourself. Asking information about another person

To name people, cities, countries, we use the nominative case: **Ji yra lietuvė.** (*She is Lithuanian.*), **Aš esu anglas.** (*I am an Englishman.*), **Jis yra Vytautas.** (*He is Vytautas.*). To ask the question *who* or *what* we use the question word **kas**: **Aš esu Mindaugas. Kas jūs esate?** (*I am Mindaugas and who are you?*), **Aš esu lietuvė. Kas jūs esate?** (*I am Lithuanian and who are you?*), **Kas čia yra? Vilnius?** (*What is it? Is it Vilnius?*).

Most nouns in Lithuanian can be in either the singular or the plural. The endings of singular masculine and feminine nouns in the nominative are as follows:

Masculine			
Nom. (kas?)	-as	-is	-ys	-us
Nom. (kas?)	Londonas	Helsinkis	Panevėžys	Vilnius
	Jonas	Žilis	(city in	Paulius
	italas	latvis	Lithuania)	
			Stasys	

Feminine		
Nom. (kas?)	-a	-ė
Nom. (kas?)	Lietuva	Čilė
	Karolina	Eglė
		anglė

The question word **kas** is the interrogative word for the nominative case. After asking a question with **kas**, we expect an answer with the noun in the nominative. In the tables just presented, with the noun case endings, we put the question word of the case together with the name of the case: Nominative (**kas?**).

General questions using -ar

The question word **ar** is used for general questions and demands a **taip** (*yes*) or **ne** (*no*) answer: Ar jūs esate Lina? (*Are you Lina?*) – **Taip, aš esu Lina.** (*Yes, I am Lina*), Ne, aš esu Rita. (*No, I am Rita*).

The question word **ar** can be omitted in the question by using rising intonation to ask the question: Jūs esate Rūta? (*Are you Rūta?*), Jūs esate iš Vilniaus? (*Are you from Vilnius?*).

What languages do you speak?

The main forms of the verb **kalbėti** (*to speak*) are **kalbėti, kalba, kalbėjo.** The ending of the present tense 3rd person is -a. This means that the verb **kalbėti** is an -a type verb.

To make present tense 1st and 2nd persons we drop -a (the ending of the present tense 3rd person) and add endings typical of the present tense 1st and 2nd persons:

jis (he), ji (she) jie (they masc.), jos (they fem.) kalb-a			
kalb-a	aš (I) kalb + -**u**	→	kalb**u**
kalb-a	tu (you) kalb + -**i**	→	kalb**i**
kalb-a	mes (we) kalb + -**ame**	→	kalb**ame**
kalb-a	jūs (you) kalb + -**ate**	→	kalb**ate**

To say that you speak a certain language: **Aš kalbu lietuviškai ir angliškai** (*I speak Lithuanian and English*); to ask if someone speaks a certain language: **Ar jūs kalbate angliškai?** (*Do you speak English?*); to ask what languages people speak: **Kaip jūs kalbate?** (*What languages do you speak?*) you need to drop the ending -as or -is from the word for the inhabitant of the country and add the suffix -iškai.

Using adverbs with -iškai **prancūziškai, lenkiškai, lietuviškai, ispaniškai** in the sentence we can say that somebody speaks or understands French, Polish, Lithuanian, Spanish.

angl-as		**angliškai**
lietuv-is		**lietuviškai**
rus-as		**rusiškai**
suom-is	+ -iškai →	**suomiškai**
norveg-as		**norvegiškai**
prancūz-as		**prancūziškai**

Exception: **Jis yra vokietis.** (*He is German*). **Ar tu kalbi vokiškai?** (*Do you speak German?*):

vok-ietis   **vok + -iškai**   →   **vokiškai**

Negation

To negate, we add the prefix **ne-** to the verb: **Aš nekalbu lietuviškai.** (*I do not speak Lithuanian.*), **Jie nesupranta lenkiškai** (*They do not understand Polish*).

How to say where you are from and how to ask about it

To answer the questions **Iš kur tu esi?**, **Iš kur jūs esate?** (*Where are you from?*) or **Iš kur ji yra?** (*Where is she from?*) etc., or to ask the questions **Ar tu esi iš Londono?** (*Are you from London?*), we need to use the preposition **iš** (*from*) and to change the nominative case ending of the noun meaning country or city to the genitive case ending: **Aš esu iš Vilniaus.** (*I am from Vilnius*), **Jie yra iš Amsterdamo.** (*They are from Amsterdam.*).

The genitive case has many meanings and it is the most widely used case in Lithuanian. The question word in the genitive case is **ko**. We start a question with **ko** when we have a verb governing the genitive case in the question (see Unit 3).

Masculine			
Nom. (kas?) -as ↓	-is ↓	-ys ↓	-us ↓
Gen. (ko?) **-o**	**-io**	**-io**	**-aus**
Nom. (kas?) Londonas	Hensinkis	Panevėžys (city in Lithuania)	Vilnius
Gen. (ko?) London**o**	Hensink**io**	Panevė**žio**	Vilni**aus**

Feminine		
Nom. (kas?)	-a ↓	-ė ↓
Gen. (ko?)	**-os**	**-ės**
Nom. (kas?)	Lenkija	Čilė
Gen. (ko?)	Lenkij**os**	Čil**ės**
Anglij-a		Anglij**os**
Lietuv-a		Lietuv**os**
Rusij-a	Aš esu iš +	Rusij**os**
London-as		London**o**
Viln-ius		Vilni**aus**
Hensink-is		Hensink**io**

Insight

1 Nouns can be either masculine or feminine gender. Endings **-as**, **-is**, **-ys**, **-us** are masculine, **-a**, **-ė** – feminine.

2 The ending of the noun is a very important part of the word. There is an order, how to change endings (**-as, us, -is, -ys, -a, -ė**) when you want to say that you are from one or another country, that you live somewhere etc. For example: **Čia yra Lietuva, Aš esu iš Lietuvos, Dabar aš gyvenu Lietuvoje** (*It is Lithuania, I am from Lithuania, Now I live in Lithuania*).

3 There are three types of verb in Lithuanian. All Lithuanian verbs having ending **-a** in the second main form – present tense 3rd form (**jis, ji, jie, jos**) – have the following present tense endings:

aš – -u	**mes – -ame**
tu – -i	**jūs – -ate**

There is a large number of Lithuanian verbs ending in **-a** in the 3rd person present tense.

Insight

To greet people in formal situations (shop, office, hairdresser, post office etc.), we say **labas rytas**, **laba diena** or **labas vakaras**.

Greeting our friends, colleagues, we say **labas** or **sveikas** (to a man) and **sveika** (to a woman). Men usually shake hands with men. If greeting close friends or family members, we hug and kiss them.

Meeting other people, we say **labas rytas**, **laba diena** or **labas vakaras** and shake hands.

In the villages, people greet everyone even if they do not know them.

Lithuanians are not very precise when they say **labas rytas**, **laba diena** and **labas vakaras**. In the autumn and winter, we say **labas vakaras** much earlier, at 4 pm or at 5 pm because it is dark by then. In summer, we can still say **laba diena** at 6 pm.

It is usual to greet people only once a day like that. If you meet someone again during the day, you just smile.

The personal pronoun **jūs** is used not only to address many people but to address one person when we want to express respect:

▶ *when we meet someone for the first time (except children – we address them as* **tu***)*

(Contd)

- ▶ when we speak to people whom we have known for a long time but who are much older when we are
- ▶ when we speak to our boss
- ▶ when we address a taxi or bus driver, salesman, hotel administrator, waiter etc.

According to data from the Statistic Department of Lithuania many men and women now living in Lithuania have traditional Christian names such as **Ona**, **Jonas** and **Antanas**.

Currently the most popular babies' names are **Lukas** and **Gabija** (the name of the pagan goddess of fire).

Many Lithuanian boys and men have been given the names of old Lithuanian dukes: **Vytautas**, **Mindaugas**, **Gediminas**, **Algirdas**, **Algimantas**, **Vykintas**, **Daumantas** etc. or modern Lithuanian names **Rytis** (**rytas** – *morning*), **Vakaris** (**vakaras** – *evening*), **Giedrius** (**giedras** – *clear*), **Audrius** (**audra** – *storm*) etc.

Many girls and women have modern names connected with nature: **Saulė** (*the sun*), **Rasa** (*dew*), **Danguolė** (**dangus** – *sky*), **Ramunė** (*marguerite*), **Gintarė** (**gintaras** – *amber*), **Sniegė** (**sniegas** – *snow*) etc. or pagan names, **žemyna** (*goddess of the earth*), **Milda** (*goddess of love*), **Austėja** (*goddess of bees*) etc.

Popular Christian names in Lithuania include: **Marija**, **Ona**, **Kotryna**, **Joana**, **Kristina**, **Kristijonas**, **Dominykas**, **Martynas** etc.

We celebrate namedays as well as birthdays. Older people prefer to celebrate namedays. The celebration of birthdays does not have a very old tradition (only since the second half of the 20th century has this really happened). On our calendars, you will find a lot of information about namedays because every day is somebody's nameday.

Exercises

1 Find the words

→
↓

V	O	K	I	E	T	T	J	A	Š
A	N	G	L	A	S	Š	I	Č	V
R	I	P	O	N	A	S	E	I	E
D	K	**L**	**A**	**B**	**A**	**S**	I	Ū	D
A	O	P	O	N	I	A	R	S	I
S	S	U	P	R	A	N	T	U	J
D	Y	R	A	U	J	I	I	O	A
A	J	O	S	S	I	E	J	M	M
N	E	A	R	Ė	E	R	A	I	E
Ė	P	A	V	A	R	D	Ė	S	S

2 Group masculine and feminine nouns

masculine   feminine
Viktoras   **japonė**

> japonė, Viktoras, italas, Vilnius, švedas, danė, Tomas, amerikietis, estas, Talinas, rusė, lietuvis, Diana, Kroatija, anglė, Varšuva, lenkas, Agnė, baltarusis, Londonas, slovakė, Paulius, Kristina, vokietis, prancūzė

3 Insert the appropriate personal pronoun: **aš, tu, jis, ji, mes, jūs**.

  a Ar **jūs** esate iš Norvegijos?

  b _____ esu iš Lietuvos.

  c Tomas nesupranta angliškai? Ar _____ supranta
     prancūziškai?

  d Ar Marija yra italė? – Ne, _____ yra ispanė.

  e Ar _____ kalbi ispaniškai?

  f Ar jūs kalbate lenkiškai? – Taip, _____ kalbame lenkiškai.

4 Insert the appropriate verb

  a Aš **kalbu** lietuviškai?

  b Ar jūs _____ lietuviškai?

                          | nesupranta
                          | kalbu

c Jis _____ ispaniškai.		kalbame
d Mes _____ angliškai.		yra
e Mišelis _____ iš Paryžiaus.		esate
f Ar tu _____ iš Vilniaus?		suprantate
g Ar jūs _____ ponas Antanas?		esi

5 Find the other half of the sentence

1 Kokia jūsų		**A** prancūzas.
2 Ji yra		**B** esi?
3 Aš nesuprantu		**C** pavardė?
4 Jis yra		**D** amerikietė.
5 Iš kur tu		**E** Italijos?
6 Ar jūs esate iš		**F** lietuviškai.

1	2	3	4	5	6
C					

6 Find the right answers

1 Koks jūsų vardas?		**A** Ne, aš esu iš Slovakijos.
2 Ar jūs esate iš Čekijos?		**B** Aš kalbu angliškai,
3 Ar Paulius yra latvis?		prancūziškai ir lietuviškai.
4 Aš kalbu ispaniškai,		**C** Taip, truputį suprantu.
angliškai ir lietuviškai.		**D** Ji yra iš Italijos.
Kaip jūs kalbate?		**E** Andrejus.
5 Ar tu supranti vokiškai?		**F** Ne, jis yra lietuvis.
6 Iš kur yra Silvija?		

1	2	3	4	5	6
E					

7 Insert the appropriate question words

a **Koks** jūsų vardas? – Mano vardas Rita.		Kas
b _____ jūsų pavardė Pičini? – Taip.		Koks
c Aš esu Izabelė. _____ jūs esate? – Aš esu Igoris.		Kokia
d _____ yra Roberto? – Iš Romos.		Iš kur
e _____ jūsų pavardė? – Mano pavardė Vais.		Ar

8 Fill in the application form

Anketa

Vardas _____

Pavardė _____

Šalis _____

Kalbu _____

---

9 What are Lina and Gediminas Vitkus saying?

1

Tomas	Laba diena.
Lina	_____.
Tomas	Mano vardas Tomas.
Lina	_____.
Tomas	Ar jūs kalbate angliškai?
Lina	_____. _____?
Tomas	Taip, aš kalbu vokiškai.

2

Violeta Vileikienė	Labas rytas.
Gediminas Vitkus	_____.
Violeta Vileikienė	Atsiprašau, ar jūs esate ponas Vytautas Tumonis?
Gediminas Vitkus	_____.
Violeta Vileikienė	Labai atsiprašau.
Gediminas Vitkus	_____.

Test yourself

1 Select and indicate the appropriate question word

    1 ... jūsų pavardė? – Mano pavardė Šmitas.

      ☐ Koks   ☐ Kokia   ☐ Ar

    2 ... jūsų vardas? – Mano vardas Hubertas.

      ☐ Koks   ☐ Kokia   ☐ Ar

3 ... tu esi iš Anglijos? – Taip.

☐ Iš kur ☐ Kas ☐ Ar

4 ... tu esi? – Aš esu iš Vokietijos.

☐ Ar ☐ Iš kur ☐ Kas

5 Aš kalbu angliškai ir truputį lietuviškai? ... tu kalbi? – Aš kalbu rusiškai, lenkiškai ir lietuviškai.

☐ Ar ☐ Iš kur ☐ Kaip

6 Aš esu lietuvis? ... jūs esate? – Aš esu anglas.

☐ Kas ☐ Iš kur ☐ Koks

2 Select and indicate the appropriate form

1 Ji ... angliškai, rusiškai ir truputį lietuviškai.

☐ kalba ☐ kalbate ☐ kalbu

2 Ar jūs ... čekas?

☐ esi ☐ esate ☐ esame

3 Atsiprašau, aš ... lietuviškai.

☐ nesupranti ☐ nesuprantame ☐ nesuprantu

4 Mes esame iš ... .

☐ Anglija ☐ Anglijos

2

Kur susitinkame?
Where shall we meet?

In this unit you will learn
- *How to say where you are going*
- *How to ask someone their telephone number and tell them yours*
- *How to call a taxi*
- *How to say goodbye*
- *How to start a conversation*
- *How to ask for and give directions*
- *How to ask the time and say what the time is*

Pilies street in the Old Town of Vilnius. Gediminas Castle. Photo by Eugenijus Stumbrys.

miestas *city, town*

centras *centre*
senamiestis, -io *old town*
gatvė *street*
prospektas *prospect, avenue*
šaligatvis, -io *pavement*
sankryža *crossing*
parkas *park*
aikštė *square*
bankas *bank*
paštas *post office*
prezidentūra *presidential palace/office*
parduotuvė *shop*
turgus *market*
kioskas *kiosk, newspaper stand*
stotis, -ies *station*
autobusų stotis *bus station*
geležinkelio stotis *railway station*
autobusų stotelė *bus stop*
oro uostas *airport*
ambasada *embassy*
mokykla *school*
kirpykla *hairdresser's*
teatras *theatre*
knygynas *bookshop*
viešbutis, -io *hotel*
bendrabutis, -io *dormitory*
bažnyčia *church*
ligoninė *hospital*
vaistinė *pharmacy*
upė *river*
tiltas *bridge*
kavinė *coffee shop, cafe*
restoranas *restaurant*
muziejus *museum*
baseinas *swimming pool*
paminklas *monument*
biblioteka *library*

šviesoforas *traffic lights*
bokštas *tower*
kapinės *graveyard*

Dialogue 1

CD1, TR 9

Vytautas	Labas, Viktorija!
Viktorija	Sveikas! Kaip gyveni?
Vytautas	Gerai. O tu?
Viktorija	Ir aš neblogai. Kur eini?
Vytautas	Į stotį. Važiuoju į Latviją, į Rygą.
Viktorija	Šiandien važiuoji?
Vytautas	Taip, dabar.
Viktorija	O! Kada grįžti?
Vytautas	Rytoj.
Viktorija	Sėkmės!
Vytautas	Ačiū! Iki!
Viktorija	Iki!

važiuoti, važiuoja, važiavo *to go (using a vehicle)*
eiti, eina, ėjo *to go (on foot)*
gyventi, gyvena, gyveno *to live*
grįžti, grįžta, grįžo *to return*
sėkmės! *good luck! all the best!*

QUICK VOCAB

Dialogue 2

Gatvėje. *In a street.*

CD1, TR 10

Vytautas	Atsiprašau, kur yra „Naručio" viešbutis?
Praeivė	Senamiestyje, Pilies gatvėje.
Vytautas	Ar toli?

(Contd)

Praeivė	Ne, visai arti.
Vytautas	Ačiū. Viso gero.
Praeivė	Viso gero.

praeivis, -ė *passerby*

Dialogue 3

CD1, TR 11

Monika	Atsiprašau, prašom pasakyti, kaip nueiti į turgų.
Praeivis	Dabar sukite į kairę ir eikite tiesiai iki aikštės. Tada pereikite aikštę ir sukite į dešinę. Ten ir yra turgus.
Monika	Dėkui.

pereiti *to cross*
iki *until*
dėkui *thank you*

Dialogue 4

CD1, TR 12

Viktorija	Važiuokim poryt į baseiną. Gerai?
Monika	Gerai, važiuokim. Kada? Rytą ar vakare?
Viktorija	Rytą. Vakare aš einu į kiną.
Monika	Kur susitinkam?
Viktorija	Gal prie autobusų stotelės?
Monika	Gerai, ten dešinėje, prie paminklo.
Viktorija	Puiku! Labanakt!
Monika	Labanakt!

susitikti, susitinka, susitiko *to meet*

Dialogue 5

Telefonu. *A conversation on the telephone.*

Dispečerė	Alio! Taksi firma „Užupio taksi"
Vytautas	Labas vakaras! Galima užsisakyti taksi į oro uostą?
Dispečerė	Taip, prašom. Jūsų adresas?
Vytautas	Taikos 5.
Dispečerė	Koks jūsų telefono numeris?
Vytautas	2451522.
Dispečerė	Kada važiuojate? Dabar?
Vytautas	Taip.
Dispečerė	Laukite, taksi atvažiuoja.
Vytautas	Labai ačiū.

galima *it is possible*
užsisakyti *to order*
laukti, laukia, laukė (ko?) *to wait*

Reading

1 Read the text and complete the answers to the questions

Vilnius

Tai Vilnius yra mano miestas. Tai Lietuvos sostinė. Aš čia gyvenu.
Mėgstu Vilnių rytą ir vakare, žiemą ir vasarą. Čia visada gražu ir gera.
Rytą einu į senamiestį, į Pilies gatvę. Netoli yra mano universitetas.
Prie universiteto yra prezidentūra. Vilniuje yra dvi upės – Neris ir
Vilnia. Mėgstu vaikščioti prie upės. Vilniaus centre yra daug bažnyčių.

Prie Vilnios upės yra labai graži Šventos Onos bažnyčia, prie universiteto –
Šventų Jonų bažnyčia. Vilniaus simbolis – Gedimino pilis.

QUICK VOCAB

tai *that, it*
mėgti, mėgsta, mėgo (ką?) *to like*
gražu *it is nice*
gera *it is good*
daug bažnyčių *many churches*
simbolis *symbol*

1 Kur aš gyvenu? Aš gyvenu _____.
2 Kada Vilniuje gražu ir gera? Vilniuje gražu ir gera _____.
3 Kur yra universitetas? Universitetas yra _____.
4 Kur yra Pilies gatvė? Pilies gatvė yra _____.

_____

Language points

Cardinal numbers 1–9

Number	Masculine	Feminine
1	vienas	viena
2	du	dvi
3	trys	trys
4	keturi	keturios
5	penki	penkios
6	šeši	šešios
7	septyni	septynios
8	aštuoni	aštuonios
9	devyni	devynios

Cardinal numbers 1–9 have to match the noun in both gender and
case in Lithuanian. If the noun is masculine the number must also be
masculine; if a feminine noun is used, the number similarly has to be
feminine. For example: **vienas bankas, viena parduotuvė**. For numbers
4–9, endings are regular: the masculine ending is **-i**, feminine **-ios**.

Starting a conversation

Usually when starting a conversation with a person we know, a close friend or colleague, we ask *How are you?* In Lithuanian, we ask:

Kaip (tu) gyveni? (informal)
Kaip (jūs) gyvenate? (formal)
Kaip sekasi? (neutral)

We react to this question by saying:

gerai *fine*
neblogai *not bad!*
šiaip sau *so so!*
blogai *not too good/pretty bad* (we say this to a close person only when we want to tell him/her what has happened)

Goodbye

There are many ways to say 'goodbye' in an informal or neutral way in Lithuanian:

iki! (informal)
viso labo, viso gero, iki pasimatymo, sudie (neutral)

When saying goodbye at night or late in the evening or when going to bed:

labanakt or **labanaktis!**　　　*good night!*

It is becoming more and more popular to say 'good day' in a formal situation. This is also the way in which a cashier says goodbye to a client:

geros dienos!
gero vakaro!

More about noun gender

In Unit 1, you learned what ending masculine and feminine nouns usually take. In this unit, you will learn a little more about it. Some nouns may have two variants of ending: both a soft and a hard one. The softness is indicated by -i- written before the ending:

-as, -*i*as miestas, kel*i*as
-us, -*i*us turgus, televizor*i*us
-a, -*i*a mokykla, bažnyč*i*a

When declining these words, the ending of both types is usually the same but not necessarily all the time. For this reason, in following units, where cases are presented, both types will be given.

In most cases, the gender of nouns can be distinguished quite easily according to the endings in the nominative case, but it is not quite like that all the time. One ending of nominative -**is** may be for both masculine and feminine nouns. Gender is distinguished only by the ending of the genitive case. Masculine nouns have the genitive ending -**io** and feminine -**ies**:

	Nominative	*Genitive*
Masculine	šaligat**vis**	šaligat**vio**
Feminine	stot**is**	stot**ies**

Throughout this book this type of word will always show the genitive ending in order to be able to distinguish the gender.

Asking and giving directions

To express direction in Lithuanian, we use a preposition į and accusative case of the noun. The accusative case is formed simply by dropping the last -s from the masculine noun and adding a 'tail' to the vowel (ą, į, ų); in feminine nouns, it is enough to add a 'tail' (ą, ę, į) (if the last letter is ė, it simply changes into ę).

	Accusative Masculine				
Sing. nom. (kas?)	-as, -ias ↓	-is ↓	-ys ↓	-us, -ius ↓	-uo ↓
Sing. acc. (ką?)	-ą, -ią	-į	-į	-ų, -ių	-en -į
Sing. nom. (kas?)	bankas, kelias ↓	viešbutis ↓	traukinys ↓	turgus, televizorius ↓	vanduo ↓
Sing. acc. (ką?)	banką, kelią	viešbutį	traukinį	turgų, televizorių	vandenį

	Feminine		
Sing. nom. (kas?)	-a, -ia ↓	-ė ↓	-is ↓
Sing. acc. (ką?)	-ą, -ią	-ę	-į
Sing. nom. (kas?)	mokykla, bažnyčia ↓	kavinė ↓	stotis ↓
Sing. acc. (ką?)	mokyklą, bažnyčią	kavinę	stotį

We use the accusative case when we want to express direction when going to somebody's place (house, apartment etc.); we use the preposition **pas** + accusative case of noun, for example:

Aš einu pas ponią Ireną.   *I am going to Miss Irena's (place).*
Važiuojame pas Vytautą.   *We are going to Vytautas' place.*

Direction can also be expressed by adverbs of place:

tiesiai   ↑   *straight forward, straight ahead*
kairėn/į kairę   ←   *to the left*
dešinėn/į dešinę   →   *to the right*

When we ask for direction we say:

Kaip nueiti/nuvažiuoti į …
Kaip nueiti į banką?   *How do I get to the bank?*
Kaip nuvažiuoti į oro uostą?   *How do I get to the airport?*

When we want to express a completed action in Lithuanian, we add various prefixes to the verb, for example in **pasakyti**, **pasukti** there is a prefix **pa-**, one of the most popular prefixes, meaning a result. Sometimes these prefixes have a supplementary meaning: not only that of the result – e.g. with movement verbs they also imply direction. The verbs in this unit **nueiti**, **nuvažiuoti** have a prefix **nu-**, which has a meaning of moving *away*. One opposite is the prefix **at-**, e.g. **atvažiuoti**, which shows direction *towards*, closer to the speaker. In the third dialogue in this unit, we saw the verb **pereiti** with a prefix **per-**, which has the meaning of crossing over something. As you learn Lithuanian it is extremely important to memorize which prefix fits with which verb to mean completed action, because there are not many regular instances and prefixes may, in many cases, change the meaning of the verb itself quite radically, therefore misunderstandings can occur. So watch out for verbal prefixes!

Where? and indicating place

The question word of place is **kur?**, for example:

Kur yra parduotuvė?   *Where is the shop?*
Kur yra ligoninė?   *Where is the hospital?*

There are many ways in which to express place in Lithuanian and it even uses a special case called the *locative*. This has a meaning of location, place inside or some wider space. Locative never means 'into' or 'to' (direction) and is never used with verbs of motion. We form the locative case by changing the nominative case ending of the noun into the locative case ending.

Masculine				
Sing. nom. (kas?)	-as↓, -ias↓	-is↓	-ys↓	-us↓, -ius↓	-uo↓
Sing. loc. (kur? kame?)	-e, -yje	-yje	-yje	-uje, -iuje	-en-yje

Masculine				
Sing. nom. (kas?)	paštas, kelias	viešbutis	traukinys	turgus, televizorius	vanduo
Sing. loc. (kur? kame?)	pašte, kelyje	viešbutyje	traukinyje	turguje, televizoriuje	vandenyje

Feminine			
Sing. nom. (kas?	-a,-ia↓	-ė↓	-is↓
Sing. loc. (kur? kame?)	-oje, -ioje	-ėje	-yje
Sing. nom. (kas?)	mokykla, bažnyčia	kavinė	stotis
Sing. loc. (kur? kame?)	mokykloje, bažnyčioje	kavinėje	stotyje

kairėje, dešinėje   *on the left, on the right*

As you can see from the table, all endings have a common final -**e**.
This **e** can sometimes be omitted in spoken Lithuanian.

Place can also be expressed by adverbs of place:

čia – ten   *here – there*
toli, netoli   *far, not far*
arti   *close*

How to indicate 'close by/to' a place

There are many ways of saying 'close by/to'. Most often we use a
preposition **prie** + genitive case: **prie pašto** (*close to/near the post office*),
prie mokyklos (*near the school*), **prie kavinės** (*close by a cafe*), **prie
turgaus** (*near the market*).

Telephone numbers

When we want to find out somebody's phone number, we ask **Koks tavo/
jūsų telefono numeris?** We reply with masculine cardinal numerals.
You can arrange them in groups but you can also say them one by one,
i.e. you can say either 'fourteen' or 'one, four':

2687214 **du, šeši, aštuoni, septyni, du, vienas, keturi**

How to express time when asked kada?/when?

To ask about the time something is happening we use **kada?** There are a few ways to answer this kind of question. We can use adverbs of time:

dabar	*now*
šiandien	*today*
vakar	*yesterday*
rytoj	*tomorrow*
poryt	*the day after tomorrow*
visada	*always*
niekada	*never*
kartais	*sometimes*
dažnai	*often*
retai	*rarely*

We may also answer a question in **kada?** by using the accusative case of the noun:

Nominative	Accusative	
rytas	**rytą**	*in the morning*
diena	**dieną**	*in the daytime, by day*
naktis	**naktį**	*at/by night*
pavasaris	**pavasarį**	*in spring*
vasara	**vasarą**	*in summer*
žiema	**žiemą**	*in winter*
ruduo	**rudenį**	*in autumn*

But when we use **vakare** (*in the evening*) we have to use the locative:

vakaras – vakare

Imperative

In Lithuanian, we use the imperative forms of the verb to give commands. This is not a complicated procedure. You take the dictionary form of the verb (infinitive), remove **-ti** and add imperative marker **-k** for 2nd person singular (informal):

ei-ti → **eik!** *go!*
kalbė-ti → **kalbėk!** *talk!*
susto-ti → **sustok!** *stop!*

For plural add: **-kime, -kite**:

eikim(e)! *let's go (we)*
eikit(e) *go! (you)*

In spoken Lithuanian, the final **-e** is usually omitted.

Insight

Lithuania's population totals 3,333,000 people, nearly three-quarters of whom live in urban areas. Vilnius (pop. 560,170), the capital of Lithuania, is the largest and one of the oldest cities in the country. Its name is first mentioned in 1323 in the letters of the Lithuanian Grand Duke Gediminas inviting craftsmen, merchants and monks from western Europe to come and stay here. Vilnius has always been a multiethnic, multilingual and multicultural city. Percentage wise, 57.8% of Vilnius' inhabitants are Lithuanians, 18.7% are Poles, 14% Russians, 4% Byelorussians, 0.5% Jews and the remaining 5% comprise other nationalities. The Old Town, which is the historical centre of Vilnius, is one of the largest in eastern Europe (360 ha). The most valuable historic and cultural heritage is concentrated here. The buildings in the Old Town – and there are about 1,500 of them! – were built across various centuries, so there is a grand mixture of many European architectural styles. Although Vilnius is often called a baroque city, here you will find some buildings in the gothic, renaissance and other styles. The main sights of the city are Gediminas Castle and Cathedral Square, both symbols of the capital. Their combination is also a gateway to the historic centre of the capital. Because of its uniqueness, the Old Town of Vilnius was inscribed on the UNESCO World Heritage List.

Some other major cities in Lithuania are Kaunas, Klaipėda, Šiauliai, Panevėžys and Alytus.

Exercises

1 Write the appropriate form of the noun

Accusative	Nominative	Genitive
į Vilnių	Vilnius	prie Vilniaus
	miestas	
	parduotuvė	
	muziejus	
← į	bažnyčia	prie →
	Helsinkis	
	Ispanija	
	kavinė	
	paštas	
	Lenkija	

2 Choose the correct ending of the noun

-oje,   -yje,   -e,   -uje,   -iuje,   -ėje

Kur? Vokietija → **Vokietijoje**
miestas
vaistinė
Maskva
Berlynas

Briuselis
kirpykla
turgus
Vilnius
stotis
restoranas
gatvė
muziejus
Pasvalys (town in Lithuania)
knygynas
bankas

3 Complete the sentences as in the example
Aš važiuoju į Lietuvą. Aš gyvenu **Lietuvoje.**
Mes važiuojame į Prancūziją. Mes gyvename _____.
Ar jie važiuoja į Londoną? Ar jie gyvena _____?
Kas važiuoja į Paryžių? Kas gyvena _____?
Ar jūs važiuojate į centrą? Ar jūs gyvenate _____?
Jis važiuoja į Lenkiją. Jis gyvena _____.
Ar tu važiuoji į viešbutį? Ar tu gyveni _____?
Ji važiuoja į Kiniją. Ar ne? Ji gyvena _____? Ar ne?

4 Match the pairs
1	**A**	septyni
2	**B**	penki
3	**C**	aštuoni
4	**D**	vienas
5	**E**	devyni
6	**F**	du
7	**G**	keturi
8	**H**	trys
9	**I**	šeši.

1	2	3	4	5	6	7	8	9
D								

5 Fill in the table

eiti	eina	eik	eikime	eikite
	yra			
		kalbėk		
pasukti				
			važiuokime	

6 Choose the right answer

1 Atsiprašau, kur yra kirpykla?
   - **A** Į kairę.
   - ✓ **B** Prie pašto.
   - **C** Nėra už ką.

2 Atsiprašau, kaip nueiti į graikų restoraną?
   - **A** Pasukite į dešinę.
   - **B** Senamiestyje.
   - **C** Prie tilto.

3 Kada tu važiuoji į Italiją?
   - **A** Vakar.
   - **B** Rudenį.
   - **C** Visada.

4 Kaip gyveni?
   - **A** Vilniuje.
   - **B** Arti.
   - **C** Šiaip sau.

5 Eikim į kavinę. Gerai?
   - **A** Eik.
   - **B** Eikite.
   - **C** Taip, vakare.

7 Write the appropriate form

a

Jonas	Sveika, Maryte. Ar eini į kiną (kinas)?
Marytė	Ne, šiandien važiuoju pas _____ (Saulius).

b

Vyras	Atsiprašau, prašom pasakyti, kaip nueiti į _____ (senamiestis).
Moteris	Eikite tiesiai, prie _____ (sankryža) pasukite į _____ (dešinė). Ten prasideda senamiestis.

prasidėti, prasideda, prasidėjo *to start, to begin*

c

Praeivis	Kur yra universitetas?
Praeivė	Prie _____ (prezidentūra).

d

Vytas	Kur eini?
Aistė	Į _____ (knygynas).
Vytas	Kur jis yra?
Aistė	Pilies _____ (gatvė).

e

Vairuotojas	Prašom pasakyti, kaip nuvažiuoti į geležinkelio _____ (stotis).
Praeivis	Pasukite kairėn ir važiuokite tiesiai. Prie autobusų _____ (stotis) yra ir geležinkelio stotis.

f

Moteris	Sakykite, kaip nueiti į _____ (biblioteka).
Vyras	Dabar eikite tiesiai, prie tilto pasukite dešinėn. Biblioteka yra prie _____ (muziejus).

g

Arūnas	Kur važiuojate vasarą?
Vida	Į _____ (Paryžius).
Aistė	O mes važiuojame į _____ (Vokietija).

h

Algis	Kur ji dabar gyvena?
Birutė	Gedimino _____ (prospektas).

8 Listen to the phone numbers and write them down.

_____

Test yourself

1 Select and indicate the appropriate question word
  1 ... tu gyveni? – Ačiū, gerai.
   ☐ Kur   ☐ Kaip   ☐ Ar
  2 ... yra autobusų stotelė? – Visai arti, prie muziejaus.
   ☐ Kaip   ☐ Kur   ☐ Ar
  3 ... eini į universitetą? – Dabar.
   ☐ Kur   ☐ Kas   ☐ Kada
  4 ... nueiti į stotį? – Eikite tiesiai, čia visai netoli.
   ☐ Kaip   ☐ Iš kur   ☐ Kur

2 Select and indicate the appropriate form
  1 Vakare einu ... draugą.
   ☐ pas   ☐ prie   ☐ į
  2 Ar jūs važiuojate ... Vilnių?
   ☐ prie   ☐ pas   ☐ į
  3 Bažnyčia yra ... upės.
   ☐ į   ☐ prie   ☐ pas
  4 Ar jie gyvena ... ?
   ☐ Airija   ☐ Airiją   ☐ Airijoje
  5 ... yra daug bažnyčių
   ☐ Senamiestyje   ☐ Senamiestis   ☐ Į senamiestį
  6 ... aš mėgstu vaikščioti prie upės.
   ☐ Vakar   ☐ Vakarą   ☐ Vakare

3

Čia mano šeima
Here is my family

In this unit you will learn
- *How to talk about your family*
- *How to ask someone about their family*
- *How to introduce someone*

Lithuanians believe that the stork brings happiness and success to their families and home. Photo by Eugenijus Stumbrys.

Photo by Arūnas Šiurkus.

Šeima *Family*

vyras *husband*
žmona *wife*
brolis, -io *brother*
sesuo *sister*
sūnus *son*
duktė *daughter*
tėvas *father*
tėvelis, -io *daddy*
motina *mother*
mama, mamytė *mummy*
tėvai *parents*
senelis, -io *grandfather*
senelė, močiutė *grandmother*
anūkas *grandson*
anūkė *granddaughter*
šeimos narys *family member*

dėdė *uncle*
teta *aunt*
pusbrolis, -io *cousin (man)*
pusseserė *cousin (woman)*
giminaitis, -io *relative (man)*
giminaitė *relative (woman)*
šeiminė padėtis, -ies *marital status*
vedęs *married (man)*
ištekėjusi *married (woman)*
miręs *dead (man)*
mirusi *dead (woman)*
išsiskyręs *divorced (man)*
išsiskyrusi *divorced (woman)*

Asmenų pavadinimai *People*

asmuo *person*
berniukas *boy*

draugas *friend*
draugė *friend*
dvyniai, -ės *twins*
kūdikis, -io *baby*
lytis, -ies *sex*
mergaitė *girl*
mergina *young woman*
mokinys, -ė *schoolboy,
schoolgirl*
moteris, -ers *woman*
narys *member*
paauglys, -ė *teenager*
pensininkas, -ė *old-aged
pensioner*
senukas, senelis, -io *old man*
senutė, senelė *old woman*
studentas, -ė *student*
suaugęs *adult (man)*
suaugusi *adult (woman)*
vaikas *child*
vaikinas *young man*
vyras *man*
žmogus, žmonės *person, people*

Profesijos *Occupations*

administratorius, -ė
administrator
advokatas, -ė *lawyer*
aktorius, -ė *actor, actress*
buhalteris, -ė *bookkeeper*
dainininkas, -ė *singer*
darbininkas, -s *worker*
dėstytojas, -a *university or
college teacher*
direktorius, -ė *director*
gydytojas, -a *doctor*

inžinierius, -ė *engineer*
jūrininkas, -ė *sailor*
juristas, -ė *lawyer*
kirpėjas, -a *hairdresser*
lakūnas, -ė *pilot*
mokslininkas, -ė *scientist*
mokytojas, -a *school teacher*
muzikantas, -ė *musician*
padavėjas, -a *waiter*
pardavėjas, -a *salesman,
saleswoman*
policininkas, -ė *policeman*
rašytojas, -a *writer*
sekretorius, -ė *secretary*
siuvėjas, -a *tailor*
slaugytojas, -a nurse
šokėjas, -a *dancer*
sportininkas, -ė *sportsman*
tarnautojas, -a *official*
ūkininkas, -ė *farmer*
vadovas, -ė *manager*
vairuotojas, -a *driver*
valytojas, -a *cleaner, housemaid*
verslininkas, -ė *businessman,
businesswoman*
vertėjas, -a *translator, interpreter*
virėjas, -a *cook*
žurnalistas, -ė *journalist*

galėti, gali, galėjo *to be able*
girdėti, girdi, girdėjo (ką?)
to hear
mėgti, mėgsta mėgo (ką?)
to like
mylėti, myli, mylėjo (ką?)
to love
(pa)sėdėti, sėdi, sėdėjo *to sit*

(pa)skambinti, skambina,	turėti, turi, turėjo (ką?)
skambino *to call*	*to have*
(pa)stovėti, stovi, stovėjo *to*	(pa)žaisti, žaidžia, žaidė (ką?)
stand	*to play*
susipažinti, susipažįsta,	(pa)žiūrėti, žiūri, žiūrėjo (ką?) *to*
susipažino *to meet*	*look, to watch*

Dialogue 1

CD1, TR 15

Vytautas Vilys	Laba diena.
Aleksandra Veis	Laba diena.
Vytautas Vilys	Aš esu Vytautas Vilys.
Aleksandra Vais	Labai malonu. Aš Aleksandra Vais.
Vytautas Vilys	Man taip pat labai malonu. Ponia Aleksandra, prašom susipažinti – čia mano žmona ir dukterys.
Aleksandra Vais	Labai malonu. Mano vardas Aleksandra.
Alina Vilienė	Labai malonu. Aš Alina.
Aušra Vilytė	Labai malonu. Mano vardas Aušra.
Jurga Vilytė	Labai malonu. Jurga.

Dialogue 2

CD1, TR 16

Hansas	Ar čia tavo sesers šeima?
Gediminas	Taip. Prašom susipažinti. Čia mano sesuo Lina, čia jos vyras Vaidas. O čia mano draugas Hansas iš Utrechto, iš Olandijos. Jis gerai kalba lietuviškai.
Hansas	Labai malonu.
Lina	Labai malonu.
Vaidas	Man taip pat labai malonu.
Hansas	Ar čia jūsų vaikai?

Lina	Taip, bet čia yra tik du mūsų vaikai – Rūta ir Dainius. Dar du – Eglė ir Žilvinas – namie. Jie jau studentai. Ar jūsų šeima taip pat yra čia?
Hansas	Ne, šiandien aš vienas. Mano žmona dirba, o vaikai – aš turiu du sūnus – dabar yra Utrechte.

dar du *two more*
jau *already*

Dialogue 3

Telefonu. *A conversation on the telephone.*

Žilvinas	Klausau.
Kristina	Labas vakaras, Žilvinai.
Žilvinas	Labas vakaras, Kristina.
Kristina	Kaip sekasi?
Žilvinas	Ačiū, gerai. O kaip tau?
Kristina	Ačiū. Taip pat gerai. Ar Eglė namie?
Žilvinas	Ne, jos nėra. Ji pas pusseserę Ramutę. Šiandien Ramutės gimtadienis.
Kristina	Atsiprašau, labai blogai girdžiu!
Žilvinas	Eglė pas pusseserę Ramutę! Ar dabar gerai girdi?
Kristina	Taip, dabar gerai girdžiu.
Žilvinas	Šiandien Ramutės gimtadienis.
Kristina	Aaa, suprantu. Ar rytoj rytą Eglė dirba?
Žilvinas	Ne, nedirba. Gali skambinti rytoj rytą.
Kristina	Ačiū. Iki.
Žilvinas	Nėra už ką. Iki.

klausau *hello*
taip pat *as well*
namie *at home*
gimtadienis *birthday*

Reading and listening

1 Read the text and listen to the recording. Which statements are true and which are false?

Dvynės Danielė ir Gabrielė. Photos by Arūnas Šiurkus.

Gera būti kartu!

Mano vardas Vilius. Pavardė Bitinas. Dirbu mokykloje. Esu fizikos mokytojas. Mano žmonos vardas Kristina. Ji yra kirpėja. Mes gyvename Vilniaus centre, Senamiestyje. Mūsų adresas Literatų gatvė 5–9.

Mes turime du sūnus ir dvi dukteris. Sūnų vardai Karolis ir Marius. Berniukai jau eina į mokyklą. Sūnūs labai mėgsta sportuoti.

Mūsų dukterys – dvynės. Jų vardai yra Gabrielė ir Danielė. Dukterys dar neina į mokyklą. Aš ir Kristina kasdien einame į darbą, o seneliai – mano žmonos Kristinos tėvai – prižiūri mergaites. Jie yra pensininkai.

Mūsų šeima mėgsta eiti į Gedimino pilį, vaikų kavinę ar lėlių teatrą. Vaikai labai mėgsta žaisti parke. Vasarą visada važiuojame prie jūros arba į kaimą. Gera būti kartu!

QUICK VOCAB

gera *it is nice*
kartu *together*
fizika *physics*
kasdien *everyday*
dar *still*
prižiūrėti, prižiūri, prižiūrėjo (ką?) *to look after*
lėlių teatras *puppet theatre*
arba *or*
labai mėgti *to like very much*
kaimas *country, village*

Statement	True	False
1 Vilius yra mokytojas.	✓	
2 Kristinos ir Viliaus šeima gyvena prie Vilniaus.		
3 Kristina ir Vilius turi keturis vaikus.		
4 Danielė ir Gabrielė eina į mokyklą.		
5 Seneliai nedirba.		
6 Vasarą šeima mėgsta būti mieste.		

2 Put Violeta's questions in the right order

A conversation on the telephone.

Gintaras	Klausau.		
Violeta	1 ___D___	A	Gal yra tėtis?
Gintaras	Labas rytas. Mamos nėra. Ji pas tetą Rūtą.	B	Tai tu vienas namie?
Violeta	2 _____		
			(Contd)

Gintaras	Tėtis dabar darbe.	C	O sesuo? Gal ji yra?
Violeta	3 _____		
Gintaras	Taip, jis dirba ir šiandien, ir rytoj …	D	Labas rytas, Gintarai, ar mama namie?
Violeta	4 _____		
Gintaras	Ne. Dianos nėra. Ji muzikos mokykloj.		
Violeta	5 _____	E	Ar jis šiandien dirba?
Gintaras	Taip, ponia Violeta, dabar vienas. Prašom skambinti vakare.		
Violeta	Gerai, Gintarai. Viso gero.		
Gintaras	Viso gero.		

dabar *now*
gal *maybe*

🔊 **CD1, TR 19**

3 Listen to Jonas and Milda's dialogue and indicate which statements are true and which are false

	Statement	True	False
1	Jonas jau yra senelis.	✓	
2	Jonas turi anūkę.		
3	Tomas turi žmoną.		
4	Rita turi kūdikį.		
5	Kūdikis jau turi vardą.		
6	Rita gyvena Vilniuje.		

Language points

-i type verbs

When we speak about family we need to know the verb **turėti** (to have). It is -**i** type verb. -**i** is the typical ending of the present tense 3rd person -**i** type verb: **turėti**, <u>**turi**</u> (present tense, 3rd person), **turėjo**.

-**i** type verbs have the following endings in the present tense:

aš (I)	-iu			mes (we)	-ime	
tu (you)	-i			jūs (you)	-ite	
jis (he), ji (she)		→	-i	jie (they, masc.), (jos (they, fem.)		←
aš (I)	turiu			mes (we)	turime	
tu (you)	turi			jūs (you)	turite	
jis (he), ji (she)		→	turi	jie (they, masc.), jos (they, fem.)		←

We shorten the endings in plural forms when we speak: **mes turim (turime)**, **jūs turit(turite)**.

Talking about family

A Lithuanian verb is either transitive or intransitive. Transitive verbs describe actions directed towards a particular object. To say that you *have* a brother, a sister or a grandmother you need to use the accusative case. There is a large group of verbs in Lithuanian language that need the accusative case in the following noun. The verb **turėti** (*to have*) is one of them: **Aš turiu brolį** (*I have a brother*), **Ji turi seserį** (*She has a sister*).

However, if the verb is in the negative, then the genitive case is required: **Jis neturi brolio** (*He hasn't a brother*), **Ji nemyli Jono** (*She doesn't love John*).

Every new verb that is presented in the vocabulary will show its three main forms and the question word of the case it governs. If the verb is followed by the accusative you will find the question word **ką?**, by the genitive it will be **ko?** Please note, however, that there are verbs followed by other cases as well.

Plural of nouns

To use nouns in plural we change the endings as follows:

Masculine					
Sing. nom. (kas?)	-as↓	-is↓	-ys↓	-us↓	-ius↓	-uo↓
Pl. nom. (kas?)	**-ai**	**-iai**	**-iai**	**-ūs**	**-iai**	**-enys**
Sing. nom. (kas?)	vaikas	brolis	narys	sūnus	profesorius	asmuo
Pl. nom. (kas?)	vaik**ai**	brol**iai**	nar**iai**	sūn**ūs**	profesor**iai**	asm**enys**

Feminine			
Sing. nom. (kas?)	-a↓	-ė↓	-is↓	-uo, -ė↓
Pl. nom. (kas?)	**-os**↓	**-ės**↓	**-ys**↓	**-erys**↓
Sing. nom. (kas?)	teta	pusseserė	moteris	sesuo, duktė
Pl. nom. (kas?)	tet**os**	pusseser**ės**	moter**ys**	seser**ys**, dukt**erys**

There is only one feminine noun ending with -**uo**: **sesuo** (*sister*). **Duktė** is the only feminine noun ending in -**ė**, kind of company for the noun **sesuo**! **Sesuo** and **duktė** change their endings in both the singular and plural with the addition of -**er**-.

How to say that you have more than one brother, sister etc.

To characterize families we need to use numbers: **du broliai, dvi seserys, devynios pusseserės** (*two brothers, two sisters, nine cousins*), etc.

Cardinal numbers are masculine and feminine. We match masculine cardinal numbers with masculine nouns: **vienas brolis, du seneliai, keturi pusbroliai** (*one brother, two grandfathers, four cousins*). We match feminine cardinal numbers with feminine nouns: **viena sesuo, dvi senelės, keturios pusseserės** (*one sister, two grandmothers, four cousins*):

```
Cardinal numbers
Masculine
vienas
du
trys
4–9
-i
keturi, penki, šeši, septyni, aštuoni, devyni

Feminine
viena
dvi
trys
4–9
-ios
keturios, penkios, šešios, septynios, aštuonios, devynios
```

It is important to remember that nouns such as **dėdė** (*uncle*) and **žmogus** (*person*) are *masculine*. Although the noun **dėdė** has a typical feminine noun ending -**ė** and plural nominative ending of both these nouns is -**ės** (typical of *feminine* nouns) **dėdės** (*uncles*), **žmonės** (*people*), as masculine nouns they must be matched with masculine numbers: **penki dėdės**, **keturi žmonės** (*five uncles, four people*).

How many in your family?

To ask how many brothers, sisters, cousins etc. someone has, we use the question word **kiek** (*how many?*). **Kiek** is followed by the genitive case plural: **Kiek brolių tu turi?** (*How many brothers do you have?*); **Kiek seserų tu turi?** (*How many sisters do you have?*).

Masculine					
Sing. nom. (kas?)	-as↓	-is↓	-ys↓	-us↓	-ius↓	-uo↓
Pl. nom. (kas?)	-ai↓	-iai↓	-iai↓	-ūs↓	-iai↓	-enys↓
Pl. gen. (ko?)	**-ų**	**-ių**	**-ių**	**-ų**	**-ių**	**-enų**
Sing. nom. (kas?)	vaikas	brolis	narys	sūnus	profesorius	asmuo
Pl. nom. (kas?)	vaikai	broliai	nariai	sūnūs	profesoriai	asmenys
Pl. gen. (ko?)	vaikų	brolių	narių	sūnų	profesorių	asmenų

	Feminine			
Sing. nom. (kas?)	-a↓	-ė↓	-is↓	-uo, -ė↓
Pl. nom. (kas?)	-os↓	-ės↓	-ys↓	-erys↓
Pl. gen. (ko?)	**-ų**	**-ių**	**-ų**	**-erų**
Sing. nom. (kas?)	teta	pusseserė	moteris	sesuo, duktė
Sing. acc. (kas?)	tetos	pusseserės	moterys	seserys, dukterys
Pl. gen. (ko?)	tetų	pusseserių	moterų	ses**erų**, dukt**erų**

How to answer the question about the number of family members?

To say that you have two, three or four children, brothers, sisters or cousins, you need to use the forms of the verb **turėti** plus the accusative case of both masculine or feminine cardinal numbers and plural masculine or feminine nouns: **Aš turiu du sūnus, o mano brolis turi dvi dukteris.** (*I have two sons and my brother has two daughters.*)

	Masculine					
Sing. nom. (kas?)	-as↓	-is↓	-ys↓	-us↓	-ius↓	-uo↓
Pl. nom. (kas?)	-ai↓	-iai↓	-iai↓	-ūs↓	-iai↓	-enys↓
Pl. acc. (ką?)	**-us**	**-ius**	**-ius**	**-us**	**-ius**	**-enis**
Sing. nom. (kas?)	vaikas	brolis	narys	sūnus	profesorius	asmuo
Pl. nom. (kas?)	vaikai	broliai	nariai	sūnūs	profesoriai	asmenys
Pl. acc. (ką?)	vaik**us**	brol**ius**	nar**ius**	sūn**us**	profesor**ius**	asm**enis**

	Feminine			
Sing. nom. (kas?)	-a↓	-ė↓	-is↓	-uo, -ė↓
Pl. nom. (kas?)	-a↓	-ės↓	-ys↓	-erys↓
Pl. acc. (ką?)	**-as**	**-es**	**-is**	**-eris**
Sing. nom. (kas?)	teta	pusseserė	moteris	sesuo, duktė
Sing. acc. (kas?)	tetos	pusseserės	moterys	seserys, dukterys
Pl. acc. (ką?)	tet**as**	pusseser**es**	moter**is**	ses**eris**, dukt**eris**

Masculine cardinal numbers	
Nom.	Acc.
vienas	vieną
du	du
trys	tris
4–9	**4–9**
-i	**-is**
keturi – devyni	keturis – devynis

Feminine cardinal numbers	
Nom.	Acc.
viena	vieną
dvi	dvi
trys	tris
4–9	**4–9**
-ios	**-ias**
keturios – devynios	keturias – devynias

Genitive of nouns and personal pronouns

To say that something *belongs* to someone we, once again, use special endings. In English, we use the 'apostrophe s' or 's + apostrophe', or we use the preposition 'of', or sometimes we just put the word doing the belonging in front of the word that is 'belonged'. Here are some examples of showing belonging in English: *father's name* (the name belonging to father; the name of father); *friend's address* (the address belonging to a/the friend; the address of a/the friend); *family members* (the members belonging to a/the family; the members of a/the family).

To show belonging in Lithuanian, nominative endings are changed into genitive endings: **tėvo vardas** (*father's name*), **šeimos nariai** (*family members*), **draugo adresas** (*friend's address*), **mokyklos pavadinimas** (*school name*), **sūnų vardai** (*sons' names*), **studentų bendrabutis** (*students' dormitory*), **šeimų nariai** (*members of the families*).

To say that something or somebody belongs to *me* and to *you* (singular or informal *you*) we use possessive pronouns **mano** and **tavo**: **Čia yra**

mano brolis. (*Here is my brother.*); **Ar čia yra tavo duktė?** (*Is this your daughter?*).

We use genitive of personal pronouns to say that something or someone belongs to *him, her, us, you, them*: **jo vardas** (*his name*), **jų namas** (*their house*), **mūsų šeima** (*our family*) etc.:

jis (he)	ji (she)	mes (we)	jūs (you)	jie, jos (they)
↓	↓	↓	↓	↓
jo (his)	jos (her)	mūsų (our)	jūsų (your)	jų (their)

Čia yra mano sūnus.	*Here is my son.*
Jo vardas Vytautas.	*His name is Vytautas.*
Čia yra mūsų sūnūs. Jų vardai	*Here are our sons. Their names*
Saulius ir Paulius.	*are Saulius and Paulius.*

The possessor always goes first in the sentence: **Jono žmona** (*John's wife*), **mamos vardas** (*mother's name*), **jo šeima** (*his family*), **jų vaikai** (*their children*), **studentų bendrabutis** (*students' dormitory*).

To ask **to whom** somebody or something belongs we use the question word **kieno?**: **Kieno vardas Rūta?** (*Whose name is Rūta?*), **Kieno yra šis namas?** (*Whose is this house?*).

Genitive of name

Gedimino gatvė, geležinkelio stotis, Vilniaus universitetas, Nyderlandų ambasada, Muzikos akademija etc. (*Gediminas Street, railway station, Vilnius University, Embassy of the Netherlands, Academy of Music* etc.). These are the names of streets and places in the city of Vilnius.

To form such names, the genitive is used: **Gediminas → Gedimino, geležinkelis → geležinkelio, Vilnius → Vilniaus, Nyderlandai → Nyderlandų, Muzika → Muzikos.** It is called the genitive of name.

The abbreviation used for the word **gatvė** (*street*) writing the names of streets is **g.**: **Universiteto g.** For the word **aikštė** (*square*) – **a.**: **Nepriklausomybės a.**

How to use the genitive of name in a sentence

In a sentence, we do not change the genitive of name. To say that *we live in Gediminas Street* or *we go to Gediminas Street* we use locative and accusative of **gatvė**: **Čia yra Gedimino gatvė** (*It is Gediminas Street*), **Aš gyvenu Gedimino gatvėje** (*I live in Gediminas Street*), **Aš einu į Gedimino gatvę** (*I go to Gediminas Street*).

Saying that somebody or something is not here

To say that somebody is not at home, not at work, not in the city etc., we use the verb **nėra** + genitive of noun or personal pronoun: **Viktoro ir Marijos nėra namie.** (*Viktor and Maria are not at home.*), **Jo dabar nėra.** (*He is not here at the moment.*), **Mieste nėra aikštės.** (*There is no square in the city.*)

Saying that you like to do something

To say that you like to play, to watch TV, to go somewhere, we use the verb **mėgti, mėgsta, mėgo** (*to like*) and infinitive of the verb: **mėgstu + žaisti, žiūrėti, būti** (inf.) etc.

Aš mėgstu būti namie.	*I like to be at home.*
Vaikai mėgsta žaisti.	*Children like to play.*

To ask what someone likes *to do*, we start our question with question word **ką?**: **Aš mėgstu žiūrėti televizorių. Ką tu mėgsti?** (*I like to watch TV. What do you like?*)

Occupations

Nouns with -**ininkas** (**darbininkas** – *worker*), -**orius** (**direktorius**), -**ėjas** (**kirpėjas** – *hairdresser*), -**tojas** (**mokytojas** – *teacher*) mean occupations. It is easy to make the feminine forms:

darb-**ininkas**	+ **ininkė** →	darb**ininkė**
direkt-**orius**	+ **orė** →	direkt**orė**
kirp-**ėjas**	+ **ėja** →	kirp**ėja**
moky-**tojas**	+ **toja** →	moky**toja**

When she gets married, a woman takes the husband's surname with specific suffix **-ienė**: **Gulbin<u>ienė</u>**, **Baltak<u>ienė</u>**, **Karal<u>ienė</u>**. Sometimes a married woman wants to keep her maiden name (**Statk<u>utė</u>**, **Rašč<u>iūtė</u>**, **Jušk<u>aitė</u>**, **Braškytė**) or she might add her husband's surname to her maiden name, forming a double-barrelled family name: **Statkutė-Gulbinienė**, **Juškaitė-Baltakienė**. Women artists often retain their maiden surnames.

Some women now prefer to have a surname that gives no information about their marital status. They prefer to have one type of surname ending with **-ė** whether married or not: **Gulbinė**, **Juškė**.

An older, unmarried woman is not addressed as **panelė** (*miss*), instead, we use the word **ponia** (*missis*).

In Lithuania, especially in the villages, parents, children and grandparents often live together and take care of each other.

In many families, grandchildren address their grandparents with **jūs**. In some families, children address their parents **jūs**.

The Lithuanian verb **mylėti** (*to love*) is used to say that we love *people* and *animals* but not coffee, chocolate or riding a bicycle etc. We say: **Aš myliu tave.** (*I love you.*) and **Aš labai mėgstu kavą** (*I love coffee*).

Insight

1 The genitive case is the most widely used case of the Lithuanian language – it is used in so many situations: to say that we are from (**iš**), to say that something is situated near (**prie**), to ask how many, to show belonging, to say the name of the street or object in the city, to say that something or somebody is not here.

You will learn more situations where the genitive is used later on. It is worth to learning the genitive ending!

2 All Lithuanian verbs which end in **-i** in the second main form – present tense 3rd form (**jis, ji, jie, jos**) – have the following present tense endings:

aš – -iu
tu – -i
mes – -ime
jūs – -ite

3 Most Lithuanian verbs govern the accusative case (direct object). However a verb which governs the accusative in a positive statement governs the genitive when negative: **Aš turiu brolį** (*I have a brother*), **Ji neturi brolio** (*She doesn't have a brother*).

Exercises

1 Finish the sentences
   a Mano mamos mama yra mano **senelė**.
   b Mano tėvo sesuo Rūta yra mano _____.
   c Mano mama ir tėvas yra mano _____.
   d Mano mamos brolis Vytautas yra mano _____.
   e Mano tėvo brolio sūnus Rimantas yra mano _____.
   f Mano mamos sesers duktė Justina yra mano _____.

2 Insert the appropriate verb
   a Mes **sėdime** prie senelio ir senelės.   turi
   b Mes _____ senelę.   sėdžiu
   c Ar jūs _____ senelius?   turiu
   d Ar tu _____ pusbrolį?   sėdime
   e Aš _____ brolį.   sėdi
   f Prie senelės _____ teta Lina.   turime
   g Aš _____ prie brolio.   turite

3 Use the appropriate form

    a Aš turiu **seserį** (sesuo). Rūta neturi _____ (sesuo).

    b Gintaras turi _____ (brolis), aš neturiu
    _____ (brolis).

    c Jonas turi _____ (senelis), aš neturiu
    _____ (senelis).

    d Vytautas turi _____ (žmona), Gediminas dar
    neturi _____ (žmona).

4 Make all possible pairs.
vienas viena keturi keturios
brolis,
dėdė, ...

> brolis, dėdė, dėdės,
> giminaitės, mama, narys,
> pusbrolis, pusbroliai,
> pusseserės, senelė, seneliai,
> senelis, šeima, šeimos, teta,
> tėvas, žmogus, žmonės

5 Use the appropriate form

	a	tetos	**tetų?**
	b	broliai	_____?
Kiek tu turi	**c**	seserys	_____?
	d	seneliai	_____?
	e	pusseserės	_____?
	f	pusbroliai	_____?

6 Choose the appropriate form

    a Aš turiu **dvi seseris**, ~~dvi seserys~~.

    b Andrius turi **du broliai, du brolius**.

    c Mes turime **keturi seneliai, keturis senelius**.

    d Eglė turi **devynis pusbrolius, devyni pusbroliai**.

    e Jie turi **vienas sūnus, vieną sūnų**.

    f Mano pusseserė turi **penkis vaikus, penki vaikai**.

7 Choose the appropriate form

    a Mano ~~draugas~~, **draugo**, ~~draugą~~ vardas Vytautas.

    b Angelės **dukterų, dukterys, dukteris** vardai Birutė ir Danguolė.

    c Ar čia yra tavo **brolis, brolį, brolio** duktė?

d Kur yra **studentus, studentai, studentų** kavinė?

e Petras yra mūsų **šeimą, šeimos, šeima** narys.

f Rytoj mes važiuojame pas **Viktorijos, Viktoriją, Viktorija** draugą.

8 Use the appropriate form

a Čia yra Deividas ir Robertas, o čia – **jų** (jie) žmonos.

b Ar Gediminas yra Angelės brolis, o Marija _____ (jis) žmona?

c Čia yra mano mama, o čia – _____ (ji) brolis.

d _____ (Mes) šeima gyvena čia.

e Kur gyvena _____ (jūs) tėvai?

f Rita ir Regina yra draugės. _____ (Jos) vaikai taip pat yra draugai.

9 Use the appropriate form

Mano šeima

Mano vardas Danutė. Mano **mamos** (mama) vardas Ona.

_____ (Tėvas) vardas Vytautas.

Mano _____ (sesuo) vardas Agnė. Ji yra mokytoja.

_____ (Ji) vyras Jonas studijuoja universitete. Jis dažnai sėdi

_____ (universitetas) bibliotekoje.

Aš turiu du brolius. _____ (Jie) vardai yra Linas ir Gintaras.

Visi _____ (šeima) nariai susitinka vakare.

visi *all*

10 Use the appropriate form

Operos ir baleto teatras

Einu į **Operos ir baleto teatrą**. Gyvenu prie _____.

Esu _____.

Laisvės gatvė

Mūsų šeima gyvena _____. Einu į

_____. Kur yra _____?

Danijos ambasada

Ar jūs dirbate _____? Gyvenu prie

_____. Einu į _____.

11 Use the appropriate form

jis   **a** Jo

Džonas   **b** _____

Ana   **c** _____   nėra namie.

tėvai   **d** _____

ji   **e** _____

brolis   **f** _____

12 Insert the appropriate form

   a Aš **mėgstu** būti namie.   mėgstate

   b Mes _____ eiti į teatrą.   mėgsta

   c Vakare mūsų šeima _____   mėgsti
      žiūrėti televizorių.

   d Ar tu _____ žaisti parke?   mėgstu

   e Ar jūs _____ žiūrėti   mėgstame
      televizorių?

13 Use the appropriate question words

   a **Ar** čia tavo brolis? – Taip.

   b _____ dirba tavo žmona? – Ji dirba mokykloje.

   c _____ tavo dukters vardas? – Jos vardas Rasa.

   d _____ sūnus yra Algimantas? – Algimantas yra Onos ir Povilo
      sūnus.

   e _____ seserų tu turi? – Aš turiu dvi seseris.

   f _____ tu turi brolį? – Ne, aš neturiu brolio.

   g Aš mėgstu sėdėti parke. _____ tu mėgsti? – Aš mėgstu žiūrėti
      televizorių.

14 Fill in the application form

Anketa	
Vardas	_____
Pavardė	_____
Lytis	_____
Šeiminė padėtis	_____
Adresas	_____
Telefonas	_____

Test yourself

1 Select and indicates the appropriate form

   1 Aš turiu ...

     ☐ brolis   ☐ brolį   ☐ brolio

   2 Mano ... vardas yra Tomas.

     ☐ tėvas   ☐ tėvą   ☐ tėvo

   3 Aš neturiu ...

     ☐ pusbrolis   ☐ pusbrolį   ☐ pusbrolio

   4 Jis turi ...

     ☐ sesers   ☐ sesuo   ☐ seserį

   5 Kiek ... jūs turite?

     ☐ vaikai   ☐ vaikų   ☐ vaikus

2 Find the right answers

                          A Ačiū!

   1 Kaip sekasi?   **B** Ačiū, gerai. O tau?

                          C Atsiprašau.

                          A Gerai.

   2 Ačiū!   **B** Labai malonu.

                          C Nėra už ką.

                          A Ačiū!

   3 Prašom susipažinti, čia   **B** Labai malonu. Aš Tomas.

     mano vyras.   **C** Taip, jo vardas Linas.

                          A Taip, jos vardas Marija.

   4 Ar čia tavo sesuo?   **B** Labai malonu. Aš Marija.

                          C Labai malonu.

                          A Labas

   5 Labanakt!   **B** Labas vakaras.

                          C Labanakt!

4

Ačiū, labai skanu!
Thank you, it's very tasty!

In this unit you will learn
- *How to ask for various items of food and drink*
- *How to order a meal/a drink*
- *How to offer a meal/a drink*
- *How to refuse a meal/a drink*
- *How to say what you like and what you dislike*
- *How to propose a toast*

Valgiai ir gėrimai *Food and drink*

baras *bar*
kavinė *cafe*
restoranas *restaurant*
valgykla *canteen*
savitarna *self-service*
padavėjas/padavėja *waiter/ waitress*
aptarnauti, aptarnauja, aptarnavo (ką?) *to serve*
valgiaraštis, -io/meniu *menu*
išsirinkti, išsirenka, išsirinko (ką?) *to choose*
užsisakyti staliuką/patiekalą *to book a table/to order a dish*

sąskaita *bill*
kaina *price*
kainuoti, kainuoja, kainavo *to cost*
arbatpinigiai *tip*
butelis, -io *bottle*
dėžė/dėžutė *box*
pakelis, -io *package*
stiklainis, -io *glass jar*
maišas/maišelis, -io *bag, sack*

mėsa *meat*
dešra *sausage*
dešrelės *sausages*
kumpis, -io *ham*
pieno produktai *dairy products*
pienas *milk*

58

varškė *cottage cheese, curd*
grietinė *sour cream*
grietinėlė *cream*
sviestas *butter*
margarinas *margarine*
sūris, -io *cheese*
jogurtas *yoghurt*
kefyras *sour milk*
daržovės *vegetables*
bulvė *potato*
morka *carrot*
agurkas *cucumber*
pomidoras *tomato*
žirnis, -io *pea*
pupelė *bean*
svogūnas *onion*
česnakas *garlic*
kopūstas *cabbage*
burokėlis, -io *beet*
salotos *salad, lettuce*
moliūgas *pumpkin*

vaisiai ir uogos *fruit and berries*
vynuogė *grape*
obuolys *apple*
bananas *banana*
kriaušė *pear*
apelsinas *orange*
citrina *lemon*
braškė *strawberry*
vyšnia *cherry*
slyva *plum*
avietė *raspberry*
serbentas *currant*
riešutas *nut*

saldumynai *sweets, desserts*
tortas *cake*

pyragas *pie*
pyragaitis, -io *small cake*
pyragėlis, -io *pastry*
medus *honey*
uogienė *jam, marmalade*
ledai *ice cream*
saldainis, -io *sweet*
šokoladas *chocolate*
sausainis, -io *biscuit, cookie*

gėrimai *drinks, beverages*
kava *coffee*
arbata *tea*
vanduo/mineralinis vanduo *water/mineral water*
gazuotas *with gas (water)*
negazuotas *still (water)*
sultys *juice*
alkoholiniai gėrimai *alcohol drinks*
alkoholis, -io *alcoholic*
vynas *wine*
alus *beer*
šampanas *champagne*
degtinė *vodka*
likeris, -io *liqueur*

duonos produktai *bread products*
duona: juoda, balta *bread: black, white*
batonas *(French) bread*
bandelė *bun, roll*
miltai *flour*
cukrus *sugar*
vanilinis cukrus *vanilla sugar*
druska *salt*
žuvis, -ies *fish*
lašiša *salmon*

silkė *herring*
grybai *mushrooms*
kiaušinis, -io *egg*
aliejus *oil*
majonezas *mayonnaise*
makaronai *pasta, noodles*
pipirai *pepper*

(iš)gerti, geria gėrė (ką?) *to drink*
(su)valgyti, valgo, valgė (ką?) *to eat*
(pa)ragauti, ragauja, ragavo (ką?) *to taste*
(iš)virti, verda, virė (ką?) *to cook, to boil*
(iš)kepti, kepa, kepė (ką?) *to fry, to roast, to bake*
(pa)pietauti, pietauja, pietavo *to have lunch*
(pa)vakarieniauti, vakarieniauja, vakarieniavo *to have dinner/supper*
(pa)pusryčiauti, pusryčiauja, pusryčiavo *to have breakfast*
(į)pilti, pila, pylė (ką?) *to pour*
(į)dėti, deda, dėjo (ką?) *to put*
(su)maišyti, maišo, maišė (ką?) *to mix*
įdaras *filling*
(su)pjaustyti, pjausto, pjaustė *to cut*
mėgti, mėgsta, mėgo (ką?) *to like*
norėti, nori, norėjo (ko?) *to want*
pusryčiai *breakfast*

pietūs *lunch*
vakarienė *dinner/supper*
pavakariai *snack before dinner/ supper*
priešpiečiai *snack before lunch*
skanus, -i *tasty*
saldus, -i *sweet*
rūgštus, -i *sour*
kartus, -i *bitter*
sūrus, -i *salty*
vaisinis, -ė *fruity*
žalias, -ia *green*
juodas, -a *black*
rūkytas, -a *smoked*
keptas, -a *roast*

patiekalas *course, dish*
sriuba *soup*
sultinys *bouillon*
šaltibarščiai *cold beetroot soup*
šalti patiekalai *cold dishes*
karšti patiekalai *main courses*
kepsnys *roast meat*
didžkukulis, -io *dumpling*
blynas *pancake*
košė *porridge*
mišrainė *'Russian' salad*
sumuštinis, -io *sandwich*

pinigai *money*
litas *litas*
centas *cent*
doleris, -io *dollar*
svaras *pound*
euras *euro*
krona *krona*
latas *latas*

Dialogue 1

Restorane. *In a restaurant.*

Padavėjas	Laba diena. Prašom meniu. Ko norite užsakyti?
Marius	Aš noriu sriubos. O tu, Birute?
Birutė	Aš irgi noriu. Ar turite sriubos?
Padavėjas	Taip. Šiandien labai skani dienos sriuba – barščiai su grybais. Norite?
Marius	Taip, abiem sriubos. Ką turite karšto?
Padavėjas	Turime jautienos kepsnį.
Marius	Mano žmona vegetarė, nevalgo mėsos, o aš labai mėgstu žuvį. Ar yra žuvies?
Padavėjas	Taip, labai skani kepta lašiša.
Birutė	Mariau, aš nenoriu žuvies, man užtenka sriubos.
Marius	Gerai, duokite vieną porciją lašišos.
Padavėjas	Ko nors gerti?
Marius	Taip, arbatos. Vieną žalios ir vieną vaisinės.
Padavėjas	Viskas?
Marius	Taip, viskas.
(*Ten minutes or so later...*)	
Padavėjas	Prašom. Gero apetito!
Birutė	Ačiū.
Marius	Padavėjau, prašom iškart sąskaitą, mes skubame.
Padavėjas	Gerai, tuojau. Prašom.

viskas *all*
žalias, -ia *green*
vaisinis, -ė *fruity, of fruit*
lašiša *salmon*
abiem *for both*
iškart *right away*
užtenka *enough*
skubėti, skuba, skubėjo *to be in a hurry*

QUICK VOCAB

Dialogue 2

Bare. *In a bar.*

CD1, TR 21

Padavėjas	Labas vakaras. Norite vyno? Alaus?
1 klientas	Prašom alaus.
Padavėjas	Didelį ar mažą?
1 klientas	Didelį. Kiek kainuoja?
Padavėjas	Penki litai. O jums? (addressing another client)
2 klientas	Man taip pat duokite didelį alaus. Į sveikatą!
1 klientas	Į sveikatą!

QUICK VOCAB

klientas *client*
(pa)duoti, duoda, davė(ką?) *to give*
kainuoti, kainuoja, kainavo *to cost*
didelis, -ė *big*
mažas, -a *small*

Dialogue 3

Namie. *At home.*

CD1, TR 22

Mama	Algirdai, nori valgyt?
Sūnus	Taip, labai.
Mama	Yra sriubos, valgyk. Dabar kepu kiaulienos kepsnį.
Sūnus	O, kaip puiku! Aš baisiai alkanas.
Mama	Valgyk valgyk, skanaus.
Sūnus	Ačiū. Viskas labai skanu. Valgykloje neskanu, kavinėje skaniau, bet namie skaniausia.

QV **baisiai** *terribly*

Dialogue 4

Svečiuose. *Visiting a friend.*

CD1, TR 23

Marija	Agne, imk pyrago. Su braškėmis.
Agnė	Ačiū. Labai mėgstu saldumynus. O, kaip skanu!
Marija	Nori kavos ar arbatos?
Agnė	Juodos kavos, jeigu galima.
Marija	Aš irgi mėgstu juodą kavą. Mano vyras visada geria tik baltą, su grietinėle.
Agnė	O mano vyras nemėgsta kavos, jis geria tik arbatą. Kartais ją geria su pienu – nelietuviška tradicija.
Marija	Ar nori cukraus?
Agnė	Ačiū, ne. Kavą geriu be cukraus. žinau, kad nesveika.
Marija	Gal dar pyrago?
Agnė	Ne, ačiū, užtenka.

gal dar + gen. *some more…?*
imti, ima, ėmė (ką?) *to take*
sveikas, -a *healthy*

QV

Dialogue 5

Turguje. *In the market.*

CD1, TR 24

Pirkėja	Prašom duoti du kilogramus pomidorų, kilogramą agurkų ir keturis kilogramus bulvių.
Pardavėja	Tuojau.
Pirkėja	A, dar norėčiau morkų.
Pardavėja	Kiek?
Pirkėja	Gal kilogramą.
Pardavėja	Gerai. Prašom.
Pirkėja	Kiek viskas kainuoja?
Pardavėja	Iš viso šešiolika litų, penkiasdešimt centų.

norėčiau *I would like*
iš viso *in total*

Reading and listening

1 Read the text and indicate which statements are true and which are false

Vytuk,
nueik į parduotuvę ir nupirk maisto. Vakare pas močiutę ateina jos vaikystės draugės.
Atrodo, namie nėra duonos. Pažiūrėk.
Dar reikia nupirkti:

2 kilogramus miltų,
3 kg obuolių,
1 kg kiaulienos,
pakelį sviesto,
250 gramų margarino,
salotų,
1 kg pomidorų,
indelį pomidorų padažo,
1 litrą slyvų sulčių,

Pinigai spintelėje, kaip visada (50 litų)   Mama

Statement	True	False
1 Močiutė eina į svečius.	✓	
2 Reikia nupirkti daržovių.		
3 Vaisių pirkti nereikia.		
4 Reikia nupirkti vieną litrą gėrimo.		
5 Reikia nupirkti mėsos.		
6 Pieno produktų nereikia.		

2 Read the dialogue then listen to the phone conversation and fill in the missing information

🔊 CD1, TR 25

Dėdė Jonas Alio!

Živilė Labas vakaras, dėde. Ar yra teta Jūratė? Noriu paprašyti jos _____ recepto. Rytoj pas mus ateina svečių, noriu iškepti ką nors _____.

Dėdė Jonas Tuoj pakviesiu ją prie telefono.

Teta Jūratė Klausau, živile.

Živilė Labas, teta. Noriu tavo _____ recepto. Ar gali pasakyti?

Teta Jūratė žinoma, vaikeli. Rašyk:

_____ g sviesto

_____ stiklinės cukraus

1 kiaušinis

_____ stiklinės miltų

Įdaras:

_____ g varškės

_____ ml grietinėlės (riebios)

_____ kiaušiniai

nepilna stiklinė cukraus

_____ šaukštas citrinų sulčių

1 šaukštelis vanilinio _____

1 šaukštelis cinamono.

Živilė Aišku, ačiū. Taigi aš padarau tešlą, tada sumaišau įdaro produktus. O obuolius?

Teta Jūratė Obuolius supjaustyk skiltelėmis ir dėk ant viršaus. Ir dar pabarstyk cinamonu.

(pa)prašyti, prašo, prašė (ką?, ko?) *to ask, to request*
receptas *recipe*
ką nors skanaus *something tasty/good*
(pa) kviesti, kviečia, kvietė (ką?) *to invite, to call*
stiklinė *a glass*
nepilnas, -a *nearly full*
šaukštas *spoon*
šaukštelis, -io *teaspoon*
vanilinis cukrus *vanilla sugar*
(pa)barstyti, pabarsto, pabarstė (ką?) *to sprinkle*
dėti, deda, dėjo (ką?) *to put*
g – gramas *gramme*
ml – mililitras *millilitre*

Names of types of meat are formed regularly with the suffix **-iena** from the name of the animal it comes from.

višta *hen*		**vištiena** *chicken*
paukštis *bird*		**paukštiena** *poultry*
kiaulė *pig*		**kiauliena** *pork*
jautis, -io *ox*		**jautiena** *beef*
avis, -ies *sheep*	**+ iena →**	**aviena** *mutton, lamb*
triušis, -io *rabbit*		**triušiena** *rabbit (meat)*
antis, -ies *duck*		**antiena** *duck (meat)*
žasis, -ies *goose*		**žąsiena** *goose (meat)*

Language points

Present tense of -o and -ia type verbs

You already know the conjugation of **-a** type and **-i** type verbs in the present tense. The **-a** type may have a soft ending **-ia**, e.g. the verb **gerti, geria, gėrė**. All the endings remain the same as those of the other verbs except that **-i** is written before **-a** and the ending is pronounced softly:

aš ger**iu**	mes ger**iame**
tu ger**i**	jūs ger**iate**
jis, ji ger**ia**	jie, jos ger**ia**

The verb **valgyti, valgo, valgė** (*to eat*) occurs in this unit. This is an example of the third -o type verb. Verbs of this type have the following endings in present tense: **valgyti, valgo** (present tense 3rd person), **valgė**.

aš *(I)*	**-au**		mes *(we)*	**-ome**
tu *(you)*	**-ai**		jūs *(you)*	**-ote**
jis *(he)*, ji *(she)*	→	**-o**	jie *(they, masc.)*, jos *(they, fem.)*	
				←
aš *(I)*	**valgau**		mes *(we)*	**valgome**
tu *(you)*	**valgai**		jūs *(you)*	**valgote**
jis *(he)*, ji *(she)*	→	**valgo**	jie *(they, masc.)*, jos *(they, fem.)*	
				←

Here are some more verbs of this type:

(pa)prašyti, prašo, prašė (ką?, ko?) *to ask, to request*
(pa)daryti, daro, darė (ką?) *to do, to make*
(pa)sakyti, sako, sakė (ką?) *to say*
(pa)matyti, mato, matė (ką?) *to see*
(pa)rašyti, rašo, rašė (ką?) *to write*
(pa)skaityti, skaito, skaitė (ką?) *to read*
(iš)mokyti, moko, mokė (ką?) *to teach*
žinoti, žino, žinojo (ką?) *to know*
klausyti, klauso, klausė (ko?) *to listen*

To wish

Before actually starting to eat, Lithuanians want to wish you 'bon appétit' of the meal. To do this, we say:

Skanaus!
Gero apetito!

The genitive case in these phrases is used in exactly the same way as in:

Geros dienos!	*Have a good day!*
Gero vakaro!	*Have a good evening!*
Geros kelionės!	*Have a good trip!*

Proposing a toast

In Lithuanian, we say: **Į (tavo/jūsų)sveikatą!**

Countable and uncountable things

Most nouns in Lithuanian can have both singular and plural forms.
There are some, however, that mean things that are impossible to count,
such as **pienas** (*milk*), **mėsa** (*meat*) and similar uncountable nouns.
This kind of word in Lithuanian has only one number: it is either only
singular or plural. There are many words of this kind in this unit. They
are particularly the names of food and drinks: **pienas**, **sviestas**, **arbata**,
druska, **aliejus** etc. are only ever singular and, for example, **miltai**, **sultys**,
ledai that are only ever plural and have no singular form at all. Similarly,
these words only have the plural form: **pusryčiai**, **pietūs**, **pavakariai**,
priešpiečiai (but not **vakarienė**!). It is important to know this in order
to be able to match correctly the adjective to these nouns. You will learn
more about this in following units.

Some *countable* nouns occur more frequently as a plural than they do as
singulars. They are the names of things that are difficult to count and it is
the sum, the mass that is more important than the *unit* expressed by the
singular. There are many words of this kind in this unit: especially, names
of berries, vegetables and other things: **vynuogės**, **vyšnios**, **pupelės**,
žirniai, **grybai** etc.

Indefinite quantities

When we want to say an indefinite quantity, in Lithuanian we use the
genitive case:

Prašom pieno ir duonos.	*Some milk and bread, please.*
Valgykit vynuogių.	*Eat some grapes.*

Duok obuolių.	*Give me some apples.*
Duokite ledų.	*(Could you) give me some ice cream.*
Imk vandens.	*Take some water.*

The singular is used only if the noun does not have a plural: **prašom pieno, sūrio, varškės, duonos, cukraus, vandens**. With countable and only plural nouns, the genitive plural is used, which is very simple: it always has an ending -ų: **duok vyšnių, prašom grybų, miltų, sulčių**. So when we talk about food, when we ask for it, when we buy it, when we offer it, if we don't use an exact quantity, we use the most popular case in Lithuanian: the genitive.

Definite quantities

When we ask for or offer a definite quantity we use this model:

	Accusative ką?	*Genitive ko?*
	kilogramą	obuolių
		pomidorų
prašom	litrą	pieno
duok, duokite +		kefyro
imk, imkite		
	indelį,	majonezo
	stiklainį	uogienės
	pakelį	saldainių
	dėžutę	sausainių
	maišelį	

Quantity with cardinal numbers

You already know the numbers from 1 to 9. Here are some more:

0	nulis	14	keturiolika
10	dešimt	15	penkiolika
11	vienuolika	16	šešiolika
12	dvylika	17	septyniolika
13	trylika	18	aštuoniolika

19	devyniolika	70	septyniasdešimt
20	dvidešimt	80	aštuoniasdešimt
30	trisdešimt	90	devyniasdešimt
40	keturiasdešimt	100	šimtas
50	penkiasdešimt	1,000	tūkstantis
60	šešiasdešimt	1,000,000	milijonas

In contrast to the numbers from 1 to 9, you will be pleased to note that these do not have different gender forms. They are always used with the plural genitive case of the nouns, e.g. **dešimt obuolių, vienuolika kriaušių, penkiasdešimt gramų, šimtas litų.**

When we want to say 21, 22, 23 and so on, we use two words: **dvidešimt vienas, dvidešimt du, dvidešimt trys** and so on. We match the gender and the case of the nouns with them and use the plural of the nouns, e.g. **dvidešimt du studentai, dvidešimt dvi studentės.** A number that ends in a '1', 21, 31, 41, 51 and so on, is used differently, that is with the noun in the singular: **dvidešimt viena studentė, dvidešimt vienas studentas.**

We express the indefinite quantity with other words that mean amount: **daug, truputį, mažai, pusantro, pusantros, pusė, keletas.** We use them with the genitive case:

daug *a lot of*	**daug restoranų, daug pieno, daug mėsos**
truputis *a little*	**truputis druskos, truputis cukraus**
mažai, nedaug *little, not many*	**mažai maisto, mažai daržovių**
pusantro (masc.) *one and a half*	**pusantro litro, pusantro kilogramo**
pusantros (fem.) *one and a half*	**pusantros dėžutės**
pusė *half*	**pusė kilogramo, pusė pakelio, pusė dėžutės**
keletas *some, a couple*	**keletas agurkų, keletas riešutų**

In the text, some of these quantity words are declined but the genitive case remains:

Duok truputį druskos.
Imk pusę stiklinės pieno.
Prašom keletą bananų.

Likes and dislikes

When we say what kind of food or drink we like we use the verb **mėgti,**
mėgsta mėgo. This is a transitive verb, which is always used with the
accusative case: **mėgstu medų, jis mėgsta vyną, mes mėgstame vaisius.**
If we do not like something, that is, we use negation, we must use the
genitive case instead of the accusative: **nemėgstu medaus, jis nemėgsta**
vyno, mes nemėgstame vaisių.

With something: su + instrumental

In the expressions **su pienu, su sūriu, su grybais** in this unit, you will
have observed a new case: the instrumental case of the noun. Here it
is used with a preposition **su** (*with*). We form the instrumental case by
changing the nominative case ending of the noun to the instrumental
case ending.

Masculine					
Sing. nom. (kas?)	-as, -ias↓	-is↓	-ys↓	-us, -ius↓	-uo↓
Sing. inst. (kuo?)	**-u, -iu,**	**-iu**	**-iu**	**-umi,** **-iumi**	**-en, -iu**
Sing. nom. (kas?)	pyragas↓	sūris↓	obuolys↓	sūnus, vaisius↓	vanduo↓
Sing. inst. (kuo?)	pyrag**u**	sūri**u**	obuoli**u**	sūn**umi,** vais**iumi**	vand**eniu**

As you see, the masculine instrumental case usually has a final **-u.** The
longer instrumental case endings **-umi, -iumi** of spoken Lithuanian
are usually shortened: the final **-i** is dropped and we say **su medum, su**
cukrum.

Plural					
Sing. nom. (kas?)	-as, -ias↓	-is↓	-ys↓	-us, -ius↓	-uo↓
Pl. inst. (kuo?)	**-ais**	**-iais**	**-iais**	**-umis,**	**-en,**
				-iais	**-imis**
Sing. nom. (kas?)	pyragas↓	sūris↓	obuolys↓	sūnus,	vanduo↓
				vaisius↓	
Pl. nom. (kas?)	pyragai↓	sūriai↓	obuoliai↓	sūnūs,	vandenys↓
				vaisiai↓	
Pl. inst. (kuo?)	pyrag**ais**	sūr**iais**	obuol**iais**	sūn**umis,**	vanden**imis**
				vais**iais**	

Feminine Singular				
Sing. nom. (kas?)	-a, -ia↓	-ė↓	-is↓	-uo, -ė↓
Sing. inst. (kuo?)	**-a, -ia**	**-e**	**-imi**	**-eria**
Sing. nom. (kas?)	morka, vyšnia↓	bulvė↓	žuvis↓	sesuo, duktė↓
Sing. inst. (kuo?)	mork**a**, vyšn**ia**	bulv**e**	žuv**imi**	ses**eria**, dukt**eria**

Plural				
Sing. nom. (kas?)	-a↓	-ė↓	-is↓	-uo, -ė↓
Pl. nom. (kas?)	-os↓	-ės↓	-ys↓	-er-ys↓
Pl. inst. (kuo?)	**-omis**	**-ėmis**	**-imis**	**-er-imis**
Sing. nom. (kas?)	morka, vyšnia↓	bulvė↓	žuvis↓	sesuo, duktė↓
Pl. nom. (kas?)	morkos, vyšnios↓	bulvės↓	žuvys↓	seserys,
				dukterys↓
Pl. inst. (kuo?)	mork**omis,**	bulv**ėmis**	žuv**imis**	ses**erimis,**
	vyšn**iomis**			dukt**erimis**

Without: be + genitive

When we want to say 'without' we use the preposition **be** and the genitive case of noun:

be pieno	*without milk*
be cukraus	*sugar free, without sugar*
be padažo	*without sauce*

How to address someone: the vocative

When we address someone, we use another special case: the vocative. Noun vocative has special endings only in singular. The plural is the same as the nominative plural; it does not have specific endings.

We form the vocative case by changing the nominative case endings of the noun into the vocative case endings.

Masculine

The most complex is the vocative case of -as words because there is not one but several different endings of the vocative.

-as ↓			
Common nouns	Names and surnames	Words with suffixes -toj-as, -ėj-as	Diminutives with -(i)uk-as
-e	-ai	-au	-(i)uk
studentas, tėvas↓	Vytautas, Petras, Vitkauskas↓	vairuotojas, padavėjas↓	broliukas, berniukas, Algiukas↓
studente, tėve	Vytautai, Petrai, Vitkauskai	vairuotojau, padavėjau	broliuk, berniuk, Algiuk

The vocative of names and surnames is different from other words only if the name or surname ends with -as. We change other endings into the vocative case like this:

Masculine			
Sing. nom. (kas?)	-is↓	-ys↓	-us, -ius↓	-uo↓
Sing. voc.	-i	-y	-au, -iau	en-ie
Sing. nom. (kas?)	brolis, Kęstutis	mokinys, Stasys	sūnus, Saulius	ruduo
Sing. voc.	broli, Kęstuti	mokiny, Stasy	sūnau, Sauliau	rudenie

Feminine				
Sing. nom. (kas?)	-a, -ia↓	-ė↓	-is↓	-uo↓
Sing. voc.	**-a, -ia**	**-e**	**-ie**	**-er-ie↓**
Sing. nom. (kas?)	mama, Dalia↓	mergaitė Agnė↓	moteris↓	sesuo, duktė↓
Sing. voc.	mama, Dalia	mergaite, Agne	moterie	seserie, dukterie

When writing we always put a comma after the vocative case.

Gender of adjectives

There are three types of adjective in Lithuanian: with endings -**as**, -**us**, and -**is**. Unlike nouns, some adjectives have not only two genders but three: masculine, feminine and *neuter*. Adjectives ending with -**as** and -**us** have three genders. The neuter form has neither case nor number. Adjectives ending with -**is** have masculine and feminine gender.

Here are the endings of the nominative singular adjectives:

1 -**as**

Sing. masc. -**as**, **ias**	→	Sing. fem. -**a**, -**ia**
	→	neuter -**a**, -**ia**
sveikas, karštas, žalias	→	sveika, karšta, žalia
	→	sveika, karšta, žalia

2 -**us**

Sing. masc. -**us**	→	Sing. fem. -**i**
	→	neuter -**u**
skanus, saldus, gražus	→	skani, saldi, graži
	→	skanu, saldu, gražu

3 -**is**

Sing. masc. -**is**	→	Sing. fem. -**ė**
vaisinis	→	Sing. fem. vaisinė

In the vocabulary lists in this book, the adjectival endings are indicated: **geras, -a** (*good*), **gražus, -i** (*beautiful*), **medinis, -ė** (*wooden*). Therefore you can easily recognize that these words are adjectives.

Comparison of neuter form

Adjectives have degrees of comparison: both comparative and the superlative degree. We will learn the comparison of masculine and feminine in the next unit, but here we will look at the neuter comparison, which is formed by taking away the -a, -u and adding -iau, -iausia instead:

> sveik<u>a</u>, sveik<u>iau</u>, sveik<u>iausia</u>
> skan<u>u</u>, skan<u>iau</u>, skan<u>iausia</u>

Both these suffixes soften the consonant in front of them. If the consonant is **t** or **d**, **t** changes into **č** and **d** into **dž**:

t → č	karšt-a	karščiau, karščiausia
	šilt-a	šilčiau, šilčiausia
d → dž	sald-u	saldžiau, saldžiausia

karštas, -a *hot*
šiltas, -a *warm*

....

Insight

Lithuanians like to cook at home. When we have guests we serve food and drink in abundance; we keep offering food and drink to our guests over and over again, even if they say they don't want anything! We like to be asked to eat and drink ourselves and if we are not asked a couple of times to please help ourselves, we take nothing. When Lithuanians encourage guests to help themselves, they do not necessarily have to take it. If they want no more, it is sufficient just to say 'thank you'. And guests should not be surprised

(Contd)

when, some time later, food and drink are offered again. We regard this as a polite way to treat our guests. Good manners also require that you compliment the food (and the chef!).

Lithuanians eat many different kinds of soup, sometimes more than once a day. We like dishes made of curd/cottage cheese. We eat cheese (a specific Lithuanian 'white' cheese) with honey. Fresh cucumber is eaten with honey too. Lithuanians like quite fatty food, however this tends not to cause indigestion. Lithuanian food is quite healthy, tasty and eco-friendly. Our home-produced food products are not genetically modified. Lithuanians value homemade food and also the vegetables, fruit and berries that they grow in their own gardens.

Families often eat together with everybody sitting at the table; this tradition is especially alive in countryside villages. In many families, breakfast is a hot meal (different kinds of porridge, pancakes, scrambled eggs). Different kinds of porridge are especially popular in the northwest of Lithuania, in žemaitija. In northern middle section of Lithuania, pancakes are preferred.

A Lithuanian woman will not pour alcoholic drinks herself if there is at least one man at the table: it is the duty of the man to see that all the guests have something to drink and to serve them. At mealtimes, guests usually drink alcoholic drinks in an organized way: after a toast or, at least, after encouraging the person sitting next to them at the table to drink up.

Insight

1 When we want to say an indefinite quantity, in Lithuanian we use the genitive case.
2 Cardinal numbers from 10–19, also 20, 30, 40, 50 … 90, 100, 1,000, 1,000,000 are always used with nouns the genitive plural.

Exercises

1 Find the words.

T	R	I	U	Š	I	E	N	A	K
O	B	U	O	L	Y	S	I	R	U
R	E	I	M	E	T	O	K	B	M
T	A	B	Ė	I	K	A	V	A	P
A	L	U	S	O	P	U	Y	T	I
S	Ž	K	A	P	I	E	N	A	S
Į	U	Ė	S	A	E	K	A	S	Ū
S	V	I	E	S	T	A	S	R	R
M	I	K	I	A	Ū	B	Ū	Č	I
E	S	O	S	S	S	I	K	Ž	S

2 Cross out the inappropriate word

pienas, sūris, kefyras, ~~dešra~~

pusryčiai, pietūs, rytas, vakarienė
pyragas, kiaušinis, saldainiai, sausainiai
saldumynai, gėrimai, šaltibarščiai, užkandžiai
vakarienė, vištiena, kiauliena, aviena
obuolys, bulvė, kriaušė, citrina
burokėlis, morka, vyšnia, agurkas
dešra, varškė, kumpis, vištiena

3 Find the pairs:

1	Ar mėgsti vynuoges?	**A** Prašom sriubos ir veršienos kepsnį.
2	Ar nori ledų?	**B** Ačiū, labai mėgstu avietes.
3	Valgyk dar pyrago.	**C** Žinoma, labai mėgstu lašišą.
4	Skanaus!	**D** Saldainius.
5	Ko norite?	**E** Taip, labai.
6	Ką tu mėgsti?	**F** Ačiū.
7	Imk uogų.	**G** Ne, ačiū, aš negeriu alkoholio.
8	Ar tu valgai žuvį?	**H** Ačiū, duok dar truputį. Labai skanu.
9	Prašom konjako.	**I** Taip, braškinių.

1	2	3	4	5	6	7	8	9
E								

4 Insert the appropriate verb

a	Rytą mes **valgome** sumuštinius.	valgome
b	Ar tu _____ sūrį?	mėgsti
c	Ar jūs _____ arbatą?	geriate
d	Ar tu _____ vynuogių?	valgo
e	Aš labai _____ kriaušes.	nemėgsti
f	Rytą mes visada _____ kavą.	mėgstu
g	Ačiū, ne, aš _____ kopūstų.	nevalgau
h	Jonai, _____ daržovių.	valgyk
i	Ar ji _____ burokėlius?	geriame

5 Select the appropriate words and write them down, following the example

> uogienė, pomidorai, bulvės, vaisiai, varškė, cukrus,
> pienas, grybai, padažas, daržovės

su	**be**
arbata su cukrumi	**arbata be cukraus**
kava	
sriuba	
mėsa	
salotos	

ledai
pyragas
blynai
makaronai
dešrelės

6 Write a question to respond to the underlined word
   a Aš mėgstu <u>obuolius</u>. **Ką tu mėgsti?**
   b Jis nemėgsta <u>varškės.</u>
   c <u>Brolis</u> valgo ledus.
   d Mes valgome <u>mėsą</u>.
   e Aš turiu <u>tris</u> obuolius.
   f <u>Mano</u> sūnus nevalgo žuvies.
   g Močiutė nemėgsta <u>bananų</u>.
   h <u>Vakare</u> mes valgome sriubą.

7 Fill in the table

geras	gera	geriau	geriausia
	sveika		
		skaniau	
			gražiausia

8 Find the pairs

1	septyniolika	**A**	11
2	penkiasdešimt	**B**	100
3	vienuolika	**C**	13
4	šimtas	**D**	50
5	devyniolika	**E**	20
6	dvidešimt	**F**	16
7	trisdešimt	**G**	17
8	trylika	**H**	90
9	šešiolika	**I**	12
10	devyniasdešimt	**J**	30
11	dvylika	**K**	15
12	penkiolika	**L**	19

1	2	3	4	5	6	7	8	9	10	11	12
G											

9 Write the following numbers in figures and write the appropriate form of the noun

Dvidešimt penki (litas) → **25 litai**

Keturiasdešimt aštuoni (euras) →

Dvylika (latas) →

Devyniasdešimt trys (doleris) →

Dvidešimt keturi (centas) →

Šešiasdešimt (krona) →

Penkiasdešimt vienas (litas) →

Aštuoniasdešimt (euras) →

Septyniasdešimt šeši (centas) →

Tūkstantis (litas) →

10 Write the appropriate form

a

Marija   **Jonai** (Jonas), imk torto.

Jonas   Ačiū, jau užtenka. Gal dar truputį _____ (arbata).

b

Vitalija   _____ (Marius), mėgsti vyną?

Marius   Nelabai. Alus skaniau.

c

Klientas   _____ (Padavėjas), prašom dar duonos.

Padavėjas   Juodos ar baltos?

d

Mama   _____ (Algiukas), gal nori ko nors valgyti?

Algiukas   Taip, noriu truputį.

ko nors *something*

Sigita _____ (Tadas), ar nori _____
(vaisiai)?

Tadas Taip, duok _____ (kriaušės ir apelsinai).

f

Keleivis _____ (Vairuotojas), prašom sustoti čia.

Vairuotojas čia sustoti draudžiama, galiu sustoti prie stotelės.

g

Lina _____(Jurgis), ar mėgsti _____
(varškė)?

Jurgis Ne, nemėgstu _____ (varškė).

h

Pirkėja Prašom vieną kilogramą _____ (veršiena).

Pardavėja Viskas?

Pirkėja Dar _____ (dešrelės).

Pardavėja Kiek?

Pardavėja Pusantro _____ (kilogramas).

11 Write the appropriate form

   a Jis **valgo** (valgyti) pusryčius.

   b Aš visada _____ (valgyti) kiaušinius su majonezu.

   c Mes _____ (gerti) mineralinį vandenį.

   d Ar tu _____ (nevalgyti) svogūnų ir česnakų?

   e Mes _____ (valgyti) mėsą su pupelėmis.

   f Ji _____ (valgyti) pyragaitį su vyšniomis.

   g Ar jūs _____ (valgyti) sumuštinius su sūriu, ar su
dešra?

   h Jis _____ (negerti) degtinės.

   i Jie _____ (valgyti) silkę su svogūnais ir aliejumi ir
_____ (gerti) alų.

Test yourself

1 Select and indicate the appropriate form

    1 Ar tu ... svogūnus?

        ☐ valgo   ☐ valgai   ☐ valgau

    2 Jis ... šilto pieno.

        ☐ negeria   ☐ negeriu   ☐ negeri

    3 Mano mama nemėgsta ... .

        ☐ žuvį   ☐ žuvies   ☐ žuvis

    4 Prašom truputį ... .

        ☐ sviestą   ☐ sviestas   ☐ sviesto

    5 Aš geriu arbatą su ... .

        ☐ pienas   ☐ pieno   ☐ pienu

    6 Ar šita kava be... ?

        ☐ cukrus   ☐ cukrumi   ☐ cukraus

2 Find the right answers

1	Gero apetito!	**A**	Ačiū!
		B	Gerai. O tau?
		C	Nėra už ką.
2	Norite vandens?	**A**	Ne, nemėgstu pieno.
		B	Taip, prašom įpilti
		C	Į sveikatą!
3	Ar jūs valgote mėsą?	**A**	Ne, aš vegetaras.
		B	Ne, vieną vaisinės.
		C	Ne, aš nealkanas.
4	Duok pieno.	**A**	Kiek kainuoja?
		B	Kavinėje skaniau.
		C	Kiek? Stiklinę?

5

Šiandien tu puikiai atrodai!
You look great today!

In this unit you will learn
- *How to buy clothes, shoes and jewellery*
- *How to make a compliment*
- *How to make a comparison*

Photos by Eugenijus Stumbrys.

Drabužiai, avalynė, papuošalai ir medžiagos *Clothes, footwear, jewellery and fabrics*

tautiniai drabužiai *national costume*

kailiniai *fur coat*
kepurė *cap*
lietpaltis, -io *raincoat*
paltas *coat*
skarelė *headscarf*
skrybėlė, skrybėlaitė *hat*

striukė *jacket (to wear outside)*
šalikas *shawl*
kostiumėlis, -io *suit (for women)*
liemenė *vest*
palaidinukė *blouse*
sijonas *skirt*
suknelė *dress*
švarkelis, -io *jacket (for women)*
diržas *belt*
kaklaraištis, -io *necktie*
kelnės *trousers*
kostiumas *suit (for men)*
marškiniai *shirt*
švarkas *jacket (for men)*
uniforma *uniform*
džinsai *jeans*
marškinėliai *singlet*
megztinis, -io *sweater*
šortai *shorts*
basutės *slingbacks*
batai *shoes*
bateliai *shoes (for women)*
kojinės *socks*
pėdkelnės *pantyhose/tights*
maudymosi kelnaitės *bathing trunks*
maudymosi kostiumėlis *bathing suit*
sportiniai bateliai *trainers*
sportinis kostiumas *tracksuit*
chalatas *robe*
naktiniai marškiniai *nightshirt*
pižama *pyjamas*
prijuostė *apron*
šlepetės *slippers*
glaudės *boxer shorts*
kelnaitės *pants*

liemenėlė *bra*
akiniai *glasses*
kuprinė *backpack*
nosinė *handkerchief*
piniginė *wallet*
rankinė *handbag*
saulės akiniai *sunglasses*
skėtis, -io *umbrella*
apykaklė *collar*
kišenė *pocket*
saga *button*
užtrauktukas *zipper*
apyrankė *bracelet*
auskarai *earrings*
grandinėlė *chain*
karoliai *necklace*
laikrodis, -io *watch*
sagė *brooch*
kailis, -io *fur*
kailinis, -ė *furry, of fur*
linas *flax*
lininis, -ė *linen*
medvilnė *cotton*
medvilninis, -ė *cottony, of cotton*
oda *leather*
odinis, -ė *leather, of leather*
sintetika *synthetic (material)*
sintetinis, -ė *synthetic*
šilkas *silk*
šilkinis, -ė *silken*
vilna *wool*
vilnonis, -ė *woollen*
auksas *gold*
auksinis, -ė *golden*
gintaras *amber*
gintarinis, -ė *amber*

sidabras *silver*
sidabrinis, -ė *silver, of silver*
baltas, -a *white*
geltonas, -a *yellow*
juodas, -a *black*
mėlynas, -a *blue*
oranžinis, -ė *orange*
raudonas, -a *red*
rausvas, -a *pink*
rudas, -a *brown*
spalva *colour*
šviesiai žalias *light green*
tamsiai žalias *dark green*
violetinis, -ė *violet*
žalias, -ia *green*
žydras, -a *sky blue*
dryžuotas, -a *striped*
gėlėtas, -a *flowery*
languotas, -a *checked*
raštuotas, -a *inlaid*
taškuotas, -a *dotted*
vienspalvis, -ė *self-coloured*
madingas, -a *fashionable*
ryškus, -i *bright*
šiurkštus, -i *rough*
švelnus, -i *soft*
dydis, -io *size*
dovana *gift*
matavimosi kabina
  fitting room
skyrius *department*
patarimas *advice*
didelis, -ė *big*
gražus, -i *beautiful*
mažas, -a *small*
naujas, -a *new*
negražus, -i *not beautiful*

senas, -a *old*
šaltas, -a *cold*
šiltas, -a *warm*

apsiauti, apsiauna, apsiavė
  (ką?/kuo?) *to put on*
  (shoes)
apsirengti, apsirengia,
  apsirengė (ką?/kuo?) *to dress*
atrodyti, atrodo,
  atrodė *to look*
avėti, avi, avėjo (ką?/kuo?) *to*
  wear (shoes)
dėvėti, dėvi, dėvėjo (ką?/kuo?)
  to wear (clothes)
yra apsirengęs/yra apsirengusi
  (ką?/kuo?) *is dressed*
nusiauti, nusiauna, nusiavė
  (ką?) *to take off (shoes)*
nusirengti, nusirengia,
  nusirengė (ką?) *to undress*
padėti, padeda, padėjo (kam?)
  to help
pasimatuoti, pasimatuoja,
  pasimatavo (ką?) *to try on*
patarti, pataria, patarė (kam?)
  to advise
patikti, patinka, patiko (kam?/
  kas?) *to like*
(nu)pirkti, perka, pirko
  (ką?) *to buy*
reikėti, reikia, reikėjo (kam?/
  ko?) *to want, need*
(pa)rodyti, rodo, rodė (ką?) *to*
  show
tikti, tinka, tiko (kam?/kas?)
  to suit

Dialogue 1

Drabužių parduotuvėje. *At a clothes shop.*

CD1, TR 26

Pardavėja	Laba diena.
Pirkėjas	Laba diena.
Pardavėja	Gal galiu jums padėti?
Pirkėjas	Taip. Ačiū. Man reikia šiltos madingos striukės.
Pardavėja	Prašom pasimatuoti šią geltoną striukę.
Pirkėjas	Oi ne, man nepatinka ryškios spalvos!
Pardavėja	Gal norite pasimatuoti tą tamsiai žalią?
Pirkėjas	Tamsiai žalia labai graži. Ar turite mano dydžio?
Pardavėja	Taip. Ši striukė jūsų dydžio. Prašom pasimatuoti.
Pirkėjas	Pažiūrėkite ir jūs. Aš manau, kad ši striukė man tinka.
Pardavėja	Labai tinka!
Pirkėjas	Kokia jos kaina?
Pardavėja	Trys šimtai litų.
Pirkėjas	Prašom.
Pardavėja	Ačiū, kad perkate mūsų parduotuvėje.
Pirkėjas	Ačiū jums už pagalbą. Sudie.
Pardavėja	Sudie.

QV **Ačiū jums už pagalbą.** *Thank you for your help.*

Dialogue 2

CD1, TR 27

Ramunė	Sveika, Lina.
Lina	Sveika, Ramune.
Ramunė	Koks gražus tavo megztinis! Labai gražiai šiandien atrodai!
Lina	Ačiū, Ramune. O tau labai tinka ši mėlyna suknelė!
Ramunė	Ačiū. Visi sako, kad mėlyna – mano spalva.
Lina	Taip, tikrai. Dabar bėgu. Skubu į darbą.
Ramunė	Iki!
Lina	Iki!

visi *everybody*
(pa)sakyti, sako, sakė (ką?) *to say*
tikrai *really*
skubėti, skuba, skubėjo *to hurry*

Dialogue 3

Drabužių parduotuvėje. *At a clothes shop.*

Pirkėja	Laba diena.
Pardavėja	Laba diena.
Pirkėja	Ar šios kelnės lininės?
Pardavėja	Ne, sintetinės. Štai tos juodos kelnės lininės.
Pirkėja	Ar turite baltų?
Pardavėja	Taip, prašom pasimatuoti.
Pirkėja	Šios kelnės man mažos. Man reikia didesnių.
Pardavėja	Gaila, bet neturime didesnių baltų kelnių.
Pirkėja	Ačiū. Viso gero.
Pardavėja	Viso gero.

štai *there*

Reading and listening

1 Read the text and indicate which statements are true or false or for which there is no information given in the text

Nauja drabužių parduotuvė „Linas"

Mūsų parduotuvėje yra didelis lininių drabužių pasirinkimas. Prekiaujame lietuviškais lininiais drabužiais vaikams, moterims ir vyrams. Su lininiais drabužiais gera ir vasarą, ir žiemą.

Moteriškų drabužių skyriuje prekiaujame ne tik suknelėmis, sijonais, palaidinukėmis, švarkeliais, bet ir sidabriniais, gintariniais, mediniais ir stikliniais papuošalais: karoliais, apyrankėmis, žiedais, sagėmis. Papuošalų autoriai – lietuviai juvelyrai. Įsigykite lininį drabužį ir prie jo prisitaikykite puikų savito stiliaus papuošalą!

Vyrams yra drabužių ir darbui, ir poilsiui. Karštą vasarą pajūryje šviesaus lino kelnės ir marškiniai – geriausi drabužiai. Siūlome ir lininių kostiumų. Kai reikia vasarą dirbti, geresnio kostiumo už lininį nėra.

Mergaitėms ir berniukams galite nupirkti įvairių spalvingų drabužių, kepurių nuo saulės.

Maloniai kviečiame apsilankyti parduotuvėje „Linas". Mūsų adresas Parko gatvė 12, Kaunas.

Statement	True	False	No information
1 Parduotuvėje prekiauja medvilniniais drabužiais.	✓		
2 Parduotuvėje parduoda ir papuošalus.			
3 Papuošalai užsienietiški.			
4 Parduotuvėje vyrai gali nusipirkti lininių kostiumų.			

Statement	True	False	No information
5	Parduotuvė prekiauja vaikiškomis striukėmis.			
6	Parduotuvei „Linas" reikia pardavėjo.			
7	Parduotuvė yra Kaune.			

🔊 CD1, TR 29

2 Listen to Tomas and Rita's dialogue. What gifts is Tomas going to buy for his friends?

Kam?
Džonui C
Sarai
Frėjai
Nikui

Ką nori pirkti Tomas?
A gintarinę apyrankę
B raštuotas pirštines
C marškinėlius
D lėlę su tautiniais drabužiais
E vilnonį megztinį

gera mintis, -ies *good idea*

Photo by Eugenijus Stumbrys.

Language points

Singular and plural adjectives

There are three typical endings for singular masculine adjectives: **ger*as*** (*good*), **graž*us*** (*beautiful*) and **medvilnin*is*** (*cotton*). When you learn a new adjective, you are learning the masculine singular form, with endings **-as**, **-us** or **-is**. Armed with this information, you can now make singular feminine, plural masculine and plural feminine adjectives according to the following schema:

	ger-as	
Sing. masc. **-as**	→	Sing. fem. **-a**
↓	↓	
Pl. masc. **-i**		Pl. fem. **-os**
<u>ger</u>as	→	gera
↓		↓
geri		geros
	graž-us	
Sing. masc. **-us**	→	Sing. fem. **-i**
↓	↓	
Pl. masc. **-ūs**		Pl. fem. **-ios**
<u>graž</u>us	→	graži
↓		↓
gražūs		gražios
	medvilnin-is	
Sing. masc. **-is**	→	Sing. fem. **-ė**
↓		↓
Pl. masc. **-iai**		Pl. fem. **-ės**
<u>medvilnin</u>is	→	medvilninė
↓		↓
medvilniniai		medvilninės

NB Exception: masculine plural ending of adjective **didel<u>is</u>** (*big*) is **-i** – **didel<u>i</u>**.

We use singular and plural masculine adjectives to characterize singular and plural masculine nouns: **geras paltas** (*good coat*), **geri batai** (*good* shoes), **gražus kostiumas** (*beautiful suit*), **gražūs auskarai** (*beautiful earrings*), **medvilninis sijonas** (*cotton skirt*).

We use singular and plural feminine adjectives to characterize singular and plural feminine nouns: **gera parduotuvė** (*good shop*), **geros pirštinės** (*good gloves*), **graži suknelė** (*beautiful dress*), **gražios suknelės** (*beautiful dresses*), **medvilninė suknelė** (*cotton dress*), **medvilninės kelnės** (*cotton trousers*).

Made of a certain material

We add the suffix **-inis, -inė** to the stem of the noun: **auksinis žiedas** (*golden ring*), **gintarinė sagė** (*amber brooch*):

> **auks-as** *(gold)*   **auks + inis** →   **auksinis, -ė** *(golden)*
> **gintar-as** *(amber)*   **gintar + inis** →   **gintarinis, -ė** *(amber)*

NB Exception: **sint-etika** → **sintetinis, viln-a** → **vilnonis**.

Note also that the suffix **-inis, -inė** has other meanings.

Dative case of nouns and personal pronouns

To express the indirect object, we use the dative case of nouns and pronouns. To say that we *give, buy, sell, give presents* to somebody we need to use the dative case: **Seseriai perku žiedą, o broliui – kepurę** (*I buy a ring for my sister and a cap for my brother*).

To say, for example, that somebody is cold **Rūtai šalta** (*Rūta is cold*) or **jai pigu** (*it is cheap for her*), we use the dative (to indicate the person who is feeling cold or for whom it is cheap) together with the neuter form of the adjective in the sentence.

The dative case is used with such verbs as **patikti, patinka, patiko** (*to like*), **tikti, tinka, tiko** (*to fit, to suit*), **reikėti, reikia, reikėjo** (*to need*): **Ar tau patinka šis žiedas?** (*Do you like this ring?*), **Ar man tinka ši suknelė?** (*Does this dress suit me?*), **Tomui reikia palto** (*Tomas needs a coat*).

Verbs **patikti**, **reikėti**, **tikti** (*to like, to need, to suit*) are special verbs. To indicate the person who *likes*, *needs* and whom something *suits*, we use the dative case of that person: **Man patinka mėlyna spalva** (*I like blue*), **Mano broliui reikia kostiumo** (*My brother needs a suit*), **Tau tinka nauja suknelė** (*The new dress suits you*). In such sentences, we use only the 3rd person of the verbs **patinka**, **reikia**, **tinka**: **Man patinka mėlyna spalva** (*I like blue*), **Ar tau patinka mėlyna spalva?** (*Do you like blue*), **Jam reikia batų** (*He needs shoes*).

To ask the question *who* likes, *who* needs, *for whom* somebody buys something, *who* is cold etc. we start with the question word **kam?**: **Kam patinka raudona spalva?** (*Who likes red?*), **Kam reikia batų?** (*Who needs shoes?*), **Kam šalta?** (*Who is cold?*).

Masculine Singular				
Sing. nom. (kas?)	-as↓	-is↓	-ys↓	-us↓	-ius↓
Sing. dat. (kam?)	-ui	-iui	-iui	-ui	-iui
Sing. nom. (kas?)	draugas	brolis	paauglys	sūnus	profesorius
Sing. dat. (kam?)	draug**ui**	brol**iui**	paaugl**iui**	sūn**ui**	profesor**iui**

Plural				
Sing. nom. (kas?)	-as↓	-is↓	-ys↓	-us↓	-ius
Pl. nom. (kas?)	-ai↓	-iai↓	-iai↓	-ūs↓	-iai↓
Pl. dat. (kam?)	**-ams**	**-iams**	**-iams**	**-ums**	**-iams**
Sing. nom. (kas?)	draugas	brolis	paauglys	sūnus	profesorius
Pl. nom. (kas?)	draugai	broliai	paaugliai	sūnūs	profesoriai
Pl. dat. (kam?)	draug**ams**	brol**iams**	paaugl**iams**	sūn**ums**	profesor**iams**

We shorten the endings of plural masculine dative nouns: **draugam** (**draugams**), **broliam** (**broliams**) etc.

Sing. nom. (kas?)	-a↓	-ė↓	-is↓	-uo, ė↓
Sing. dat. (kam?)	**-ai**	**-ei**	**-iai**	**-eriai**
Sing. nom. (kas?)	teta	pusseserė	moteris	sesuo, duktė
Sing. dat. (kam?)	tet**ai**	pusseser**ei**	moter**iai**	ses**eriai**, dukt**eriai**

Plural

Sing. nom. (kas?)	-a↓	-ė↓	-is↓	-uo, -ė↓
Pl. nom. (kas?)	-os↓	-ės↓	-ys↓	-erys↓
Pl. dat. (kam?)	**-oms**	**-ėms**	**-ims**	**-erims**
Sing. nom. (kas?)	teta	pusseserė	moteris	sesuo, duktė
Pl. nom. (kas?)	tetos	pusseserės	moterys	seserys, dukterys
Pl. dat. (kam?)	tet**oms**	pusseser**ėms**	moter**ims**	ses**erims**, dukt**erims**

We shorten the endings of plural feminine dative nouns: **tetom** (**tetoms**), **pusseserėm** (**pusseserėms**) etc.

Singular personal pronouns

Sing. nom. (kas?)	aš↓	tu↓	jis↓	ji↓
Sing. dat. (kam?)	man	tau	jam	jai

Plural personal pronouns

Pl. nom. (kas?)	mes↓	jūs↓	jie↓	jos↓
Pl. dat. (kam?)	mums	jums	jiems	joms

We shorten the endings of plural dative personal pronouns: **mum** (**mums**), **jum** (**jums**), **jiem** (**jiems**), **jom** (**joms**).

Plural locative of nouns Masculine Plural				
Sing. nom. (kas?) -as↓	-is↓	-ys↓	-us↓	-ius↓
Pl. nom. (kas?) -ai	-iai	-iai	-ūs	-iai
Pl. loc. (kur?) **-uose**	**-iuose**	**-iuose**	**-uose**	**-iuose**
Sing. nom. (kas?) teatras	viešbutis	kambarys	turgus	skyrius
Pl. nom. (kas?) teatrai	viešbučiai	kambariai	turgūs	skyriai
Pl. loc. (kur?) teat**ruose**	viešbu-**čiuose**	kamba-**riuose**	turg**uose**	skyr**iuose**

kambarys, -io *room*

We shorten the endings of plural masculine locative nouns: **teatruos** (**teatruose**), **viešbučiuos** (**viešbučiuose**) etc.

Feminine nouns Plural			
Sing. nom. (kas?) -a↓	-ė↓	-is↓	-uo, -ė↓
Pl. nom. (kas?) -os↓	-ės↓	-ys↓	-erys↓
Pl. loc. (kur?) **-ose**	-ėse	**-yse**	**-eryse**
Sing. nom. (kas?) ambasada	parduotuvė	pilis	sesuo, duktė
Pl. nom. (kas?) ambasados	parduotuvės	pilys	seserys, dukterys
Pl. loc. (kur?) ambasad**ose**	parduotuv**ėse**	pil**yse**	ses**eryse**, dukt**eryse**

We shorten the endings of plural feminine locative nouns: **ambasados** (**ambasadose**), **pilys** (**pilyse**) etc.

Matching nouns and adjectives

In a sentence, the adjective must be 'matched' to the noun. The adjective is the same gender, number and case as the noun: **Aš noriu gražaus auksinio žiedo** (*I want a beautiful golden ring*), **Ji perka gražią šilkinę suknelę** (*She is buying a beautiful silken dress*).

The case of noun and adjective in the sentence depends on the case governed by the verb or preposition. Genitive: **Aš noriu** šiltos skaros ir vilnonės suknelės (*I want a warm scarf and a woollen dress*); accusative: **Perku** šiltą skarą ir vilnonę suknelę (*I buy a warm scarf and a woollen dress*); instrumental: **Pasivaikščioti einu su** šilta skara ir vilnone suknele (*I wear a warm scarf and a woollen dress when I go for a walk*) etc.

Feminine adjectives such as **graži, gražios** (*beautiful*) and **žalia, žalios** (*green*) are declined like feminine nouns with endings -(i)a and -(i)os such as **vyšnia, vyšnios** (*cherry, cherries*). Feminine adjectives such as **medvilninė, medvilninės** (*cotton*) have the same case endings as feminine nouns such as **kavinė, kavinės** (*cafe, cafes*). **Šilta, šiltos** (*warm*) are declined like **teta, tetos**.

Have a look at the following table. It will help you to see the similarities and differences between case endings:

Singular			
Nom. (koks?)	šiltas paltas žalias didelis lietpaltis	gražus sūnus	sintetinis lietpaltis
Gen. (kokio?)	šilto palto žalio didelio lietpalčio	gražaus sūnaus	sintetinio lietpalčio
Dat. (kokiam?)	šiltam paltui žaliam dideliam lietpalčiui	gražiam sūnui	sintetiniam lietpalčiui
Acc. (kokį?)	šiltą paltą žalią didelį lietpaltį	gražų sūnų	sintetinį lietpaltį
Inst. (kokiu?)	šiltu paltu žaliu dideliu lietpalčiu	gražiu sūnumi	sintetiniu lietpalčiu
Loc. (kokiame?)	šiltame palte žaliame dideliame lietpaltyje	gražiame sūnuje	sintetiniame lietpaltyje

Plural			
Nom. (kokie?)	šilti paltai žali dideli lietpalčiai	gražūs sūnūs	sintetiniai lietpalčiai
Gen. (kokių?)	šiltų paltų žalių didelių lietpalčių	gražių sūnų	sintetinių lietpalčių

(Contd)

Plural			
Dat. (kokiems?)	šilt**iems** palt**ams**	graž**iems** sūn**ums**	sintetin**iams**
	žal**iems** didel**iems**		lietpalč**iams**
	lietpalč**iams**		
Acc. (kokius?)	šilt**us** palt**us**	graž**ius** sūn**us**	sintetin**ius**
	žal**ius** didel**ius** lietpalč**ius**		lietpalč**ius**
Inst. (kokiais?)	šilt**ais** palt**ais**	graž**iais** sūn**umis**	sintetin**iais**
	žal**iais** didel**iais** lietpalč**iais**		lietpalč**iais**
Loc. (kokiuose?)	šilt**uose** palt**uose**	graž**iuose** sūn**uose**	sintetin**iuose**
			lietpalč**iuose**
	žal**iuose** didel**iuose**		
	lietpalč**iuose**		

The singular and plural vocative endings of adjectives are the same as those of nominative: <u>**mielas**</u> mokytojau! (*dear teacher!*), <u>**mieli**</u> vaikai! (*dear children!*) <u>**miela**</u> mama! (*dear mother!*).

We shorten the case endings of the adjectives in the same way as those of nouns: **geriem draugam** (**geriems draugams**), **gerom draugėm** (**geroms draugėms**), **gražiuos miestuos** (**gražiuose miestuose**) etc.

Descriptions

When we are asking about descriptions of nouns, we use the singular and plural forms of the masculine and feminine indefinite pronoun: **koks, kokia, kokie, kokios**:

Sing. masc.	Sing. fem.
koks?	**kokia?**
Pl. masc.	Pl. fem.
kokie?	**kokios?**

The case of the question word in the question depends on the case governed by the verb: **Kokio palto tau <u>reikia</u>?** – **Man reikia šilto palto** (*What coat do you need? – I need a warm coat*). **Kokie auskarai tau <u>patinka</u>?** – **Man patinka sidabriniai auskarai** (*What earrings do you like? – I like silver earrings*). **Kokių džinsų tu <u>nori</u>?** – **Aš noriu mėlynų džinsų** (*What jeans do you want? – I want blue jeans*).

Declension of indefinite and demonstrative pronouns

We decline singular and plural masculine indefinite pronouns **koks, kokie** (*what*) and demonstrative pronouns **toks, tokie** (*such*), **šis, šie** (*this, these*) very similarly to **žalias, žali** (*green*) and demonstrative pronouns **tas, tie** (*that, those*) like **šiltas, šilti** (*warm*). We decline singular and plural masculine indefinite pronouns **kitas, kiti** (*another*) like **šiltas, šilti** (*warm*).

The differences are indicated in the following table:

Singular			
Nom.	koks	toks	šis	tas
Gen.	kokio	tokio	šio	to
Dat.	kokiam	tokiam	šiam	tam
Acc.	kokį	tokį	šį	tą
Inst.	kokiu	tokiu	šiuo	tuo
Loc.	kokiame	tokiame	šiame	tame

Plural			
Nom.	kokie	tokie	šie	tie
Gen.	kokių	tokių	šių	tų
Dat.	kokiems	tokiems	šiems	tiems
Acc.	kokius	tokius	šiuos	tuos
Inst.	kokiais	tokiais	šiais	tais
Loc.	kokiuose	tokiuose	šiuose	tuose

We decline singular and plural feminine **kokia, kokios, tokia, tokios, ši, šios** like **žalia, žalios** (*green*) and **ta, tos, kita, kitos** like **gera, geros** (*good*).

In a sentence, indefinite and demonstrative pronouns are matched with the noun. They must show the same gender, number and case as the noun: **Aš noriu to žiedo.** (*I want this ring.*) **Ji perka tą suknelę.** (*She is buying that dress.*)

The cases of nouns, indefinite and demonstrative pronouns in the sentence depend on the case governed by the verb or preposition.

Describing an action

To describe an action, to say how somebody is speaking, looking, cooking etc. we use adverbs: **Ji kalba lėtai** (*She speaks slowly*), **Tu šiandien atrodai labai gražiai** (*You look very beautiful today*).

ger-<u>as</u>	ger + **-ai**	→	gerai

                         Mes gyvename labai gerai.
                          (*We live very well.*)

graž-<u>us</u>	graž + **-iai**	→	gražiai

                         Tu atrodai labai gražiai.
                          (*You look very beautiful.*)

We use the question word **kaip** (*how*) when we characterize the action: **Kaip aš atrodau?** (*How do I look?*), **Ar šį žiedą pirkai brangiai?** (*Was this ring you bought expensive?*)

Comparisons

To compare quality, we use the comparative and superlative degrees of the adjective. Suffixes **-esnis, -esni** (singular and plural masculine) and **-esnė, -esnės** (singular and plural feminine) are typical suffixes for the comparative degree.

To compare two things, people or phenomena we need to use **negu** or **už** (*than*).

negu + nom.	**už + acc.**
Paltas yra šiltesnis negu striukė.	**Paltas yra šiltesnis už striukę.**
The coat is warmer than the jacket.	*The coat is warmer than the jacket.*

Negu and **už** are synonyms.

Comparative degree of adjectives

Singular			
ger-as	ger + **-esnis**	→	geresnis
ger-a	ger+ **-esnė**	→	geresnė

Plural			
ger-i	ger + **-esni**	→	ger**esni**
ger-os	ger + **-esnės**	→	ger**esnės**

To say that something or somebody is *the most beautiful, the best*, we use suffixes of the superlative degree: **-iausias, -iausi** (singular and plural masculine) and **-iausia, -iausios** (singular and plural feminine): **Tavo suknelė yra gražiausia** (*Your dress is the most beautiful*). Often, however, we like to be more fulsome in our praise: **Tavo suknelė yra pati gražiausia** or **Tavo suknelė yra gražiausia iš visų. Pats, pati, patys, pačios** are used to do just this: *absolutely the most beautiful, the very warmest, simply the best.*

Superlative degree of adjectives

Singular			
ger-as	ger + **-iausias**	→	(pats) ger**iausias**
ger-a	ger + **-iausia**	→	(pati) ger**iausia**

Plural			
ger-i	ger + **-iausi**	→	(patys) ger**iausi**
ger-os	ger + **-iausios**	→	(pačios) ger**iausios**

NB Exception: **didelis, didesnis, didžiausias; didelė, didesnė, didžiausia** (*big, bigger, the biggest*).

We decline the adjectives of comparative and superlative degree like the adjectives of positive degree with appropriate endings:

geresnis like **didelis**   **geresnė** like **didelė**
geriausias like **žalias**   **geriausia** like **žalia**

Insight

1 In a sentence, the adjective must match the noun in gender, number and case.

(Contd)

2 There are many similarities between the case endings of nouns and adjectives.

3 The dative case is used to express the indirect object. There is no preposition in the Lithuanian language to express the indirect object.

Insight

Lithuanians have a saying: **Auksas ir pelenuose žiba** (*The gold shines even in the ashes*). Although we may often say that clothes are not very important and that personality is more important, Lithuanian women do like beautiful clothes.

You can buy clothes in the shops and at the market. In the main street of the Old Town of Vilnius, Pilies Street, you can buy linen and woollen handmade clothes and amber jewellery. There are many shops selling linen clothes and amber in the Old Town of Vilnius.

We do not wear shoes at home. We like to wear slippers. When we visit our friends' homes, we usually ask whether we need to take our shoes off. Sometimes our friends say yes.

It is not customary to keep your hat on when you enter someone's home and men do not eat wearing hats.

Many Lithuanian women wear a fur coat in the winter because the temperature gets very low, sometimes as low as −10, −20 or even −30.

Lithuanian men help women to put on or to take off their coats; most women seem to like this.

Exercises

1 Choose the right answer

Drabužiai

1	Šį šiltą drabužį dėvime, kai šalta.	**A**	lietpaltis
2	Šį drabužį dėvime, kai lyja lietus.	**B**	kostiumas

3 Šį drabužį dėvi tik moterys. Jis gali būti šilkinis, medvilninis, lininis, vilnonis ar sintetinis.

C maudymosi kostiumėlis

4 Šį drabužį vyrai dažnai dėvi darbe, teatre arba restorane.

D marškinėliai

5 Šį drabužį dėvime, kai verdame valgyti.

E paltas

6 Šį drabužį mėgsta dėvėti visi, kai šilta.

F suknelė

7 Šio drabužio reikia moterims, kai jos eina į baseiną.

G prijuostė

kai *when*

1	2	3	4	5	6	7
E						

2 Make pairs

1	odinis		**A**	striukė
2	medvilniniai		**B**	megztinis
3	vilnonės		**C**	diržas
4	odiniai		**D**	marškinėliai
5	šilta		**E**	pirštinės
6	šiltas		**F**	grandinėlė
7	sidabrinė		**G**	bateliai

1	2	3	4	5	6	7
C						

3 Select and indicate the appropriate forms

a Tau labai tinka _____ .

☐ šią spalvą   ☑ ši spalva   ☐ šiai spalvai

b Noriu pirkti _____ .

☐ šias baltas basutes   ☐ šioms baltoms basutėms   ☐ šios baltos basutės

c Kiek kainuoja _____?

☐ tuos mėlynus marškinėlius ☐ tų mėlynų marškinėlių ☐ tie mėlyni marškinėliai

d Pasimatuokite _____.

☐ šio languoto palto ☐ šį languotą paltą ☐ šis languotas paltas

e Šiandien ji dėvi _____.

☐ šiltą vilnonį megztinį ☐ šiltas vilnonis megztinis ☐ šilto vilnonio megztinio

f Jis mėgsta _____.

☐ vienspalvius marškinius ☐ vienspalviai marškiniai ☐ vienspalviais marškiniais

g Lietuvoje žiemą reikia _____.

☐ šiltus drabužius ☐ šilti drabužiai ☐ šiltų drabužių

4 Pair up the two halves of the sentence

1 Vasarą mes dažnai dėvime   **A** ši suknelė?
2 Rūta, ar tau patinka   **B** medvilniniai?
3 Mano broliui reikia   **C** raudona spalva.
4 Šie batai man per maži. Prašom parodyti   **D** medvilninius marškinėlius.
5 Ar šie marškiniai yra   **E** tuos juodus batus.
6 Man patinka   **F** lininės?
7 Ar šios kelnės yra   **G** šiltų pirštinių.

1	2	3	4	5	6
D					

5 Use the appropriate forms

a Man patinka ši **žalia striukė** (ši žalia striukė).
b Prašom parodyti _____ (ta gėlėta skarelė).

c Drabužius vaikams perku _____ (šios parduotuvės).
d Noriu pasimatuoti _____ (tie dryžuoti marškiniai).
e Ar man tinka _____ (šis kostiumas)?
f Drabužiai vyrams yra _____ (tie skyriai).
g Labai mėgstu _____ (balta spalva).

6 Use the appropriate forms
a Ar **man** (aš) tinka ši striukė?
b _____ (Paulius) labai patinka tas pilkas paltas.
c Šis paltas _____ (ji) netinka.
d Ar _____ (jūs) patinka ši drabužių parduotuvė?
e Gal galite _____ (mes) padėti?
f _____ (Vyras) perku kaklaraištį, o _____ (sūnūs) madingus marškinėlius.
g _____ (Marija) tinka raudona spalva, o _____ (Eglė) labai tinka mėlyna spalva.

7 Fill in the correct forms
a Ši geltona suknelė yra graži, bet ta žydra suknelė yra **gražesnė** už geltoną suknelę, o raudona suknelė yra pati _____.
b Mano megztinis yra šiltas, bet tavo megztinis yra _____ negu mano, o Rūtos megztinis yra pats _____.
c Tomo džinsai yra madingi, bet Andriaus džinsai yra _____ už Tomo džinsus, o Vytauto džinsai yra _____.

8 Use the appropriate question words
a **Kiek** kainuoja ši striukė? – Du šimtus litų.
b _____ džinsų tu nori? – Juodų.
c _____ perki šalikėlį? – Draugei.
d _____ auskarai tau patinka? – Sidabriniai.
e _____ jūs norite pažiūrėti šį žiedą? – Ne, ne šį. Prašom parodyti tą.
f _____ dydžio batų jums reikia? – Man reikia šešto dydžio batų.
g _____ tinka geltona spalva? – Marijai.

9 Choose the right answer

1	Ar galiu pasimatuoti šią striukę?	**A**	Ačiū	
		B	Prašom.	✓
		C	Atsiprašau.	

2	Ar man tinka ši spalva?	**A**	Nėra už ką.
		B	Nieko tokio.
		C	Nelabai.

3	Gal turite raudonos spalvos striukę?	**A**	Gerai.
		B	Taip.
		C	Nieko tokio.

4	Prašom parodyti tą kaklaraištį.	**A**	Ačiū.
		B	Taip.
		C	Prašom.

5	Kaip aš atrodau?	**A**	Nieko tokio.
		B	Labai.
		C	Puikiai.

6	Tu šiandien puikiai atrodai!	**A**	Ačiū.
		B	Atsiprašau.
		C	Prašom.

Test yourself

1 Select and indicate the appropriate form

  1 Man patinka ...

    ☐ šis juodas paltas   ☐ šio juodo palto   ☐ šį juodą paltą

  2 Noriu ...

    ☐ šiltas megztinis   ☐ šiltą megztinį   ☐ šilto megztinio

  3 Prašom parodyti ...

    ☐ šį sidabrinį žiedą   ☐ šį sidabrinį žiedą   ☐ šį sidabrinį žiedą

2 Find the right answers

1 Kur galiu pasimatuoti?
2 Gal galiu jums padėti?
3 Kokio dydžio batų jums reikia?
4 Ar man tinka mėlyna spalva?

5 Tu labai gražiai atrodai šiandien!

A Septinto.
B Prašom čia.
C Ačiū!
D Manau, kad žalia jums labiau tinka.
E Taip. Ačiū. Man reikia šilto palto.
F Gaila, bet neturime jūsų dydžio.

6

Jauskis kaip namie!
Make yourself at home!

In this unit you will learn
- *How to describe where you live and what the rooms look like*
- *How to get a room*
- *How to make a polite request*
- *How to express condition*
- *How to invite someone round to your place*

Photo by Ainė Ramonaitė.

Namas, butas, baldai *House, apartment, furniture*

namas *house*
privatus, -i, nuosavas, -a *private*
pastatas *building*
patalpa *premises*
daugiabutis, -io (namas) *block of flats*
daugiaaukštis, -io (pastatas) *multistorey (building)*
aukštas *floor, storey*
durys *door*
langas *window*
palangė *windowsill*
grindys *floor*
siena *wall*
lubos *ceiling*
laiptai *stairs*
stogas *roof*
kiemas *yard*
šulinys *well*
tvora *fence*
šiltnamis, -io *greenhouse*
garažas *garage*
laiptinė *staircase*
butas *apartment*
balkonas *balcony*
rūsys *cellar, basement*
pirtis, -ies *bathhouse, sauna*
kambarys *room*
svetainė *living room*
miegamasis *bedroom*
darbo kambarys *workroom, study*
virtuvė *kitchen*
prieškambaris, -io *hallway, foyer*
vonia *bathroom*
fotelis, -io, krėslas *armchair*
sofa *sofa*

vonia *bathtub*
lova *bed*
komoda *commode, chest of drawers*
knygų spinta *bookcase*
kėdė *chair*
viryklė *stove, cooker*
stalas *table*
suolas *bench*
televizorius *TV set*
rašomasis stalas *desk*
šaldiklis, -io *freezer*
lempa *lamp*
šviestuvas *chandelier*
orkaitė *oven*
šaldytuvas *refrigerator*
lentyna *shelf*
dušas *shower*
kriauklė *sink*
spinta *wardrobe*
spintelė *cupboard*
tualetas *toilet*
erdvus, -i *spacious, roomy*
patogus, -i *comfortable*
šviesus, -i *light*
jaukus, -i *cosy*
parduoti, parduoda, pardavė (ką?) *to sell*
(pa)statyti, stato, statė (ką?) *to build*
nuomoti, nuomoja, nuomojo (ką?) *to rent*

Indai, patalynė ir kiti daiktai namie *Tableware, bedclothes and other objects at home*

puodas *pot*
virdulys, arbatinis, -io *kettle*

keptuvė *pan*	**šukos** *comb*
dubuo *bowl*	**šiukšlių dėžė** *rubbish bin*
lėkštė *plate*	**telefonas** *telephone*
lėkštutė *saucer*	**skalbimo mašina** *washing machine*
puodukas *cup*	**veidrodis, -io** *mirror*
šaukštas *spoon*	**raktas** *key*
šaukštelis, -io *teaspoon*	**skambutis, -io** *(door) bell*
šakutė *fork*	**pašto dėžutė** *postbox*
peilis, -io *knife*	**paklodė** *sheet*
stiklinė *glass*	**pagalvė** *pillow*
taurė *wineglass*	**antklodė** *blanket*
taurelė *(small) wineglass*	**užvalkalas** *pillowcase*
bokalas *tumbler (of beer)*	**rankšluostis, -io** *towel*
muilas *soap*	**staltiesė** *tablecloth*
šampūnas *shampoo*	**kilimas** *carpet*
dantų šepetėlis, -io *toothbrush*	**užuolaidos** *curtains*
pasta *toothpaste*	**paveikslas** *picture*
kremas *cream*	

Dialogue 1

🔊 CD1, TR 30

Rokas	Na, užeik, Mariau, jauskis kaip namie.
Marius	Koks jaukus jūsų butas! Kiek čia kambarių?
Rokas	Trys: darbo kambarys, miegamasis ir svetainė, kurioje tu miegosi ant sofos. Ar gerai?
Marius	Žinoma. Ačiū ir taip, kad galiu pas jus pernakvot.
Rokas	Mums smagu, kad esi mūsų svečias. Tuojau turi pareiti Rasa. Eikim į virtuvę, išgerkim kavos. Jeigu reikia, vonia ir tualetas ten už kampo, dešinėje.

QUICK VOCAB

jauskis kaip namie *make yourself at home*
(už)eiti, eina, ėjo *to come over*
miegosi *will sleep*
(per)nakvoti, nakvoja, nakvojo *to sleep over*
smagus, smagi, smagu *fun*

Dialogue 2

Telefonu. *A conversation on the telephone.*

Buto pirkėja	Laba diena. Skambinu dėl skelbimo. Parduodate butą?
Buto pardavėja	Taip. Kas jus domina?
Buto pirkėja	Kiek kambarių?
Buto pardavėja	Trys. Yra didelė virtuvė, atskirai vonia ir tualetas. Virtuvėje yra visa įranga ir baldai.
Buto pirkėja	Ar butas ramus? Į kurią pusę langai?
Buto pardavėja	Taip, labai ramus, devintame aukšte. Tai paskutinis aukštas. Dviejų kambarių langai į pietus, į kiemo pusę, o virtuvės ir dar vieno kambario – į gatvę. Bet gatvė maža, mašinų beveik nėra, ramu. Visuose kambariuose labai šviesu.
Buto pirkėja	Ar yra balkonas?
Buto pardavėja	Taip, yra du balkonai.
Buto pirkėja	Norėčiau pažiūrėti butą. Kada būtų galima?
Buto pardavėja	Bet kada. Aš pensininkė, visada esu namie. Kada norėtumėt?
Buto pirkėja	Gal penktadienį popiet. Ar būtų gerai?
Buto pardavėja	O, ne, kaip tik penktadienį popiet turėčiau eit pas gydytoją. Gal galėtumėt kitu laiku?
Buto pirkėja	O kaip šeštadienį? Galėčiau iš ryto.
Buto pardavėja	Labai gerai. Laukiu jūsų šeštadienį. Iki pasimatymo!
Buto pirkėja	Iki šeštadienio!

įranga *equipment*
beveik *almost*
popiet *in the afternoon*
skambinti, skambina, skambino *to call*
skelbimas *announcement*
dėl *concerning*

pietūs *south*
bet kada *whenever*

Dialogue 3

Telefonu. *A conversation on the telephone.*

◆ CD1, TR 32

Klientas	Norėčiau užsisakyti vienvietį kambarį.
Viešbučio tarnautojas	Kiek laiko gyvensite?
Klientas	Keturias paras. Noriu atvažiuoti ketvirtadienį vakare, o išvykti pirmadienį.
Viešbučio tarnautojas	Galiu pasiūlyti kambarį pirmame aukšte, su langu į kiemą, arba penktame aukšte, su langu į jūrą. Kurio norėtumėt?
Klientas	Geriau penktame, norėčiau matyti jūrą.
Viešbučio tarnautojas	Jums patiks, vaizdas pro langą tikrai labai gražus. Be to, kambarys didelis, yra balkonas. Yra televizorius, telefonas, baras.
Klientas	Puiku. O ar kambaryje yra interneto ryšys?
Viešbučio tarnautojas	Taip, yra, jeigu turite nešiojamą kompiuterį. Galima naudotis ir viešbučio kompiuteriu pirmame aukšte.
Klientas	Ačiū. Kiek kainuoja toks kambarys? Ar labai brangu?
Viešbučio tarnautojas	Para – 100 litų.

QUICK VOCAB

vienvietis *single (room)*
(pa)siūlyti, siūlo, siūlė (ką?) *to offer*
nešiojamas kompiuteris, -io *laptop*
brangus, brangi, brangu *expensive*
para *day (24 hours)*
ryšys *connection*

Dialogue 4

Gatvėje. *In a street.*

Martynas	Labas, Aleksai! Kur taip skubi?
Aleksas	O! Sveikas! Persikeliu iš buto į naują namą!
Martynas	Kada? Kur tavo naujas namas?
Aleksas	Penktadienį. Namas užmiestyje, netoli miško ir Vilnios upės. Jeigu turėtum laiko, gal galėtum padėti? Mums labai reikia talkos.
Martynas	Mielai. Pamatyčiau ir tavo naują namą. Ar jis didelis?
Aleksas	Nemažas, erdvus. Juk žinai, mūsų šeima didelė, su mumis dabar dar gyvena ir uošvė. Iš viso šeši kambariai: svetainė, mano darbo kambarys, mūsų miegamasis, du vaikų kambariai ir uošvės kambarys. Dar virtuvė, vonia, pirtis. Yra garažas dviem mašinoms, rūsys. Prie namo yra nemažas kiemas, sodas, daržas, gėlynai. Pamatysi, daug erdvės.
Martynas	Pavydžiu. Mes jau irgi labai nebenorime gyvent bute, reikės keisti į namą. Žmona šneka ir šneka, kad norėtų namo, sodo, šiltnamio, gėlynų. Ir vaikams būtų smagu žaisti savo kieme. Tuose daugiabučiuose namuose nejauku, kiemuose triukšminga, daug mašinų. Anksčiau man patiko gyvent aukštai, dešimtame aukšte, o dabar jau norėčiau arčiau žemės.
Aleksas	Tikrai, name visai kitoks gyvenimas. Bet dabar turime daug rūpesčių. Reikia pirkti naujus baldus, kai kurių senų nebenorime vežti į naują namą. Šiandien perkame naują spintą, kilimą, vaikams lovas, knygų lentynas.
Martynas	Malonūs rūpesčiai. Ar ne?
Aleksas	Na taip, malonūs. Žinai, netoli mūsų parduodamas vienas nedidelis namas. Gal nori pažiūrėti?
Martynas	Būtų įdomu. Nežinai, ar labai brangus?
Aleksas	Girdėjau, kad gana pigus, bet reikia paklausti šeimininkų.

talka *aid, helping (a friend)*
rūpesčiai *worries, ado*
aukštai *high*
erdvė *space*
užmiestis, -io *out of town*
pigus, pigi, pigu *cheap*
skubėti, skuba, skubėjo *to rush, to be in a hurry*
(pa)klausti, klausia, klausė (ko?) *to ask*
kitoks *different*

Dialogue 5

Kęstutis	Klausyk, norėčiau tave pakviesti į svečius. Rytoj mūsų įkurtuvės naujame bute.
Rimas	Ačiū, labai smagu, bet negaliu. Jeigu galėčiau, tikrai ateičiau, bet rytoj mano senelio šešiasdešimtmetis, turiu eiti pas jį.
Kęstutis	Suprantama. Na, labai gaila ... Gal kada kitą kartą galėtum ateiti?
Rimas	Gerai, kada nors vėliau.

klausyk *listen*
įkurtuvės *housewarming party*
šešiasdešimtmetis, -io *60th anniversary*
kitą kartą *another time*

Reading and listening

1 Read the text and complete the sentences

Brangioji mamyte,

Aš jau įsikūriau savo naujame bute, kuris yra visai netoli centro, Užupyje. Butas trečiame aukšte. Pro virtuvės langą galiu matyti

Gedimino pilį ir senamiesčio stogus. Tikrai nuostabus vaizdas! Man čia labai patinka. Nors butas nedidelis, tik dviejų kambarių, bet jame yra viskas, ko reikia. Svetainė gana didelė. Čia jau yra sofa, du foteliai, mažas staliukas, didelis stalas su 6 kėdėmis, didelė knygų lentyna, ant sienos – paveikslas. Rytoj perku televizorių, kurį žada padėti išrinkti Tomas.

Mano miegamasis nedidelis. Jame yra plati lova, spinta, tarp lovos ir spintos yra komoda ir veidrodis.

Virtuvė visai maža. Yra tik viena spintelė, kurioje laikau maistą, didelė sieninė lentyna, ant kurios dedu indus. Žinoma, dar yra viryklė ir šaldytuvas. Viryklė elektrinė, man labai patinka.

Vonia ir tualetas yra kartu. Reikia dar pirkti skalbimo mašiną, bet dabar nebeturiu užtektinai pinigų.

Gaila, kad nėra balkono, bet užtat yra dar vienas puikus dalykas – mažas vidinis kiemelis! Ten auga didelis senas medis, daug gėlių, po medžiu yra keletas suoliukų, ant kurių dažnai sėdi namo kaimynės. Mėgstu kartais su jomis paplepėti, jos labai draugiškos ir malonios.

Na, užtenka šįkart. Kitą kartą parašysiu daugiau, o dabar skubu į darbą.

Laukiu Tavo laiško!

Linkėjimai tėveliui ir seneliams!

Tavo Akvilė

viskas *everything*
vaizdas *view*
užtektinai *enough*
(iš)rinkti, renka, rinko (ką?) *to choose*
sieninė (lentyna) *wall (shelf)*
laikyti, laiko, laikė (ką?) *to keep, to store*
užtektinai *enough*
vidinis, -ė *inner*
medis, -io *tree*
gėlė *flower*
(pa)plepėti, lepa, plepėjo *to chatter, chat*
kaimynas, kaimynė *neighbour*
draugiškas *friendly*
malonus, -i *pleasant, kind*
nuostabus, -i *wonderful*

gana *quite*
žadėti, žada, žadėjo (ką?) *to promise*
(pa)dėti, deda, dėjo *to put*
linkėjimai *greetings*

a Akvilė gyvena _____.
b Akvilės svetainėje yra _____.
c Akvilė svetainėje neturi _____.
d Virtuvėje Akvilė turi _____.
e Bute nėra _____.
f Akvilei patinka _____.
g Kieme yra _____.
h Akvilė planuoja pirkti _____.

◄)) CD1, TR 35

2 Read the advertisements and listen to the recording. Indicate which advertisement fits which request

A Statomi ir parduodami nauji butai. 45 km nuo Vilniaus, netoli upė; 96000 Lt. Tel.: (8 631) 9 89 73

B Kaune statomi keturių-septynių aukštų gyvenami namai. Netoli yra mokykla, vaikų darželis, bažnyčia, šalia du prekybos centrai. Butai šviesūs, erdvūs 1-4 kambarių su balkonais arba terasomis. Butų plotai:

  ▷ vieno kambario – 35 kv. m
  ▷ dviejų kambarių – 51–57 kv. m
  ▷ trijų kambarių – 75–86 kv. m

Viršutiniame (septintame) aukšte erdvūs keturių kambarių su didele terasa. Po namais garažai.

vaikų darželis *kindergarten*
prekybos centras *commercial centre*
terasa *terrace*
viršutinis, -ė *uppermost, top*

C Išnuomojamas 1 kambario butas senamiestyje. Tel. 265 42 38

D Pajūryje nuomojami jaukūs butai ir atskiri namai su visais patogumais jūsų poilsiui ir pramogai tel. 8 699 24597

su visais patogumais *with all the conveniences*
poilsis, -io *rest*
pramoga *entertainment*
atskiras *separate*

E Parduodamas namas Vilniaus centre, Žvėryne. Yra garažas, nedidelis sodas. Tel. 8 645 26739

1	2	3	4	5
E				

Language points

Conditional mood

When we want to ask something in a polite way, we usually use the conditional mood. It is formed by dropping the -**ti** from the infinitive form and adding -**t/č**- and personal endings:

aš *(I)*	-**č-iau**	mes *(we)*	-**t-u(mė)me**
tu *(you)*	-**t-um**	jūs *(you)*	-**t-u(mė)te**
jis *(he)*, ji *(she)*	→ -**t-ų**	jie *(they, masc.)*, jos *(they, fem.)*	←

First and second person of the plural may have double forms, shorter and longer: **eitume** and **eitumėme**, **eitute** and **eitumėte**. It may seem odd, but it is the longer forms that are used more often, not the shorter ones.

In spoken Lithuanian, they are shortened in the ending by dropping the final -e, we say **eitumėm, valgytumėt** and so on.

Expressing condition

The same conditional mood is used to express a condition:

Jeigu turėčiau pinigų, pirkčiau mašiną.	*If I had money, I would buy a car.*
Jeigu galėtume, atvažiuotume pas tave į svečius.	*If we could, we would come to visit you.*
Jei jis parduotų butą, galėtų pirkti namą.	*If he sold the flat, he could buy a house.*

Home

The singular and plural of the word **namas** can mean different things:

sing. **namas**	*house, building*
pl. **namai**	1) *houses*
	2) *home*

The common adverb **namie** (*at home*) means the place in which you are living. The adverb **namo** (*to home*) means direction, movement.

Prepositions of place: ant, prie, prieš, po, tarp, už

We can indicate place using prepositions:

ant, prie, tarp, už + genitive case (**ant stalo, prie stalo, tarp stalo ir kėdės, už stalo**)
prieš + accusative case (**prieš langą**)
po + instrumental case (**po stalu**)

Look at the picture. It will soon help you to understand the various meanings.

Prepositions.

How to express completed action and direction of movement:

Verbs with prefixes

You already know (from Unit 2) that Lithuanian verbs are often used with various prefixes, which imply *completed action*. Even though it is not an easy task, you should try to remember which verb is used with which prefix, because the prefixes can give a supplementary meaning that may not be expected from the verb alone.

The verbs in this unit most frequently take the prefix **pa-** (**parašyti, pakviesti, pasiūlyti, paklausti, pažiūrėti**), with **iš-** (**išgerti**), **per-** (**pernakvoti**).

You also know that one group of verbs, verbs of motion, are quite regularly used with all verb prefixes, implying direction. The verbs with those prefixes in the text are often used with prepositions that can look quite similar to the prefixes themselves:

Prefix	Preposition	Case	Examples
į-	į	+ acc.	įeiti į butą *to enter a flat*
per-	per	+ acc.	pereiti per gatvę *to cross the street*
iš-	iš	+ gen.	išeiti iš kambario *to leave a room, go out*
už-	už	+ gen.	užeiti už namo *to go behind a house*
ap-/api-	apie	+ acc.	apeiti apie stalą *to go round a table*
pri-	prie	+ gen.	prieiti prie namo *to come near the house*
pra-	pro	+ acc.	praeiti pro namą *to pass by a house*

The prefix **at-** means a movement towards oneself, to nearby: **ateiti** (į, pas + acc.) (*to come*), whereas **nu-** implies a movement further away: **nueiti** (*to go (some place)*). The prefix **pa-** with verbs of motion usually means a slight movement, moving just a little: **paeiti** (*to move/go a little*), **pavažiuoti** (*to ride, to go by car a little*). The prefix **su-** means the movement of many subjects into one place: **sueiti** (*to meet, to come into one place*), **suvažiuoti** (*to converge*). The prefix **už-** may also have another meaning: to come over to somebody for a short time: **užeiti** (*to stop by, to drop by*), **užvažiuoti** (*to come by (when driving a vehicle)*).

A specific prefix is used when talking about home: the prefix **par-**, which means movement *towards* home, to get home.

   *p*areiti, *p*arvažiuoti *when going by vehicle*

Aš jau pareinu namo.   *I'm coming home already.*
Parvažiuok namo anksti.   *Come home early. [when going by a vehicle]*

Have a look at the pictures on the next two pages. You will soon get the gist.

nu

pra

at

iš

i

ap

How to say no longer

The prefix **nebe-** with verbs is used meaning **no longer**: **nebeturėti** (*not to have any longer*), **nebevažiuoti** (*not to go any longer*), **nebedaryti** (*not to do any longer*), **nebegalėti** (*not to be able to any longer*).

How to invite someone over

When we want to invite someone over we use these phrases:

Norėčiau pakviesti (tave/jus) į svečius. *I would like to invite you over.*
Kviečiu(tave/jus) į svečius. *I am inviting you over.*

Ordinal numbers

Ordinal numbers are formed very easily from the cardinal numerals by adding -**tas** (for masculine gender), -**ta** (for feminine gender). You have only to remember that some numbers have slightly different stems:

1 vienas	pirmas, pirma
2 du	antras, antra
3 trys	trečias, trečia
4 keturi	ketvirtas, ketvirta
5 penki	penktas, penkta
6 šeši	šeštas, šešta
7 septyni	septintas, septinta
8 aštuoni	aštuntas, aštunta
9 devyni	devintas, devinta
10 dešimt	dešimtas, dešimta
11 ... vienuolika ...	vienuoliktas, vienuolikta
20 dvidešimt	dvidešimtas, dvidešimta
30 ... trisdešimt ...	trisdešimtas, trisdešimta

Ordinal numbers are declined in the same way as the adjectives with -**as**.

Locative of ordinal numbers

As well as the adjectives with -**as** (see Unit 5), the locative of ordinal numbers has the ending -**ame**: **pirmame, penktame, septintame** ir t.t. (*in/on the first, fifth, seventh* etc.) The feminine forms in the same way as an adjective or noun with -**a**: **pirmoje, dešimtoje** ir t.t. (*in/on the first, tenth* etc.)

Days of the week

The days of the week in Lithuanian are formed from the ordinal numbers and the word **diena,** so you should recognize them without any difficulty:

pirmadienis	*Monday*
antradienis	*Tuesday*

trečiadienis	*Wednesday*
ketvirtadienis	*Thursday*
penktadienis	*Friday*
šeštadienis	*Saturday*
sekmadienis	*Sunday*

Take care with **sekmadienis**: this is formed from an ordinal number that is no longer used.

Compound words

In previous units and in this one too you will have come across some compound words that are widely used in Lithuanian. They are formed from various words: nouns, adjectives, numerals, verbs, e.g. **bendrabutis** (bendra + butas), **pirmadienis** (pirmas + diena), **vynuogė** (vynas + uoga), **arbatpinigiai** (arbata + pinigai), **gyvenvietė** (gyventi + vieta), **lietpaltis** (lietus + paltas). Usually masculine compound words have the ending -is and feminine -ė.

Diminutives

Diminutives are commonly used in Lithuanian. We use them not only when we are talking to children but on other occasions too. When people are close friends, no matter their age, they often call each other by a diminutive form of the name, e.g. **Vilmutė**, **Linutė**, **Vytukas**, **Valdukas**; children are more often than not only called by this form of the name. There are some Lithuanian names that only have a diminutive form, e.g. **Birutė**, **Meilutė**, **Danutė**, **Kęstutis**. Father and mother may be called by their diminutive forms throughout their life by their children, e.g. **mamytė, tėvelis**. There are many different types of diminutive in Lithuanian folklore.

Diminutives may be formed quite regularly from all nouns with suffixes -elis, -elė, ėlis, -ėlė. If the word has two syllables, you add the suffix -elis, -elė (namas → namelis, spinta → spintelė); if longer, add the suffix -ėlis, -ėlė (kambarys → kambarėlis, lentyna → lentynėlė). Other diminutive suffixes are also popular, such as -ukas, -utis, -ytė etc.

Even the name of some tableware or food products etc. may have a diminutive suffix:

dešrelės	lėkštutė
pupelės	puodukas
burokėlis	šaukštelis
pyragėlis	šakutė
grietinėlė	taurelė
spintelė	arbatinukas

Relative pronouns kuris, kuri and personal pronouns jis, ji

When adding a subordinate clause, we use the relative pronouns **kuris, kuri**. They are declined and matched to the word they stand for in gender and number, and the case depends on the verb in the sentence: **kuris, kuri** have the same case endings as the pronouns **jis, ji, šis, ši**:

	Masculine Singular		Feminine Singular	
Nom.	kuris	jis	kuri	ji
Gen.	kurio	jo	kurios	jos
Dat.	kuriam	jam	kuriai	jai
Acc.	kurį	jį	kurią	ją
Inst.	kuriuo	juo	kuria	ja
Loc.	kuriame	jame	kurioje	joje

	Masculine Plural		Feminine Plural	
Nom.	kurie	jie	kurios	jos
Gen.	kurių	jų	kurių	jų
Dat.	kuriems	jiems	kurioms	joms
Acc.	kuriuos	juos	kurias	jas
Inst.	kuriais	jais	kuriomis	jomis
Loc.	kuriuose	juose	kuriose	jose

In spoken Lithuanian, longer forms **jisai = jis, jinai = ji** are often used.

Present passive participles

In this unit, you will have seen words such as these:

perkamas, perkama
parduodamas, parduodama
statomas
nuomojamas
suprantama
nešiojamas kompiuteris
gyvenamas namas

These are present passive participles that you can make yourselves. They are easily formed from the 3rd person in the present tense by adding -**mas** for the masculine, -**ma** for the feminine and neuter gender. These forms indicate what is being done to a person or thing in the present:

> **parduoda** → **parduodamas, parduodama, parduodama** *is being sold*
> **stato** → **statomas, statoma, statoma** *is being built*

These words are used and declined in the same way as adjectives with endings -**as**, -**a** and have to be matched with the noun in case, number and gender. Neuter is not inflected.

Pronominal forms of adjectives

Lithuanian adjectives with -**as**, -**us** and some other adjective-like words may have specific long or pronominal forms, which usually show specific features of sort or type and they are used in terminology or to stress, to underline something. They are formed by adding -**is** to masculine and -**oji** when the feminine ending is dropped:

> **baltas** → **baltasis, balta** → **baltoji**
> **gražus** → **gražusis, graži** → **gražioji**

In this unit, we saw **miegamasis, gyvenamasis** with these forms. You will learn about the declension of these forms in Unit 13.

Insight

When we are discussing the number of rooms in an apartment
or a house we do not count simply the number of bedrooms but
we count *all* the rooms. Lithuanians do not like to rent a flat or a
house, they prefer having their own property. A place to live in is
only rented in cases when there is absolutely no possibility to buy
one's own house.

Many Lithuanians who live in cities have summer cottages,
allotments and homesteads outside the city, on the outskirts of
the city. In summer cottages and often also in the main house a
bathhouse will be installed. They may not be used as often as the
Finns use their saunas but Lithuanians do like them a lot.

Lithuanians are hospitable people; they like to invite guests over,
whether these be their old friends or new acquaintances. Usually
guests are served with a lot of food: either dinner or some other
meal. When you go to somebody's house, you will be expected
to bring some small token. If there are children in the house,
take some sweets or toys. If there are women, it is more usual
to take flowers. This is a small point in Lithuanian etiquette:
to take flowers or chocolates, even if there is no specific 'special
occasion' being celebrated. When you go to somebody's house, it
is polite to be late (10–15 minutes) and not to come exactly at the
time invited.

Insight

Lithuanian verbs are often used with various prefixes, which
imply completed action. You should try to remember which
verb is used with which prefix, because the prefixes can give a
supplementary meaning that may not be expected from the
verb alone.

Exercises

1 What dishes or cutlery are needed when eating or drinking the following?

> lėkštė, bokalas, lėkštutė, puodelis, šaukštas, šaukštelis,
> šakutė, peilis, stiklinė, taurė, taurelė

kepsnys	**peilis, šakutė**
šampanas	
tortas	
arbata	
salotos	
vynas	
uogienė	
degtinė	
sultys	
medus	
alus	
sriuba	

2 Write an appropriate adjective following the example (don't forget to match gender!)

spinta: **didelė, medinė, šviesi**
butas:
šaldytuvas:
svetainė:
miegamasis:
lova:
kilimas:
pirtis:
lėkštutė:
virtuvė:
puodas:
paveikslas:

3 Write the words these words are composed of

šeštadienis: **šešta, diena**

peiliukas: **peilis**

broliukas:

trečiadienis:

puodukas:

šaukštelis:

Jonukas:

paveiksliukas:

sesutė:

penktadienis

staliukas:

arbatinukas:

4 Insert the appropriate word.

  a **Norėčiau** pirkti dviejų kambarių butą.

  b Ar jūs _____ turėti namą?

  c Jeigu aš _____ kaime, _____ sodą ir daržą.

  d Ar tu _____ laiko atvažiuoti į svečius?

  e Mes _____ namą su garažu.

  f Ar jūs _____ butą be balkono?

  g Ar _____ pas mus sekmadienį?

atvažiuotum
norėčiau
norėtumėt
turėtum
gyvenčiau
pirktumėt
turėčiau
pirktume

5 Find the odd one out

~~šaukštas~~, spinta, lentyna, krėslas

virtuvė, svetainė, viryklė, miegamasis

parduodamas, nuomojamas, perkamas, namas

durys, lubos, kiemas, stogas

peilis, spintelė, šakutė, šaukštelis

paklodė, kriauklė, antklodė, pagalvė

septintas, dvidešimtas, pirmadienis, keturioliktas

6 Complete the sentences

  a Jeigu turėčiau namą, _____.

  b Jeigu galėčiau, _____.

c Jeigu turėtume laiko, _____.
d Jeigu turėtum pinigų, _____.
e Jeigu ji gyventų mieste, _____.
f Jeigu jūs turėtumėt butą centre, _____.

7 Insert the appropriate word

> kuris, kurio, kurį, kuriame, kurie, kuri, kurioje

a Lėkštę, **kurioje** yra obuoliai, padėk čia.
b Čia yra butas, _____ gyvena mano tėvai.
c Paduok raktą, _____ yra ant spintelės.
d Norėčiau gyventi kambaryje, _____ langai yra į kiemo pusę.
e Paimk knygą, _____ yra ant lentynos prie lovos.
f Parduodami namai, _____ yra prie parko.
g Butas, _____ perka mano pusbrolis, yra užmiestyje.
h Mėgstu tavo svetainę, _____ tiek yra tiek daug gėlių.

8 Select the appropriate form
a Jis įeina/~~sueina/išeina~~/į kambarį ir atsisėda.
b Mašina parvažiuoja/privažiuoja/įvažiuoja prie namo.
c Kada tu atvažiuoji/nuvažiuoji/parvažiuoji namo?
d Ateikite/nueikite/įeikite rytoj pas mane į svečius.
e Visi įėjo/suėjo/išėjo į kambarį.
f Ateik/Pareik/įeik šiandien namo pietauti. Gerai?
g Jis nuvažiavo/atvažiavo/išvažiavo iš garažo.
h Nueik/Apeik/Ateik apie namą, ten yra sodas.

9 Write out the numbers in words, following the example
6 šeštas butas
8
21
14
33
107
19
94
202
65

10 Compose sentences using the following sets of words
Sriuba, būti, puodas **Sriuba yra puode.**
Grietinė ir sviestas, būti, šaldytuvas
Marytė, turėti, šaldytuvas, televizorius, lova, spintelė
Tėvai, pirkti, naujas šaldytuvas
Butas, nebūti, telefonas ir televizorius
Seneliai, parduoti, senas butas
Mes, gyventi, septintas aukštas
Jeigu, aš, turėti, pinigai, pirkti, nešiojamas kompiuteris

11 Write the appropriate adjectives, following the example
Paveikslas, ant, siena **Paveikslas ant sienos.**
Langas, prie, durys
Šulinys, tarp, tvora, garažas
Lempa, ant, stalas
Puodas, ant, viryklė
Kilimas, po, lova
Pagalvė, ant, sofa
Šaldytuvas, tarp, spinta, langas
Šiukšlių dėžė, po, stalas
Fotelis, prieš, televizorius

Test yourself

1 Select and indicate the appropriate form

1 ... pamatyti tavo naują butą.
☐ Norėtum ☐ Norėčiau ☐ Norėtumėte

2 Kur yra peilis? ... lentynos
☐ po ☐ tarp ☐ ant

3 Viešbutis yra ... parko.
☐ prieš ☐ tarp ☐ prie

4 Visi studentai ... į auditoriją.
☐ priėjo ☐ suėjo ☐ apėjo

5 ... kambaryje tu dirbi?
☐ Kuriame ☐ Kurį ☐ Kuriuose

6 ... spintelėje yra lėkštės?
☐ Kuriose ☐ Kurioje ☐ Kuriame

2 Find the right answers

1 Kada šiandien parvažiuosi namo?

2 Norėčiau pakviesti jus rytoj į svečius.

3 Šeštadieniais mes nedirbame.

4 Kuri yra tavo lova?

A Kurią dieną galėčiau ateiti?

B Ta plati, prie lango.

C Ačiū. Kokiu laiku?

D Vėlai, turiu daug darbo.

E Ačiū, nebegaliu.

Laimingos kelionės!
Have a safe journey!

In this unit you will learn
- *How to order and buy a ticket*
- *How to ask for and give information about travelling*
- *How to ask what the time is and tell someone what time it is*
- *How to name the days and months of the year*

	BALANDIS			
P	3	10	17	24
A	4	11	18	25
T	5	12	19	26
K	6	13	20	27
Pn	7	14	21	28
Š	1	8	15	22	29
S	2	9	16	23	30

Laikas, mėnesiai *Time, months*

laikas *time*
minutė *minute*
para *day and night (24 hours)*
pietūs *afternoon*
pusvalandis, -io *half an hour*
sekundė *second*
valanda *hour*
vidurnaktis, -io *midnight*

anksti *early*
ilgai *long*
kitąmet *next year*
lygiai *exactly*
tuoj *soon*
vėlai *late*
mėnuo *month*
mėnesiai *months*
sausis, -io *January*
vasaris, -io *February*
kovas *March*

QUICK VOCAB

balandis, -io *April*
gegužė *May*
birželis, -io *June*
liepa *July*
rugpjūtis, -io *August*
rugsėjis, -o *September*
spalis, -io *October*
lapkritis, -io *November*
gruodis, -io *December*

Transporto priemonės ir kelionė *Means of transport and trip*

kelias *road*
greitkelis, -io *expressway*
kilometras *kilometre*
kelionė *trip*
keleivis, -io; -ė *passenger*
išvykimas *departure*
atvykimas *arrival*
autobusas *bus*
dviratis, -io *bicycle*
kajutė *cabin*
keltas *ferry*
laivas *ship, boat*
lėktuvas *plane*
mašina (automobilis) *car*
metras *metre*
metro *underground*
motociklas *motorcycle*
taksi *taxi*
tramvajus *tram*
traukinys *train*
troleibusas *trolleybus*
vagonas *carriage*
autobusų stotis, -ies *bus station*
geležinkelio stotis, -ies *railway station*

oro uostas *airport*
prieplauka *dock*
bilietų kasa *booking office*
bilietas *ticket*
mėnesinis bilietas *monthly ticket*
vienkartinis bilietas *one-way ticket*
vieta *place*
nuolaida *discount*
kontrolierius, -ė *controller*
bauda *fine*
bagažas *luggage*
bagažo saugojimo kamera *luggage office*
brangus, -i *expensive*
greitas, -a *fast*
ilgas, -a *long*
lėtas, -a *slow*
pigus, -i *cheap*
trumpas, -a *short*

keliauti, keliauja, keliavo *to travel*
keliauti autostopu *to hitch a lift*
plaukti, plaukia, plaukė *to sail*
skristi, skrenda, skrido *to fly*
įlipti, įlipa, įlipo *to get on*
išlipti, išlipa, išlipo *to get off*
(su)stoti, stoja, stojo *to stop*
užsisakyti, užsisako, užsisakė (ką?) *to book*
vežti, veža, vežė (ką?) *to carry*
vykti, vyksta, vyko *to go*
išvykti, išvyksta, išvyko *to leave, to depart*
atvykti, atvyksta, atvyko *to come, to arrive*
(pa)žymėti, žymi, žymėjo *to mark*

Degalinė ir autoservisas
Filling station and car repair

autoservisas *garage*
benzinas *petrol*
degalai *fuel*
dyzelinas *diesel*
dujos *gas*
plovykla *car wash*
remontas *repair*
savitarna *self-service*
padanga *tyre*
ratas *wheel*
stabdžiai *brakes*
vairas *wheel*
žibintas *light*

kelių policija *traffic police*
automobilio dokumentai
 vehicle registration
vairuotojo pažymėjimas *driver licence*

atsiimti, atsiima, atsiėmė (ką?)
 to take
(su, pa)gesti, genda, gedo *to break*
(su)remontuoti, remontuoja, remontavo (ką?) *to repair*
(su)stabdyti, stabdo, stabdė (ką?) *to stop*
(pa)tikrinti, tikrina, tikrino (ką?) *to check*

Dialogue 1

Stotyje. *At the bus station.*

CD1, TR 36

Keleivis	Laba diena.
Kasininkė	Laba diena.
Keleivis	Norėčiau dviejų bilietų į Rygą į abi puses. Būtų labai gerai rytą.
Kasininkė	Kuriai dienai?
Keleivis	Sausio dvidešimt penktai.
Kasininkė	Yra bilietų septintai valandai. Ar gerai?
Keleivis	Labai gerai.
Kasininkė	Du šimtai keturiasdešimt litų.
Keleivis	Prašom.
Kasininkė	Ačiū. Viso gero.
Keleivis	Viso gero.

bilietas į abi puses *return ticket*

Dialogue 2

CD1, TR 37

Paulius	Labas, Margarita.
Margarita	Sveikas, Pauliau.
Paulius	Važiuojam pas Hanesą į Helsinkį. Jis labai kvietė atvažiuot į Suomiją vasarą.
Margarita	Aš taip pat labai norėčiau jį aplankyt. Kada važiuojam?
Paulius	Po dviejų savaičių. Apie liepos vidurį.
Margarita	Gal ir gerai... Liepos dešimtą grįšiu iš Palangos. Ar skrisim lėktuvu?
Paulius	Lėktuvu brangu, Margarita! Geriau važiuokim autobusu iki Talino ...
Margarita	O po to keltu į Helsinkį?
Paulius	Taip.
Margarita	Kiek kainuoja?
Paulius	Studentams yra nuolaidų. Į vieną pusę kainuotų apie du šimtus litų.
Margarita	Tikrai, Pauliau, nebrangu. Važiuojam!
Paulius	Rytoj užsakysiu bilietus.
Margarita	Puiku!

Dialogue 3

Autobuse. *On the bus.*

CD1, TR 38

1 keleivis	Atsiprašau, gal galite pažymėti bilietą?
2 keleivis	Taip, prašom.
1 keleivis	Gal galėtumėte pasakyti, ar toli Bibliotekos stotelė?
2 keleivis	Nelabai toli. Jums reikės važiuoti apie dešimt minučių ir išlipti penktoje stotelėje. Autobusas sustoja prie bibliotekos.
1 keleivis	Labai jums ačiū.
2 keleivis	Nėra už ką.
(Po 10 minučių.)	
1 keleivis	Atsiprašau, ar dabar išlipsite?
3 keleivis	Taip.

Dialogue 4

Autoservise. *At a garage.*

Autoserviso meistras	Laba diena.
Automobilio savininkas	Laba diena. Po dviejų savaičių planuoju automobiliu keliauti į Krokuvą. Prašom patikrinti mano automobilį.
Autoserviso meistras	Gerai. Patikrinsiu variklį, stabdžius, žibintus ir ratus.
Automobilio savininkas	Taip, būtinai patikrinkite stabdžius, dažnai genda. Ir dar pripūskite padangas ir nuplaukite automobilį.
Autoserviso meistras	Taip. Žinoma.
Automobilio savininkas	Kada galėsiu atsiimti automobilį?
Autoserviso meistras	Prašom atvažiuoti rytoj po pietų. Apie penktą valandą.
Automobilio savininkas	Labai ačiū. Iki rytojaus!
Autoserviso meistras	Iki rytojaus!

savininkas *owner*
(pri)pūsti, pučia, pūtė *to blow up*
(nu)plauti, plauna, plovė *to wash*

Reading and listening

1 Read the following information about a trip. Fill in the missing information in the dialogue

> Turizmo agentūra ATOSTOGOS
> siūlo 10 parų kelionę į Slovėnijos kalnus
> Kelionės kaina tik 1550 Lt
> Išvykstame sausio 19 d.
> Daugiau informacijos:
> Ukmergės g. 41, Vilnius, tel. 2724147

kalnai *mountains*
(pa)siūlyti, siūlo, siūlė (ką?) *to offer*

Emilija	Kur važiuosi per atostogas, Dainiau?
Dainius	Į Slovėnijos kalnus.
Emilija	Kiek kainuoja kelionė?
Dainius	_____.
Emilija	Kiek laiko būsi Slovėnijoje?
Dainius	_____.
Emilija	Kada išvažiuoji?
Dainius	_____.
Emilija	Norėčiau ir aš važiuoti į Slovėnijos kalnus. Kokia turizmo agentūra organizuoja keliones?
Dainius	_____.
Emilija	Gal žinai, koks agentūros adresas?
Dainius	_____.
Emilija	Gal galėčiau paskambinti į agentūrą?
Dainius	_____.

2 Where can you read the following? Choose the right answer

1 Kita stotelė: Turgus ✓

   A taksi
   B autobuse
   C lėktuve

2 Dujos

   A degalinėje
   B geležinkelio stotyje
   C prieplaukoje

3 Savitarna

   A troleibuse
   B autoservise
   C plovykloje

4 Centras-Stotis

   A ant vartų
   B ant autobuso
   C degalinėje

5 Bauda už važiavimą be
bilieto 20 Lt

A autobuse
B lėktuve
C taksi

3 Have a look at these city transport tickets and fill in the missing information

1 Vienkartinis bilietas kainuoja _____.
2 Yra vienkartinių miesto transporto bilietų be nuolaidos ir su

_____.

3 Studentai ir mokiniai Vilniaus miesto transportu važiuoja
50 procentų _____ negu kiti žmonės.
4 Vienkartinis bilietas su nuolaida kainuoja _____.

ant *on*

🔊 **CD1, TR 40**

4 Listen to the information about the trips. Fill in the missing information: the time of departure of the buses and the bay number

Informacija autobusų stotyje

Maršrutas	Išvyksta	Aikštelė
Vilnius–Klaipėda	_____	30

Vilnius–Ryga	7.07	_____
Vilnius–Rokiškis	_____	32
Vilnius–Šiauliai	7.15	
Vilnius–Trakai	_____	25
Vilnius–Druskininkai	7.30	_____

maršrutas *route*
aikštelė *platform*

◀) **CD1, TR 41**

5 Where might you hear the following? Choose the right answer

1   A gatvėje
    B taksi
 ✓ C autobuse
2   A metro
    B taksi
    C traukinyje
3   A degalinėje
    B autoservise
    C autobuse
4   A autobuse
    B lėktuve
    C taksi

Language points

Future tense

To say that the action will happen in the future we use the future tense:
Mes važiuosime į Ispaniją. (*We will go to Spain*). **Ar jūs atvažiuosite
rytoj?** (*Will you come tomorrow?*) To form the future tense we use the
infinitive of the verb. We drop -**ti** of the infinitive of -**a**, -**i** and -**o** type
verbs and add the future tense formant -**s**- and endings:

ei-ti, eina, ėjo			*to go*		
turė-ti, turi, turėjo			*to have*		
valgy-ti, valgo, valgė			*to eat*		

Verbs of -a, -i and -o types have the following endings in the future tense:

aš *(I)*	**-s-iu**		mes *(we)*	**-s-ime**	
tu *(you)*	**-s-i**		jūs *(you)*	**-s-ite**	
jis *(he)*, ji *(she)*	→	**-s**	jie *(they, masc.)*, jos *(they, fem.)*		←
aš *(I)*	ei**siu**		mes *(we)*	ei**sime**	
tu *(you)*	ei**si**		jūs *(you)*	ei**site**	
jis *(he)*, ji *(she)*	→	**eis**	jie *(they, masc.)*, jos *(they, fem.)*		←

Note the following important points:

1 the consonant ž of the verb **grįžti** (*to return*) and the other verbs having ž + **ti** changes to š in future tense forms:

    grįž-ti + siu → aš grįšiu
    grįž-ti + si → tu grįši
    grįž-ti + s → jis, ji, jie, jos grįš
    grįž-ti + sime → mes grįšime
    grįž-ti + si → jūs grįšite

2 the consonant s of the verb **skristi** (*to fly*) and the other verbs having s + **ti** *never* becomes double s in future tense forms:

    skris-ti + siu → aš skrisiu
    skris-ti + si → tu skrisi
    skris-ti + s → jis, ji, jie, jos skris
    skris-ti + sime → mes skrisime
    skris-ti + si → jūs skrisite

3 the consonant z of the verb **burgzti** (*to burr*) and the other verbs having **z + ti** changes to s in future tense forms:

> burgz-ti + siu → aš burgsiu
> burgz-ti + si → tu burgsi
> burgz-ti + s → jis, ji, jie, jos burgs
> burgz-ti + sime → mes burgsime
> burgz-ti + si → jūs burgsite

4 the vowel ū in the verb **būti** (and in the other two-syllable verbs with ū and y + ti) changes to u and i respectively in the 3rd person: **būti** (*to be*) → jis, ji, jie, jos **bus** (*will be*), **lyti** (*to rain*) → **lis** (*it will rain*).

In a sentence, the future tense is often used with such words as: **rytoj** (*tomorrow*), **poryt** (*day after tomorrow*), **kitą savaitę** (*next week*), **kitą mėnesį** (*next month*), **kitą sekmadienį** (*next Sunday*), **kitąmet** (*next year*).

Sometimes, the present tense can be used instead of the future tense: **Ar tu važiuoji namo rytoj? Ar tu važiuosi namo rytoj?** (*Do you go home tomorrow? Will you go home tomorrow?*).

Asking and telling the time

There are several ways of asking the time: **Kelinta dabar valanda? = Kiek dabar valandų? = Kiek dabar laiko?** (*What time is it now?*)

There are three ways of expressing the time: we can use either ordinal or cardinal numbers:

Dabar yra …?
It is … now:

14.00	dvi valandos	antra valanda	keturiolika valandų
	two o'clock pm	*two o'clock*	*two o'clock*
15.00	trys valandos	trečia valanda	penkiolika valandų
	three o'clock	*three o'clock*	*three o'clock*

NB Exception:

Dabar yra …?
It is … now:

13.00	_____	pirma valanda	trylika valandų
		one o'clock	*one o'clock*

In Lithuanian, we say that there is half an hour left to nine, half an hour left to eleven: **pusė devintos** (*8.30*), **pusė vienuoliktos** (*10.30*), where in English we say *half past eight, half past ten*.

There are two ways of saying *half past ….* We can use either ordinal or cardinal numbers:

Dabar yra … :
It is … now:

11.30	**pusė dvyliktos**
	half past eleven
11.30	**pusė dvylikos**
	half past eleven

We need the prepositions **po** (*after, past*) + genitive and **be** (*without*) + genitive to tell the time 9.15, 11.20, 17.45, 20.55 etc.

Dabar yra … :
It is … now:

9.05	penkios minutės **po** devynių valandų	penkios minutės **po** devintos valandos	devynios valandos, penkios minutės
	five minutes past nine am	*five minutes past nine am*	*five minutes past nine am*
11.20	dvidešimt minučių **po** vienuolikos valandų	dvidešimt minučių **po** vienuoliktos valandos	vienuolika valandų, dvidešimt minučių
	twenty minutes past eleven am	*twenty minutes past eleven am*	*twenty minutes past eleven am*
17.45	**be** penkiolikos minučių šešios valandos	**be** penkiolikos minučių šešta valanda	septyniolika valandų, keturiasdešimt penkios minutės
	quarter to six pm	*quarter to six pm*	*quarter to six pm*

20.55	**be** penkių minučių devynios valandos *five minutes to nine pm*	**be** penkių minučių devinta valanda *five minutes to nine pm*	dvidešimt valandų, penkiasdešimt penkios **minutės** *five minutes to nine pm*

We can omit the words **minutė** and **valanda**. It is enough to say: **be penkiolikos šešta** (lit. *fifteen to six*).

If we want to emphasize that it is the morning or the night we say: **penkta valanda ryto** (lit. *five o'clock am*), **vienuolikta valanda nakties** (lit. *eleven o'clock pm*).

Telling the time of an event

To know the exact time of events, we ask either **Kelintą valandą susitinkame?** (lit. *At what time do we meet?*), **Kelintą valandą išvažiuoja traukinys į Kauną?** (lit. *At what time does the train to Kaunas leave?*) or **Kada susitinkame?** (lit. *When do we meet?*), where it is clear from the context that we are speaking about the hours.

To say the hour of events we use the accusative of ordinal numbers meaning hours but *not* the minutes (for minutes, we use cardinal numbers only): **Susitinkame trečią valandą prie parko** (lit. *Let's meet at three o'clock pm, near the park*), **Autobusas išvažiuoja be penkiolikos vienuoliktą** (lit. *The bus leaves at quarter to eleven am*).

We use the accusative of the word **pusė** (*half*) and the genitive of the cardinal or ordinal numeral to tell the time *half past* ...: **Aš išvažiuoju pusę šešių, Aš išvažiuoju pusę šeštos.** (*I leave at half past five*).

We decline ordinal numerals (**pirmas, dešimtas, penkioliktas; pirma, dešimta, penkiolikta**) like adjectives such as **šiltas, šilta** (*warm*) (see Unit 5).

Abbreviations of hours and minutes are written **val.** and **min.**: **Susitiksime 12 val. 20 min.** *12 hours 20 minutes.*

Days and months

We use the genitive of the noun to say the month and the nominative of the ordinal numeral to say the day: **Šiandien yra birželio mėnesio penkta diena** (*Today is the fifth of June*).

We can omit the words **mėnuo** and **diena**. It is enough to say: **Šiandien yra birželio penkta.**

Saying something happens on a certain day and month

We use the genitive case to say the month and the accusative case of the ordinal number to say the day: **Susitiksime gruodžio mėnesio trisdešimt pirmą dieną** (*We will meet on the thirty first of December*).

We ask either **Kelintą dieną susitinkame?** (lit. *What day do we meet?*) or **Kada susitinkame?** (lit. *When do we meet?*), when it is clear from the context that we are speaking about the day of the month.

Abbreviations of day and month in written language – **d.** and **mėn.**: **Susitiksime gruodžio mėn. 31 d.**

Prepositions of time

Prepositions of time take the accusative or genitive case after them:

+ acc.	+ gen.
apie (*about, approximately*)	**po** (*after, in*)
Susitinkame apie pirmą valandą.	**Po darbo eisiu į parduotuvę.**
Let's meet at about one o'clock.	*After work, I will go to the shop.*
	Grįšiu po dviejų savaičių.
	I will be back in two weeks.
per (*during*)	**nuo ... iki** (*from ... until*)
Per pietus kalbėsime apie kelionę.	**Dirbu nuo aštuntos valandos**
During lunch we will talk about our trip.	**iki penktos.**

(Contd)

Per valandą atvažiavau į darbą.	I work from eight o'clock in the
It took me one hour to get	morning until five in the
to work.	afternoon.

Periods of time

We use the dative case: **Važiuoju į Vilnių savaitei** (*I am going to Vilnius for one week*), **Einu į biblioteką trims valandoms** (*I am going to the library for three hours*).

To ask about somebody's leaving or going somewhere for a certain period of time we ask: **Kuriam laikui važiuoji į Vilnių?** (*For what length of time are you going to Vilnius?*), **Kelioms valandoms tu eini į biblioteką?** (*How many hours are you going to be in the library?*), **Keliems mėnesiams važiuoji į Ispaniją?** (*For how many months are you going to Spain?*).

Dative case of cardinal numbers Masculine				
Nom.	vienas ↓	du ↓	trys ↓	keturi ↓	devyni ↓
Dat.	vienam	dviem	trims	keturiems	devyniems

Feminine				
Nom.	viena ↓	dvi ↓	trys ↓	keturios ↓	devynios ↓
Dat.	vienai	dviem	trims	keturioms	devynioms

Amount of time spent somewhere

To answer the questions: **Kiek laiko tu būsi Klaipėdoje?**, **Kiek dienų tu būsi Klaipėdoje?** (*How long will you stay in Klaipėda?*, *How many days will you be in Klaipėda?*) we say: **Aš būsiu Klaipėdoje tik tris dienas** (*I will be in Klaipėda for three days only*).

We use the accusative of cardinal number and noun to say that we will spend a certain amount of time: **Aš keliausiu dvi savaites** (*I will travel for two weeks*), **Aš buvau Vilniuje du mėnesius** (*I have been* *to Vilnius for two months*). (The accusative of cardinal numbers is in Unit 3.)

Buying a ticket for a certain time

We use the dative case of ordinal number and noun: **Norėčiau bilieto dešimtai valandai ryto** (*I need a ticket for 10.00 am*), **Norėčiau bilieto pusei dešimtos ryto** (*I need a ticket for half past nine in the morning*), **Norėčiau bilieto kovo pirmai dienai** (*I need a ticket for the 1st of March*).

How to ask questions: *For what time do you need a ticket?; For what day did you buy a ticket?* We ask: **Kelintai valandai jums reikia bilieto?**, **Kuriam laikui jums reikia bilieto?**, **Kelintai dienai tu pirkai bilietą?**

Means of transport

To say the means of transport we go by we use the instrumental case: **Į darbą važiuoju autobusu** (*I go to work by bus*), **Į Kauną važiuosime traukiniu** (*We will go to Kaunas by train*).

To go on foot – **eiti pėsčiomis: Mes niekada neiname pėsčiomis į darbą** (*We never walk to work*).

Distance from ... to?

We use prepositions of place **nuo ... iki** (*from ... to*) + genitive: **Nuo Vilniaus iki Kauno yra beveik šimtas kilometrų** (*It is almost one hundred kilometres from Vilnius to Kaunas*), **Nuo mano namų iki darbo yra penki kilometrai** (*It is five kilometres from my home to work*).

Comparing quality of process

To compare the quality of process, we use comparative and superlative degrees of adverbs: **Mano draugas vairuoja gerai, bet mano brolis vairuoja geriau negu mano draugas, o tu vairuoji geriausiai.**
(My friend drives well, but my brother drives better than my friend and you drive best of all.).

Positive degree of adverbs	Comparative degree of adverbs	Superlative degree of adverbs
ger-ai	ger + **iau** → ger**iau**	ger + **iausiai** → ger**iausiai**

Names of the months in Lithuanian are related to birds, trees and other plants or phenomena of nature: **balandis** (*pigeon* and *April*), **gegužė** (*cuckoo* and *May*), **liepa** (*linden* and *July*), **lapkritis** (**lapas** – *leaf*, **kristi** – *to fall* and *November*), **rugpjūtis** (**rugiai** – *rye*, **pjūtis** – *harvest* and *August*) etc.

Friday the 13th as a date does not have the connotation in Lithuanian that it does in English. Having said that, however, the number 13 is not the most auspicious number.

Exercises

1 Insert the appropriate verbs

    a Rytoj mes **važiuosime** pas senelius.

    b Kitą savaitę aš _____ tau.

    c Ar kitą mėnesį Rūta ir Jonas _____ į Klaipėdą?

    d Ar jūs _____ su Rūta kitą sekmadienį kavinėje?

    e Ar tu man _____ poryt?

    f Ar jūs kitąmet _____ į Afriką?

    g Aš tuoj _____ namo.

keliausite
važiuosime
eisiu
paskambinsi
susitiksite
važiuos
paskambinsiu

2 What time is it now?

Dabar yra …

    a 14.00   **antra valanda**

    b 16.30   _____

    c 11.45   _____

    d 13.00   _____

    e 8.40   _____

    f 15.55   _____

    g 17.05   _____

3 At what time do we leave?

Išvažiuojame …

a	11.00	**vienuoliktą valandą**
b	13.00	_____
c	14.30	_____
d	18.20	_____
e	19.05	_____
f	22.55	_____

4 Write the date according to the example

a 06–05 **Birželio penktą dieną** važiuosiu į Kauną.

b 01–22 _____ eisiu pas draugą.

c 07–15 _____ važiuojame prie jūros.

d 08–08 _____ kelionė į Budapeštą.

e 04–26 _____ eisime pas Liną.

f 11–30 _____ susitiksime su draugais.

5 Choose the appropriate preposition of time

a Po, ~~Apie, Per~~ darbo važiuosime pas draugus.

b Gal galite suremontuoti mano mašiną **po, per, iki dvi** valandas?

c Susitiksime **nuo, apie, po** dviejų dienų.

d Atostogausime **po, nuo, apie** pirmadienio **per, po, iki** sekmadienio.

e Susitinkame **per, po, iki** pietus kavinėje.

f Šiandien dirbsiu **apie, per, iki** vakaro.

g Susitinkame **per, po, apie** pirmą valandą kavinėje.

6 Choose the appropriate form

a Mano draugė bijo skristi ~~lėktuvas~~, lėktuvu, ~~lėktuvo~~.

b Į universitetą važiuoju **tramvajumi, tramvajų, tramvajaus**.

c Iš Vilniaus į Klaipėdą patogiausia važiuoti **traukinio, traukiniui, traukiniu**.

d Į darbą visada važiuojame **mašina, mašiną, mašinos**.

e Iš Talino į Helsinkį keliavau **keltas, keltui, keltu**.

f Vasarą mes mėgstame keliauti **dviračius, dviračiams, dviračiais**.

7 Use the appropriate form

a Nuo **Vilniaus** (Vilnius) iki _____ (Kaunas) yra beveik šimtas kilometrų.

b Nuo _____ (viešbutis) iki _____ (oro uostas) yra penki kilometrai.

c Nuo _____ (Ryga) iki _____ (Talinas) yra trys šimtai kilometrų.

d Nuo _____ (stotis) iki _____ (prieplauka) yra toli.

8 Use the appropriate form

a Aš gyvenu **toli** nuo mokyklos, Regina gyvena _____ negu aš, o Rimantas gyvena <u>toliausiai</u> iš visų.

b Vytautas <u>labai</u> mėgsta keliauti, bet Paulius mėgsta keliauti _____ negu Vytautas, o _____ iš visų mėgsta keliauti Dalia.

c Parduotuvė yra _____ mano namų, bet bankas yra <u>arčiau</u> negu parduotuvė, o kavinė yra _____.

d Mano brolis vairuoja _____, bet mano draugas vairuoja _____ negu brolis, o mano tėvas vairuoja <u>geriausiai</u> iš visų.

9 Use the appropriate forms.

a Londone būsiu **keturias dienas** (keturios dienos). Skrendu į Londoną _____ (keturios dienos).

b Nupirk du bilietus iš Vilniaus į Klaipėdą _____ (septinta valanda) ryto. Iš Vilniaus į Klaipėdą autobusu važiuosiu _____ (keturias valandos).

c Šiandien užsisakiau bilietą į Helsinkį _____ (kovo pirma diena). Į Helsinkį važiuosiu _____ (kovo pirma diena).

10 Use the appropriate question word

a **Kuo** tu važiuoji į darbą? – Aš važiuoju autobusu.

b _____ valandą išvyksta traukinys į Klaipėdą? – Šeštą valandą keturiasdešimt penkios minutės.

c _____ dabar valandų? – Pusė antros.

d _____ dienų tu būsi Sankt Peterburge? – Sankt Peterburge būsiu tris dienas.

e _____ užsakysi bilietus į Berlyną? – Taip.

f _____ išvažiuojate į Norvegiją? – Liepos penktą dieną.
g _____ laikui jūs važiuojate į Rygą? – Penkioms dienoms.

Test yourself

1 Select and indicate the appropriate preposition

    1 Šiandien dirbame ... šeštos.

      ☐ per   ☐ iki   ☐ apie

    2 Išvažiuosime ... dviejų dienų.

      ☐ po   ☐ iki   ☐ apie

    3 Išvykstame ... devintą valandą.

      ☐ nuo   ☐ apie   ☐ po

    4 Iš Vilniaus į Kauną nuvažiuosime ... valandą.

      ☐ po   ☐ iki   ☐ per

2 Find the right answers

    1 Kelintą valandą jūs išvažiuojate?   **A** Aštuoniolika litų.

    2 Kada atvažiuosite?   **B** Penkioms dienoms.

    3 Atsiprašau, kiek dabar valandų?   **C** Dvi savaites.

    4 Kiek kainuoja bilietas į Kauną?   **D** Norėčiau dviejų bilietų.

    5 Kuriam laikui išvažiuojate?   **E** Aštuntą.

    6 Kiek laiko būsi Lietuvoje?   **F** Pirma.

                                               G Gegužės mėnesį.

8

Ką veiksi savaitgalį?
What are you doing at the weekend?

In this unit you will learn
- *How to make suggestions as to what to do and where to go*
- *How to talk to someone about their hobbies and leisure pursuits*
- *How to invite someone to do something with you*
- *How to accept and refuse an invitation or offer*

Palangos pajūryje *On the seashore in Palanga.*
Photo by Eugenijus Stumbrys.

Laisvalaikis, -io. Laiko prieveiksmiai *Leisure. Adverbs of time*

atostogos *holiday*
dailė *fine arts*
darbas *work*
eksponatas *exhibition*
festivalis, -io *festival*
fotografas, -ė *photographer*
fotografija *photography, photo*
grafika *graphic*
grafikas, -ė *graphic designer*
keramika *ceramics*
keramikas, -ė *ceramicist*
kūrinys *creation, work*
menas *art*
muziejus *museum*
paroda *exhibition*
renginys *event*
skulptorius, -ė *sculptor*
skulptūra *sculpture*
tapyba *painting*
tapytojas, -a *painter*
choras *choir*
dirigentas, -ė *conductor*
džiazas *jazz*
folkloras *folklore*
klasikinė muzika *classical music*
koncertas *concert*
muzika *music*
opera *opera*
orkestras *orchestra*

būgnas *drum*
fleita *flute*
fortepijonas *piano*
gitara *guitar*

saksofonas *saxophone*
smuikas *violin*

baletas *ballet*
eilė *row*
filmas *film*
filmas suaugusiesiems *adult film*
kinas *cinema*
pastatymas *staging*
scena *stage*
seansas *show*
šokis, -io *dance*
spektaklis, -io *play*
teatras *theatre*
veiksmas *act*
vieta *place*

sportas *sport*
sporto šaka *branch of sport*
treniruotė *training*
futbolas *football*
įvartis, -io *goal*
krepšinis, -io *basketball*
rungtynės *game*
taškas *point*
tenisas *tennis*

baseinas *pool*
kamuolys *ball*
krepšys *basket*
pačiūžos *ice skate*
raketė *racquet*
riedučiai *roller skate*
rogutės *sledge*
šachmatai *chess*
šaškės *chequers*
slidės *skis*

stadionas *stadium*
snieglentė *snowboard*
teniso kamuoliukas *tennis ball*

žirgas *horse*
žirgynas *stud*

baidarė *canoe*
gamta *nature*
laužas *fire*
palapinė *tent*
valtis, -ies *boat*
žemėlapis, -io *map*
žygis, -io *hike*

apsakymas *story*
knyga *book*
novelė *short story*
poezija *poetry*
romanas *novel*

kasmet *every year*
pernai *last year*
seniai *long ago*
užvakar *the day before yesterday*
vakar *yesterday*

įdomus, -i *interesting*
linksmas, -a *funny*
liūdnas, -a *sad*
malonus, -i *nice*
nuobodus, -i *boring*
smagus, -i *fun*

atostogauti, atostogauja,
  atostogavo *to be on holiday*
dalyvauti, dalyvauja, dalyvavo
  to participate

(į)kurti, kuria, kūrė *to establish*
(pa)kviesti, kviečia, kvietė (ką?)
  to invite
(ap)lankyti, lanko, lankė (ką?)
  to visit
(pra)leisti, leidžia, leido (ką?) *to
  spend*
(pa)siūlyti, siūlo, siūlė (ką?) *to
  offer, to suggest*
(už)trukti, trunka, truko *to last*
veikti, veikia, veikė (ką?) *to do*
(į)vykti, vyksta, vyko *to take
  place*

(pa)dainuoti, dainuoja, dainavo
  (ką?) *to sing*
diriguoti, diriguoja, dirigavo
  to conduct
(pa)groti, groja, grojo (ką?)
  to play (music)
(pa)klausyti, klauso, klausė
  (ko?) *to listen*
(su)kurti, kuria, kūrė (ką?) *to
  create*
(pa)ploti, ploja, plojo *to
  applaud*
(pa)statyti, stato, statė *to stage*
(pa)šokti, šoka, šoko (ką?) *to
  dance*
(su)vaidinti, vaidina, vaidino
  (ką?) *to play (a role)*
(pa)žiūrėti, žiūri, žiūrėjo (ką?) *to
  watch*

(nu)piešti, piešia, piešė (ką?) *to
  draw*
(pa)rašyti, rašo, rašė (ką?) *to
  write*

(pa)skaityti, skaito, skaitė (ką?) *to read*
(nu)tapyti, tapo, tapė (ką?) *to paint*
(pa)bėgioti, bėgioja, bėgiojo *to run*
(pa)čiuožinėti, čiuožinėja, čiuožinėjo *to skate*
(pa)grybauti, grybauja, grybavo *to pick mushrooms*
(pa)jodinėti, jodinėja, jodinėjo *to ride (a horse)*
(per)nakvoti, nakvoja, nakvojo *to spend the night*

(pa)plaukioti, plaukioja, plaukiojo *to swim, to sail*
(pa)slidinėti, slidinėja, slidinėjo *to ski*
(pa)sportuoti, sportuoja, sportavo *to play sports*
(pa)uogauti, uogauja, uogavo *to pick berries*
(pa)vaikščioti, vaikščioja, vaikščiojo *to walk*
(pa)žaisti, žaidžia, žaidė (ką?) *to play (a game)*
(pa)žvejoti, žvejoja, žvejojo (ką?) *to fish*

Dialogue 1

CD2, TR 1

Povilas	Laba diena, Rasa.
Rasa	Laba diena, Povilai.
Povilas	Kaip gyvenate?
Rasa	Ačū, gerai. O jūs?
Povilas	Ačiū, taip pat gerai. Norėčiau jums pasiūlyti šį šeštadienį nueiti į dramos teatro spektaklį „Romeo ir Džiuljeta".
Rasa	O, mielai eičiau! Man labai patinka teatras, bet šeštadienį jau turiu bilietą į operą. Kaip gaila, kad negalėsiu eiti su jumis, Povilai!
Povilas	Nieko tokio, Rasa. Šį spektaklį rodys ir kitą šeštadienį. Balandžio vienuoliktą dieną. Ar jums tiktų tas laikas?
Rasa	Taip, ačiū. Mielai nueičiau kitą šeštadienį.
Povilas	Tada nupirksiu bilietus kitam šeštadieniui.
Rasa	Labai ačiū, Povilai.
Povilas	Nėra už ką. Gero savaitgalio, Rasa. Paskambinsiu.
Rasa	Gero savaitgalio ir jums.

Dialogue 2

Bilietų kasoje. *At the box office.*

Pirkėjas	Laba diena.
Kasininkė	Laba diena.
Pirkėjas	Norėčiau trijų bilietų į džiazo koncertą rugsėjo dvidešimt septintai dienai.
Kasininkė	Penkioliktoje ar šešioliktoje eilėje?
Pirkėjas	Penkioliktoje.
Kasininkė	Gerai. Bus dešimta, vienuolikta ir dvylikta vietos. Šešiasdešimt litų.
Pirkėjas	Prašom.
Kasininkė	Prašom paimti grąžą.
Pirkėjas	Labai ačiū.
Kasininkė	Prašom.
Pirkėjas	Sudie.
Kasininkė	Sudie.

grąža *a change*

Dialogue 3

Giedrius	Sveikas, Tomai.
Tomas	Sveikas, Giedriau.
Giedrius	Kur skubi?
Tomas	Šiandien vakare per televiziją rodo krepšinio rungtynes.
Giedrius	Kas žaidžia?
Tomas	„Lietuvos rytas" ir „Sakalai".
Giedrius	O, įdomu! „Lietuvos rytas" – mano mėgstamiausia komanda.
Tomas	Ir mano!
Giedrius	Kaip manai, kas laimės?

(Contd)

Tomas   Žinoma, „Lietuvos rytas"!
Giedrius Po valandos prasideda rungtynės. Reikia skubėti.
Tomas   Iki!
Giedrius Iki!

skubėti, skuba, skubėjo *to hurry*

Dialogue 4

Viktorija Labas, Lina! Ar seniai grįžot iš kaimo?
Lina   Sveika, Viktorija! Prieš dvi dienas.
Viktorija Ką veikėt? Juk visą savaitę lijo. Ar nebuvo liūdna ir nuobodu?
Lina   Buvo labai smagu. Mes labai mėgstam gamtą. ėjom į mišką grybaut, uogaut. Vyras žvejojo. Su vaikais ėjom į žygį – dvi naktis net palapinėje nakvojom! Kaime lietus visiškai nebaisus.
Viktorija Aš esu miesto žmogus, tikrai nenorėčiau palapinėje nakvot, bet man labai patiko jūsų sodyboje.
Lina   Atsimeni, tau labai patiko plaukiot valtimi ežere?
Viktorija Taip, buvo nuostabu! O vakare sėdėjom prie laužo, kepėm bulves, visi ėjom į pirtį! Buvo puikus savaitgalis …
Lina   Atvažiuokit šeštadienį su vaikais.
Viktorija Labai norėčiau. Pakalbėsiu su šeima ir tau paskambinsiu.
Lina   Gerai. Lauksiu tavo skambučio.
Viktorija Iki.
Lina   Iki.

lyti, lyja, lijo *to rain*
lietus *rain*
miškas *forest*
net *even*
visiškai nebaisus *not terrible at all*
(per)nakvoti, nakvoja, nakvojo *to spend the night*
atsiminti, atsimena, atsiminė (ką?) *to remember*
buvo nuostabu *it was wonderful*
skambutis *call*

Reading and listening

**1 Read the information about the opera. Fill in the
parts missing from the dialogue**

LIETUVOS NACIONALINIS OPEROS IR BALETO TEATRAS
Gruodžio 31 d. 19 val.
Sausio 4, 6, 12, 14 d. 18 val.

Giuseppe Verdi
TRAVIATA
4 veiksmų opera

Dainininkė Asmik Grigorian – Violeta Valery
Dirigentas Martynas Staškus
Režisierius Jonathan Miller (Didžioji Britanija)
Scenografas Bernard Chulshaw (Didžioji Britanija)
Kostiumų dailininkė Clare Mitchell (Didžioji Britanija)
Šviesų dailininkas Tom Mannings (Didžioji Britanija)
Choreografas Terry John Bates (Didžioji Britanija)
Anglijos nacionalinės operos pastatymas
Informacija tel. (8 5) 2620727, (+ 370) 61551000 arba interneto
svetainėje www.opera.lt.
Kasos dirba 10–19 val., šeštadienį 10–18 val., sekmadienį 10–15 val.
Bilietus galima užsisakyti ir pirkti internetu www.opera.lt.

Saulė	Sveikas, Mariau.
Marius	Sveika, Saule.
Saulė	Kaip sekasi?
Marius	Ačiū, puikiai. O kaip tu ir tavo šeima?
Saulė	Ačiū. Viskas gerai. Jau galvojame apie šventinius renginius.
Marius	Mes su Giedre labai norėtumėme nueiti į „Traviatą".
Saulė	Mūsų šeima gruodžio trisdešimt pirmą arba pirmomis sausio dienomis kasmet eina į šią operą. Gal žinai, kada bus spektakliai?
Marius	Taip. Skaičiau skelbimą. _____.
Saulė	Kas pastatė operą?
Marius	_____.
Saulė	O, įdomu! Iki šiol mačiau tik lietuvių „Traviatos" spektaklius. O kas dainuos Violetą?
Marius	_____.

Saulė	Labai norėčiau paklausyti šios dainininkės. Reikia būtinai nusipirkti bilietus. Bet šiandien šeštadienis. Šeštadienį vakare bilietų kasos tikriausiai nedirba.
Marius	_____.
Saulė	Bet dabar jau po šeštos. O gal galime paskambinti ir paklausti, ar dar yra bilietų, arba užsisakyti bilietus internetu?
Marius	_____.

(pa)galvoti, galvoja, galvojo apie (ką?) *to think about*
šventinis, -ė *festive*
būtinai *definitely*
iki šiol *until now*
tikriausiai *probably*

◀) CD2, TR 5

2 Listen to the information about the new dance group.
Fill in the missing information

Šokių grupė „Linksmuolis"

kviečia šokti	merginas ir vaikinus
dienos	rugsėjo _____ d.
valanda	_____ val.
adresas	Parko g. _____
telefonas	_____

◀) CD2, TR 6

3 Listen to the information about cultural events in Vilnius.
Fill in the missing information

Gegužės mėnesio kultūriniai renginiai Vilniuje

	kas?	kur?	kada?	kelintą valandą?
1	folkloro festivalis	Kalnų parke		18 val.

2	jaunųjų dailininkų darbų parodos atidarymas		19 d.	
3	senosios fotografijos paroda			17 val.
4		Taikomosios dailės muziejuje	23 d.	
5	spektaklis „Du gaideliai"		23 d.	

Language points

The past

To say that the action happened in the past, we use simple past tense: **Vakar mes buvome koncerte** (*We were at a concert yesterday*), **Aną savaitę aš žiūrėjau krepšinio varžybas** (*Last week I watched the basketball team*), **Ar jums patiko tas spektaklis?** (*Did you like that play?*). To form the simple past tense we use past tense 3rd person.

There are two types of simple past tense. The type depends on the ending of the verb of the simple past tense 3rd person. The simple past tense 3rd person verb is one of the three main forms of the verb: **gyventi**, **gyvena**, <u>**gyveno**</u> (*to live*), **virti**, **verda**, <u>**virė**</u> (*to cook*). If the simple past 3rd person verb ends with -**o** it is type 1. If the simple past 3rd person verb ends with -**ė** it is type 2:

Type 1

We drop the -**o** from the 3rd person simple past tense verb and add typical personal endings for the simple past tense:

eiti, **eina**, <u>**ėj-o**</u> *to go*
žiūrėti, **žiūri**, <u>**žiūrėj-o**</u> *to look*
žinoti, **žino**, <u>**žinoj-o**</u> *to know*

aš (I)	-au		mes (we)	-ome
tu (you)	-ai		jūs (you)	-ote
jis (he), ji (she)	→	-o	jie (they, masc.), jos (they, fem.)	←
aš (I)	ėjau		mes (we)	ėjome
tu (you)	ėjai		jūs (you)	ėjote

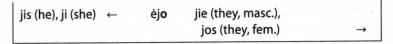

| jis (he), ji (she) | ← | ėjo | jie (they, masc.), | |
| | | | jos (they, fem.) | → |

Type 2

We drop the -ė from the 3rd person simple past tense verb and add typical personal endings of simple past tense:

kviesti, kviečia, <u>kviet-ė</u> *to invite*
siūlyti, siūlo, <u>siūl-ė</u> *to offer, to suggest*

aš (I)	**-iau**		mes (we)	**-ėme**	
tu (you)	**-ei**		jūs (you)	**-ėte**	
jis (he), ji (she)	→	**-ė**	jie (they, masc.),		←
			jos (they, fem.)		
aš (I)	kvieč**iau**		mes (we)	kviet**ėme**	
tu (you)	kviet**ei**		jūs (you)	kviet**ėte**	
jis (he), ji (she)	←	kviet**ė**	jie (they, mac.),		←
			jos (they, fem.)		

We shorten the endings of plural forms. We say: **mes žiūrėjom (žiūrėjome), kvietėm (kvietėme), jūs žiūrėjot (žiūrėjote), kvietėt (kvietėte)**.

In a sentence, the simple past tense is often used with adverbs of time: **vakar** (*yesterday*), **užvakar** (*the day before yesterday*), **aną savaitę** (*last week*), **aną mėnesį** (*last month*), **aną sekmadienį** (*last Sunday*), **pernai** (*last year*), **seniai** (*long ago*).

Prepositions of time

The preposition of time **prieš** means *ago* or *before*. This preposition is used with the accusative case: **Prieš metus mes atostogavome Ispanijoje** (*A year ago we spent our holiday in Spain*); **Prieš koncertą eikime užkąsti** (*Let's have a snack before the concert*).

Repetitive action

The instrumental case is used to express a constant time for a repeated action: **Savaitgaliais skaitome knygas** (*We read books at the weekends*), **Pirmadieniais einu į sporto klubą** (*On Mondays I go to the sports club*).

To play

To say that we play guitar, flute, chess, chequers, we use the instrumental case: **Aš groju gitara** (*I play guitar*), **Vakarais mes žaidžiame šachmatais** (*In the evening we play chess*).

To play games

We use the accusative to say that we play football, tennis, basketball etc.: **Šeštadienį žaidžiame futbolą** (*We play football on Saturday*), **Jie žaidžia krepšinį** (*They play basketball*).

An action that happens many times

We use suffixes **-ioti, -inėti** when we want to say that the action happens many times. Compare the following sentences:

Vakar <u>plaukėme</u> iš Talino į Helsinkį keltu.	*We sailed from Talinn to Helsinki by ferry.*
Aš mėgstu <u>plaukioti</u> ežere.	*I like to swim/to sail in the lake.*
Aš bėgu į parką.	*I run to the park.*
Rytais jis mėgsta <u>bėgioti</u> parke.	*He usually likes to run in the park in the morning.*
Vyras <u>joja</u>.	*A man is riding a horse.*
Sekmadieniais jis <u>jodinėja</u>.	*He usually rides a horse on Sundays.*

Walking or travelling around

The most widely used preposition in Lithuanian is **po**. It is used to tell time (+ gen., see Unit 7), to tell location (+ inst., **po** – *under*). To say that you travel, you walk, you run etc. around we use **po** + acc.: **Mėgstu vaikščioti po senamiestį** (*I like to walk around the old town*), **Jis mėgsta važinėti dviračiu po parką** (*He likes to ride his bicycle around the park*).

Indefinite time, place, person, reason

We use **kažkur, kažkada, kažkas, kažkodėl** when we want to emphasize that we don't know *where, when, who* and *why*:

Jie kažkur važiuoja.	*They are going somewhere.*
Kažkada mes buvome čia.	*We were here sometime.*
Kažkas tau skambino.	*Somebody called you.*
Kažkodėl jis neskambina.	*Somehow, he is not calling.*

We use **kur nors, kada nors, kas nors** when we have a choice. *Let's go somewhere* (to the cinema, to the pub, to the theatre etc.); *Sometime* (in 2007 or in 2008 etc.) *I will go to Norway*; *I invited nobody but someone* (John, Nick or Ann etc.) *will come*:

Einame kur nors.	*Let's go somewhere.*
Kada nors važiuosiu į Norvegiją.	*I will go to Norway one day.*
Aš nieko nekviečiau, bet kas nors ateis.	*I invited nobody but someone is bound to turn up.*

Lithuanian **bet kur, bet kada, bet kas** is the equivalent of *anywhere, any time, anyone* in English. We use these indefinite pronouns and adverbs when we don't mean a specific time, place or person:

Einame bet kur.	*Let's go anywhere.*
Jūs galite man skambinti bet kada.	*You can call me any time.*
Bet kas gali važiuoti su mumis.	*Anyone can go with us.*

To say that something is done, was done or will be done

We use the past passive participle to say that something was (*is, will be*) built, founded, reconstructed etc.: **Pilis buvo rekonstruota pernai.** *The castle was reconstructed last year.*

To make the past passive participle we use infinitive form:

įkur-ti, įkuria, įkūrė *to establish*
turė-ti, turi, turėjo *to have*
staty-ti, stato, statė *to build*

Past passive participle Masculine				
Sing. nom.	įkur-ti	įkur + **-tas**	→	įkur**tas**
Pl. nom.	įkur-ti	įkur + **-ti**	→	įkur**ti**

Feminine				
Sing. nom.	įkur-ti	įkur + **-ta**	→	įkur**ta**
Pl. nom.	įkur-ti	įkur + **-tos**	→	įkur**tos**

Since they imply finished action, past passive participles are mostly used with prefixes of result: **pastatytas, padarytas** (*is built, is done*), **sukonstruotas** (*constructed*), **sukurtas** (*created*), **nutapytas** (*painted*), **pastatytas** (*staged*) etc.

We decline past passive participles in the same way as adjectives: šiltas, šilti; šilta, šiltos (see Unit 5).

Insight

1 There are two types of simple past tense: **-o** and **-ė** types. The type depends on the ending of the verb of simple past tense 3rd person (**jis, ji, jie, jos**) – third main form of verb:
važiavo
aš – -au
tu – -ai
mes – -ome
jūs – -ote
kvietė
aš – -iau
tu – -ei
mes – -ėme
jūs – -ėte

2 Passive past participles are declined the same way as adjectives having appropriate endings.

Insight

Lithuanians – children, teenagers and older people alike – love music very much: classical, folk music, jazz. etc. Our concert halls are always full of eager music lovers. Many musicians who come to our country from abroad to give concerts say that audiences in Lithuania are very enthusiastic and appreciative.

Lithuanians also love to sing. When they have parties at home, when they go to the lakes and sit round the campfire they sing. This is not an activity confined to older people. Youngsters, too, enjoy folk music and many of them know traditional Lithuanian folk songs.

Both younger and older woman like to knit, especially during our long winters!

When it comes to free time and leisure, Lithuanians like to spend their weekends and holidays near the Baltic Sea, on the lakes and rivers and in the forests. They like to fish, to pick mushrooms and berries and to preserve them for winter.

People who live in the big cities sometimes buy old farm buildings in the country to spend their leisure there: refurbishing the old houses, planting trees and flowers.

The most popular sport in Lithuania is basketball.

Exercises

1 Select the right word
Laisvalaikis

1 Laikas, kada nedirbame.	**A** muzikantas
2 Vieta, kur vaidina aktoriai.	**B** atostogos
3 Čia dailininkai rodo paveikslus, skulptūras, fotografijas.	**C** aktorius
4 Juo mes žaidžiame krepšinį.	**D** žiūrovas

5 žmogus, kuris vaidina spektaklyje arba filme.   **E** scena

6 žmogus, kuris groja.   **F** paroda

7 žmogus, kuris žiūri spektaklį arba   **G** kamuolys filmą.

1	2	3	4	5	6
B					

2 Insert the appropriate word

    a Dailininkas **piešia** paveikslą.   mezga

    b Rita _____ naują megztinį seseriai.   skaito

    c Diana _____ chore.   slidinėja

    d Rita ir Vilius _____ modernius šokius.   dainuoja

    e Andrius _____ poezijos knygą.   groja

    f žiemą jie _____ Alpėse.   šoka

    g Andrius_____ gitara.   ~~piešia~~

3 Use the appropiate form

        atostogauti, atostogauja, atostogavo

Pernai mes **atostogavome** Nidoje. Kitąmet mes _____ sodyboje prie ežero. Kur jūs _____ kitąmet?

        slidinėti, slidinėja, slidinėjo

Ar tu pernai _____ Alpėse? Kur _____ tavo draugai kitąmet? Ar tu dabar dažnai _____?

        žiūrėti, žiūri, žiūrėjo

Aną savaitę Violeta _____ įdomų filmą, kitą mėnesį ji _____ spektaklį. Kokį filmą tu dabar _____?

        skaityti, skaito, skaitė

Aš dabar _____ populiariausią lietuvių romaną. Ar tu jau _____ jį?

4 Insert the appropriate form of the word

fortepijonas, futbolas, gitara, krepšinis, šachmatai, šaškės, tenisas

    a Ką jūs norite žaisti?   Mes norime žaisti futbolą, ____.

    b Kuo jūs norite žaisti?   Mes norime žaisti _____.

    c Kuo jūs grojate?   Mes grojame _____.

5 Select and tick the appropriate form

a Nacionaliniame muziejuje buvau prieš _____ .

☐ mėnuo ☑ mėnesį ☐ mėnesio

b Slidinėti į kalnus važiuosime po _____ .

☐ dviejų savaičių ☐ dvi savaitės ☐ dvi savaites

c Prieš _____ grįžau iš turistinės kelionės.

☐ trijų savaičių ☐ tris savaites ☐ trys savaitės

d Prieš _____ atostogavau prie jūros.

☐ du mėnesiai ☐ dviejų mėnesių ☐ du mėnesius

e Apie _____ praleidau kaime pas senelius.

☐ savaitės ☐ savaitė ☐ savaitę

f Susitinkame prieš _____ ir einame gerti kavos.

☐ koncertą ☐ koncertas ☐ koncerto

6 Use the appropriate form

a **Vakarais** (Vakarai) skaitau laikraščius ir knygas.

b _____ (Rytai) plaukioju baseine.

c _____ (Šiltos vasaros dienos) mūsų šeima važiuoja prie ežero.

d _____ (Naktys) jis su draugais šoka klubuose.

e _____ (Savaitgaliai) mano draugai mėgsta čiuožinėti miesto čiuožykloje.

f _____ (Sekmadieniai) mes visada bėgiojame parke.

g _____ (Laisvalaikis) mėgstu sėdėti ir nieko neveikti.

7 Insert the appropriate form of the suitable word:

bėgioti, bėgti, jodinėti, joti, plaukioti, plaukti

a Vasarą jis kasdien **plaukioja** jūroje.

b Po valandos šis laivas _____ į Klaipėdą.

c Vasarą mėgstu _____ baidarėmis.

d Jis ir jo draugai savaitgaliais mėgsta _____ žirgyne.

e Rytoj aš _____ į parką tėvo žirgu.

f Tomas ir Paulius kasdien _____ stadione.

g Petrai, greičiau _____ į treniruotę! Tu vėluoji!

8 Insert the missing words, following the example

1	Kitąmet	mes	**važiuosime**	prie	**jūros.**
2	Pernai	mes			Graikiją.
3	Rytais	aš		po	
4	Aną vasarą	jūs			Europą.
5	Vakarais	tu		pas	
6	Kitą vasarą	jie			Lietuvą.

9 Insert the correct form of *kažkas, kada nors, kažkur, kažkada, bet kas, kažkodėl, kur nors*

a **Kažkas** tau vakar skambino.

b _____ draugas vakar nepaskambino. Gal pamiršo?

c Kas gali ateiti dainuoti į folkloro ansamblį? _____ : ir jauni, ir seni žmonės.

d Einame _____ : į kavinę, kiną arba pas draugus.

e _____ turi būti mano bilietas į futbolo varžybas. Ar tu nematei jo?

f _____, labai seniai, mes buvome šiame mieste.

g Noriu su tavimi _____ nuvažiuoti į Italiją. Jei tu neturi laiko šįmet, gal tada kitąmet ar dar vėliau.

10 Form the past passive participles

a Lietuvos nacionalinis muziejus **įkurtas** (įkurti) prie Gedimino kalno.

b Baletas „Gulbių ežeras" _____ (pastatyti) Operos ir baleto teatre.

c Gedimino pilis _____ (pastatyti) ant kalno.

d Vilniaus televizijos bokštas _____ (pastatyti) naujame Vilniaus rajone.

e Dvi naujos gintaro galerijos _____ (atidaryti) Senamiestyje prie šventos Onos bažnyčios.

f Garsaus dailininko paveikslai _____ (nutapyti) Druskininkuose.

g Kauno paveikslų galerija _____ (rekonstruoti) prieš keletą metų.

11 Insert the appropriate question words

  a **Kokį** spektaklį šiandien rodo? – Šiandien rodo spektaklį
  vaikams „Trys paršiukai".

  b _____ tu eisi į parodą? – Su Ramune ir Egle.

  c _____ knygą tu dabar skaitai? – Romaną „Trys draugai".

  d _____ muzika tau patinka? – Džiazas.

  e _____ sporto šaką tu labiausiai mėgsti? – Krepšinį.

  f _____ vyksta koncertas? – Koncertų salėje.

12 Find the correct answers

1 Ar dar turite bilietų į šias varžybas?	**A**	Šeštai.
2 Kiek laiko truks spektaklis?	**B**	Taip, prašom.
3 Kas vaidina Romeo ir Džiuljetą?	**C**	Aktoriai iš Kauno.
4 Kelintai valandai nupirkai bilietus į filmą?	**D**	Dvi valandas.
5 Kelintą valandą parodos atidarymas?	**E**	Du litus.
6 Kiek kainuoja programa?	**F**	Pusę šeštos.

1	2	3	4	5	6
B					

13 What does Rūta say?

Tadas	Labas, Rūta.
Rūta	_____.
Tadas	Kaip sekasi?
Rūta	_____.
Tadas	Suprantu, kad dabar tau reikia daug sėdėt prie knygų, bet reikia ir pailsėt. Siūlau nueit į klubą „Prie universiteto"! Gros džiazo muzikantai.
Rūta	_____! _____?
Tadas	Aštuntą prie klubo. Gerai?
Rūta	_____. _____!
Tadas	Iki vakaro!

pailsėti, pailsi, pailsėjo *to have a rest*

Test yourself

1 Select and indicate the appropriate form

   1 Vakar mes ... į parodą.

      □ einame   □ ėjome   □ eisime

   2 Rytoj jie ... futbolą.

      □ žais   □ žaisti   □ žaidė

   3 Aną savaitę aš ....

      □ slidinėju   □ slidinėjau   □ slidinėsiu

   4 Ar kitą šeštadienį tu ... klube?

      □ šokti   □ šokai   □ šoksi

2 Select and indicate the appropriate form.

   1 ... mėgstu vaikščioti po parką.

      □ Savaitgaliai   □ Savaitgaliais   □ Savaitgalių

   2 Į baseiną einu ....

      □ vakarus   □ vakarai   □ vakarais

   3 Ar jūs bėgiojate ...?

      □ rytais   □ rytai   □ rytų

3 Choose the right answer.

   1 Turiu du bilietus į koncertą vasario šeštai dienai.

     A 02–16

     B 02–06

     C 02–06

   2 Krepšinio rungtynės vyks lapkričio dvyliktą.

     A 11–12

     B 12–12

     C 11–19

   3 Gegužės penkioliktą bus parodos atidarymas.

     A 12–05

     B 05–15

     C 05–05c

9

„Tėviške mano, esi mėlyno Nemuno vingis"
My country, you are the bend in the blue river Nemunas

In this unit you will learn
- *How to describe your country*
- *How to ask for an opinion and express one*
- *How to express existence*
- *How to describe something using active participles*
- *How to express circumstances that arise from an action*

„Tėviške mano, esi mėlyno Nemuno vingis" is a quotation from a well-known Lithuanian poem, meaning *My country, you are the bend in the blue river Nemunas.*

Photos by Ainė Ramonaitė.

Oras *Weather*

klimatas *climate*
oras *weather*
saulė *sun*
saulėtas, -a *sunny*
mėnulis, -io *moon*
žvaigždė *star*
dangus *sky*
žemė *earth, soil, ground*
vėjas *wind*
vėjuotas, -a *windy*
gūsis, -io (vėjo) *waft*
lietus *rain*
krituliai *precipitation*
audra *storm*
lyti, lyja, lijo *to rain*
bala *puddle*
rūkas, migla *fog*
sniegas *snow*
(pa/pri)snigti *to snow a little/a lot*
pūga *snowstorm*
ledas *ice*
vanduo *water*
smėlis, -io *sand*
(at)šalti, šąla, šalo *to freeze, to get cold*
(at)šilti, šyla, šilo *to get warm*
šaltis, -io *cold, chill, frost*
plikšala *icy roads, ice-covered ground*
plikledis, -io *ice-covered ground*
šlapdriba *sleet*
lijundra *freezing rain*
šerkšnas *frost, crust*
karštis, -io *heat*
šiluma *warmth*
debesis, -ies (masc.) *cloud*
debesuota *cloudy*

apsiniaukęs/apsiniaukusi *overcast*
perkūnija *thunderstorm*
griaustinis *thunder*
žaibas *lightning*
temperatūra *temperature*
termometras *thermometer*
drėgnas, -a *moist*
šlapia, -a *wet*
sausas, -a *dry*
slidus, -i *slippery*
šviesti, šviečia, švietė *to shine*
snigti, sninga, snigo *to snow*
tekėti, teka, tekėjo *to flow (about water), rise (about the sun)*
leistis, leidžiasi, leidosi *to set (about the sun)*
žaibuoti, žaibuoja, žaibavo *for lightening to strike*
griausti, griaudžia, griaudė *to thunder*

Metų laikai *Seasons*

pavasaris, -io *spring*
vasara *summer*
ruduo *autumn*
žiema *winter*

Kraštovaizdis *Landscape, nature*

kraštovaizdis, -io/gamtovaizdis, -io/peizažas *landscape*
laukas *field*
miškas *forest*
pieva *lawn*
kalnas *mountain*
kalva *hill*
slėnis, -io *valley*

viršūnė *peak*
kopa *dune*
krantas *shore*
upė *river*
ežeras *lake*
jūra *sea*
vandenynas *ocean*
banga *wave*
marios *sea, lagoon*
pelkė *swamp, wetland*
dugnas *bottom*
sala *island*
pusiasalis, -io *peninsula*
pliažas/paplūdimys *beach*

Pasaulio šalys *Points of the compass*

šiaurė *north*
pietūs *south*
rytai *east*
vakarai *west*
pietryčiai *southeast*
pietvakariai *southwest*
šiaurės rytai *northeast*
šiaurės vakarai *northwest*

Augalai, medžiai *Plants, trees*

augalas *plant*
lapas *leaf*
šaka *branch*
šaknis, -ies *root*
žiedas *blossom*
gėlė *flower*
gvazdikas *dianthus*
narcizas *narcissus*
rožė *rose*
rūta *rue*

žolė *grass*
krūmas *bush*
medis, -io *tree*
ąžuolas *oak (tree)*
beržas *birch (tree)*
kaštonas *conker (tree)*
klevas *maple (tree)*
liepa *lime (tree)*
eglė *fir (tree)*
pušis, -ies *pine*
javai *cereal, grain, crop*
avižos *oat (cereal)*
kviečiai *wheat*
rugiai *rye*
(už)auginti, augina, augino (ką?) *to grow (something)*
(pa)sėti, sėja, sėjo (ką?) *to sow, to seed*
(pa)sodinti, sodina, sodino (ką?) *to plant*

Gyvūnai *Animals*

gyvūnas *animal*
gyvulys *(domestic) animal*
žvėris, -ies *beast*
paukštis, -io *bird*
žuvis, -ies *fish*
vabzdys *insect*
vilkas *wolf*
meška, lokys *bear*
kiškis, -io *hare, rabbit*
lapė *fox*
briedis, -io *elk, moose*
elnias *deer*
stirna *hind, roe*
musė *fly*
uodas *mosquito*
skruzdėlė *ant*

kirmėlė *worm*	**višta** *hen*
žvirblis, -io *sparrow*	**viščiukas** *chicken*
balandis, -io *pigeon*	**gaidys** *rooster*
gulbė *swan*	**antis, -ies** *duck*
gandras *stork*	**žąsis, -ies** *goose*
varna *crow*	**varlė** *frog*
žuvėdra *seagull*	**vėžys** *crayfish*
papūga *parrot*	**voras** *spider*
snapas *beak*	**liūtas** *lion*
sparnas *wing*	**žirafa** *giraffe*
šuo *dog*	**voverė** *squirrel*
katė *cat*	**šernas** *boar*
karvė *cow*	**tigras** *tiger*
arklys *horse*	**gyvatė** *snake*
kiaulė *pig*	**dramblys** *elephant*
avis, -ies *sheep*	**vėžlys** *turtle*
ožka *goat*	**banginis, -io** *whale*
triušis, -io *rabbit*	**ruonis, -io** *seal*

◀) CD2, TR 7

Dialogue 1

◀ CD2, TR 8

Vyras	Gal girdėjai oro prognozę? Koks šiandien bus oras? Ar pasiimti skėtį?
Moteris	Pasiimk. Rudenį visada verta turėti skėtį. Niekad nežinai, kada gali pradėti lyti.
Vyras	Bet dabar taip gražu, saulėta. Tikra bobų vasara. Gal nelis?
Moteris	Atrodo, sakė, kad bus vėjuota, debesuota, bet be lietaus. Tačiau niekad negali žinoti.

Bobų vasara *Indian summer*

Dialogue 2

Gintaras	Kada dabar atvažiuosi į Lietuvą?
Gabrielė	Dar nežinau. Manau, kad reikėtų vienąkart atvažiuoti žiemą. Kaip tu manai?
Gintaras	Gera mintis! žiemos dabar pas mus nebėra tokios šaltos kaip mano vaikystėje, bet jeigu būtų sniego, būtų smagu.
Gabrielė	Ar pas jus žiemą ne visada būna sniego?
Gintaras	Paprastai būna, tik nebūtinai visus tris žiemos mėnesius. Mėgstu, kai per Kalėdas būna sniego.
Gabrielė	O kokia temperatūra būna sausio mėnesį? Labai šalta?
Gintaras	Gali būti net 20 laipsnių šalčio ar daugiau, bet gali būti ir daug šilčiau. Vidutinė sausio mėnesio temperatūra Lietuvoje yra minus 5 laipsniai.
Gabrielė	Norėčiau paslidinėti Lietuvoj. Kur jūs slidinėjat?
Gintaras	Dažniausiai Lietuvos rytuose, ten visada būna sniego. Kaip žinai, Lietuvoj tikrų kalnų nėra, bet rytinėje dalyje daug kalvų, miškų. Be to, ten daug ežerų, galima čiuožinėti ant ledo.

būna *is, happens*

QV

Dialogue 3

Jokūbas	Gražus oras. Ar ne?
Margarita	Taip, malonu, kad nebelyja. Girdėjau, kad rugpjūtis bus gražus, šiltas, be lietaus.
Jokūbas	O man vasarą lietus patinka. Ar matei vakar vaivorykštę?

(Contd)

Margarita	Mačiau, gražu. Bet man labiau patinka, kai nelyja. Tada gali ramiai gulėti pievoje ir žiūrėti į plaukiančius debesis. Mėgstu žiūrėt į žydinčius augalus, į medžius, stebėti paukščius, klausytis jų. Man tai pats geriausias poilsis.
Jokūbas	Man patinka ir lietui lyjant vaikščioti po mišką. Tada nors uodų miškuose nebūna.

Dialogue 4

CD2, TR 11

Antanas	Ar jau atostogavai šiemet?
Vilius	Taip, ką tik grįžom iš Nidos. Buvo nuostabu! Oras saulėtas, jūra banguota, graži. Gyvenom prie miško, kasryt važinėjom dviračiais. Žinai, kiek daug matėm laukinių gyvūnų! Nepatikėsi! Vieną rytą sutikom mišku ramiausiai einančią šernų šeimynėlę, kitą dieną matėm briedį ir dvi stirnas. O vaikai miške matė šliaužiantį žaltį. Išsigando, pagalvojo, kad gyvatė, bet iš tikrųjų ten buvo žaltys, nepavojingas.
Antanas	Aš irgi girdėjau, kad Kuršių nerijoj daug įvairių žvėrių: lapių, kiškių, voverių, bet kitų niekada nemačiau, tik voverių. Ir paukščių ten nemažai, net kopose jų daug. Ar ne?
Vilius	Taip, tik aš paukščių gerai nepažįstu. Na, žuvėdrų ten visur pilna, jas pažįstu.
Antanas	Aš manau, kad Kuršių nerija – pati gražiausia Lietuvos vieta. Niekur nėra tokių gražių kopų ir nuostabios gamtos. Tik vasarą ten labai daug poilsiautojų. Kopose, prie jūros, prie marių – visur labai daug žmonių. Aš ten paprastai važiuoju rudenį, kai jau yra grybų, kai žvaigždėtas dangus, romantiški rūkai.
Vilius	Nežinojau, kad tu toks romantikas.

žaltys *grass-snake*
šliaužti, šliaužia, šliaužė *to creep, crawl*
nuostabus, -i *wonderful*

Reading and listening

🔊 **CD2, TR 12**

1 Listen to the weather forecast and fill in the missing words

Orai

Paskutinėmis metų dienomis Lietuvoje vyraus permainingi
_____. Rytoj numatomas _____, šlapdriba ir lijundra.
Penktadienio naktį be žymesnių kritulių. _____. Pajūryje pietų
_____ gūsiai 15–17 metrų per sekundę. Žemiausia temperatūra
3–8 laipsniai šalčio. Antroje dienos pusėje _____, šlapdriba
pereinanti į lietų. Lijundra. Temperatūra nuo 4 laipsnių _____
iki 1 laipsnio _____.

Šeštadienio naktį Lietuvoje numatomi _____ su šlapdriba
ir lietumi orai. Kai kur sniegas, lijundra. Temperatūra pirmoje nakties
pusėje nuo 1 laipsnio šilumos iki 4 laipsnių _____, rytą atšils
iki 0–3 laipsnių šilumos. Šeštadienio dieną daugelyje rajonų nedideli
krituliai, vakare _____. Aukščiausia temperatūra 0–4 laipsniai
šilumos, vakare atšals iki 0–4 laipsnių šalčio.

Sekmadienį daug kur truputį _____. Vietomis trumpa
_____, lijundra, plikledis. Vėjas _____, rytų, 7–12
metrų per sekundę, kai kur gūsiai 15–18 metrų per sekundę. Temperatūra
naktį 0–5 laipsniai šalčio, dieną nuo 2 laipsnių šilumos iki 3 laipsnių
_____.

Pirmadienį – daugelyje rajonų sniegas, šlapdriba. Kai kur
_____, _____. Temperatūra naktį nuo 1 laipsnio
šilumos iki 4 laipsnių šalčio, dieną apie 0 laipsnių.

2 Read the text and indicate which statements are true and which are false

Lietuvos gamta

Lietuva yra nedidelė šalis. Jeigu važiuotume iš pietų į šiaurę arba iš rytų į vakarus, būtų tik apie 300 kilometrų. Bet Lietuvos gamta labai įvairi. Tai plačios lygumos, miškai, upės, ežerai. Lietuvoje yra 816 upių, ilgesnių kaip 10 km ir 2834 ežerai, didesni kaip 0,5 ha. Didžiausia upė – Nemunas (iš viso 937 km, o 475 km Lietuvos teritorijoje). Jis įteka į Kuršių marias. Lietuva turi 90 km jūros kranto. Aukščiausia Lietuvos vieta – Aukštojo kalnas (294 m). Ypatingas gamtos reiškinys yra Kuršių nerija – 98 km ilgio siauras smėlio pusiasalis, skiriantis Kuršių marias nuo Baltijos jūros. 2000 m. Kuršių nerija įtraukta į UNESCO Pasaulio gamtos paveldo sąrašą kaip vienas gražiausių ir unikaliausių Europos kraštovaizdžių.

Lietuvos klimatas taip pat labai įvairus. Ryškūs metų laikai: pavasaris, vasara, ruduo ir žiema. Vidutinė metų temperatūra yra 6 laipsniai šilumos. Šilčiausias mėnuo yra liepa, šalčiausias – sausis. Žiemą Lietuvoje dažnos pūgos. Dažniausiai pūgas sukelia pietų ir pietryčių vėjai. Anksčiausiai, dažniausiai lapkričio mėnesį, prisninga Lietuvos šiaurėje ir rytuose, vėliausiai – pajūryje. Didžiausias sniego dangos storis kartais siekia net 90 cm. Sniegas paprastai ištirpsta iki kovo mėnesio pabaigos. Lietuvoje daug lietaus. Lietingiausi mėnesiai – liepa ir rugpjūtis, šalies rytuose – birželis, o pajūryje – rugsėjis. Lietuvoje dažni rūkai, vasarą nemažai perkūnijų. Lietuva yra palyginti silpnų vėjų šalis. Visais metų laikais stipriausi vėjai pučia pajūryje ir Kuršių nerijoje.

Apie 32% Lietuvos ploto sudaro miškai. Juose įvairi augmenija, gyvena daug gyvūnų, paukščių, kai kurie iš jų – reti. Į Lietuvos raudonąją knygą įrašyta 501 nykstanti ar reta augalų, gyvūnų ir grybų rūšis. Lietuvoje gyvena daug gandrų, kurie Vakarų Europoje yra nykstantys paukščiai.

1989 m. Prancūzijos nacionalinio geografijos instituto mokslininkai nustatė, kad Lietuvoje yra Europos geografinis centras. Šis centras yra į šiaurę nuo Vilniaus, už 26 km.

nykti, nyksta, nyko *to die out, to disappear, to vanish*
m – metras *metre*
km – kilometras *kilometre*
cm – centimetras *centimetre*
sąrašas *list*
vidutinis, -ė *average*
(su)kelti, kelia, kėlė (ką?) to *make, to cause*
storis, -io *thickness*
palyginti *comparatively*
retas, -a *rare*
rūšis *sort*

Statement	True	False
1 Lietuvoje labai mažai ežerų.		✓
2 Lietuvoje yra aukštų kalnų.		
3 Kuršių nerija yra sala.		
4 Lietuvoje būna keturi metų laikai.		
5 Rudenį Lietuvoje dažni rūkai, o žiemą – pūgos.		
6 Lietuvoje beveik nelyja.		
7 Lietuvoje saugomi nykstantys gyvūnai ir augalai.		

◀)) **CD2, TR 13**

3 Read or listen to these anecdotes

Mokytojas paaiškino mokiniams, kad žemė sukasi apie saulę. Staiga atsistoja mergaitė ir klausia:
– Ponas mokytojau, o apie ką žemė sukasi naktį, kai saulės nėra?

– Magdute, pasakyk, kodėl kiškiai žiemą baltesni negu vasarą.
– Išsisnieguoja, ponas mokytojau.

– Kurmis suėda per dieną tiek maisto, kiek jis pats sveria.
– O iš kur jis žino, kiek sveria?

– Sakyk, Jonuk, kodėl gandrai rudenį skrenda į pietus.
– Pietų kraštuose irgi yra žmonių, kurie nori turėti vaikų.

Mokytojas, išaiškinęs kur yra pasaulio šalys, klausia:
– Na, Vaidute, kur yra pietūs?
– Ant stalo, mokytojau.

Language points

Animals and their offspring

There is a reason for the gender of some animals' names. Pairs of different gendered animals apply to animals that are, say, farmed, necessary or better known to man. Sometimes, the roots of these words differ:

arklys – kumelė	*stallion – mare*
jautis – karvė	*ox – cow*
šuo – kalė	*dog – bitch*
gaidys – višta	*rooster – hen*

More usually, however, we can form the two different sexes with suffixes:

1 from the feminine to the masculine, use the suffix -inas:
   antis – antinas
   avis – avinas
   gulbė – gulbinas
   katė – katinas
   lapė – lapinas

2 from the masculine to the feminine, use the suffix -ienė:
   gandras – gandrienė
   ežys – ežienė

You can form some feminines just by changing the ending into -ė:
   briedis – briedė
   liūtas – liūtė
   tigras – tigrė
   vilkas – vilkė

When you talk about the same sort of animals, in general one noun is usually used for both sexes; the gender is not specified:

Mūsų kaimynė šeria visas benames <u>kates</u>.	*Our neighbour is feeding all the homeless cats.*
Ūkininkas laiko <u>arklius</u> ir karves.	*The farmer keeps horses and cows.*

The young of animals in Lithuanian are referred to by the masculine noun with a diminutive suffix:

ančiukas	*duckling*
ėriukas	*lamb*
kačiukas	*kitten*
kumeliukas	*foal*
paršiukas	*piglet*
šuniukas	*puppy*
viščiukas	*chicken*
veršiukas	*calf*
žąsiukas	*gosling*

Present active participles

We use the present active participles to indicate the characteristics of the 'agent' of the action:

einantis žmogus	*walking man*
tekanti upė	*flowing river*
skrendantis paukštis	*flying bird*
krentantis sniegas	*falling snow*

To form the present active participle, we use the stem of the present tense, drop the ending and add a suffix -**nt**- and masculine or feminine endings.

Present active participle				
			Masculine	
			Sing.	Pl.
dirb-**a**	dirb + **antis**	→	dirb**antis**	dirb**antys**
raš-**o**	raš + **antis**	→	raš**antis**	raš**antys**
tyl-**i**	tyl + **intis**	→	tyl**intis**	tyl**intys**

Feminine

			Sing.	Pl.
dirb-**a**	dirb + **anti**	→	dir**b**anti	dir**b**ančios
raš-**o**	raš + **anti**	→	**raš**anti	**raš**ančios
tyl-**i**	tyl + **intis**	→	tyl**i**nti	tyl**i**nčios

Present active participles are declined in the same way as adjectives with -**is** (e.g. **medinis**), but the nominative and dative cases differ. Compare:

Nom. **einantys** – **mediniai**
Dat. **einantiems** – **miniams**

The feminine forms are declined as adjectives with -ia, but the singular nominative is different.

Gerunds

We use specific verb forms, known as gerunds, to express circumstances that arise from actions, e.g. <u>**Lyjant**</u> **geriau sėdėti namie** (*When it rains, it is better to sit at home.*), <u>**Palijus**</u> **buvo malonu pasivaikščioti** (*It was nice to go for a walk after the rain*).

We use gerunds when there are two subjects in the sentence performing different actions, e.g.: **Saulei tekant, mes išėjome į mišką** (**saulė tekėjo, mes išėjome**), *The sun was rising when we set out for the forest* (*The sun was rising, we were leaving*).

In this case the performer of the action, the *subject*, is expressed in the dative – **saulei**.

We also use gerunds when the action of the sentence is impersonal, when the subject is not expressed: <u>**Lyjant**</u> **nemalonu vaikščioti lauke** (*It is not pleasant to walk outside when it rains*).

If the two actions are simultaneous, we use present gerund. It is formed from the 3rd person of the present tense, dropping the ending and adding -**ant** to the -**a** and -**o** verbs, -**int** to the -**i** type:

1 važiuoj-a + *ant* → važiuojant
2 tyl-*i* + *int* → tylint
3 valg-*o* + *ant* → valgant

If the main action of the sentence is happening later, the past gerund is used. It is formed from the past tense, removing the ending and adding -**us** for -**a** and -**i** verbs and -ius for the -**o** type with the suffix -**yti** in the infinitive:

1 važiav-o + *us* → važiavus
2 tylėj-o + *us* → tylėjus
3 valgo(valgyti) + *ius* → valgius

Expressing existence

In standard Lithuanian, alongside the forms of the verb **būti esu, esi, yra ...**, which you already know, other variants of **būti** are used:

aš	**būnu**		mes	**būname**
tu	**būni**		jūs	**būnate**
jis, ji	→	**būna**	jie, jos	

They differ from the forms **esu, yra** by a shade of meaning: they indicate a usual general being, existence of something. For wished or desired existence, archaic forms may be used **tebūnie** (*let it/there be*), **teesie** (*[hallowed] be [thy name]*).

Description of features

The names of places may be formed from adjectives with suffix -**uma** e.g.:

sausuma (← sausas *dry*) continent, dry land
aukštuma (← aukštas *high*) heights, elevation
žemuma (← žemas *low*) lowland
lyguma (← lygus *flat, plain*) plain land
dykuma (← dykas *waste*) desert

This suffix often implies something to do with space or the surface of the ground. Once you know this, you should be able to recognize the word by this suffix and understand it in its context.

Opinions

You can ask for an opinion by using phrases such as:

Kaip (tu) manai?/(jūs) manote? What do you think?
Kokia tavo (jūsų) nuomonė? What is your opinion?
Kaip sakai? What do you say? (informal)

You reply:

(Aš) manau, kad …	*I think that …*
Mano nuomone, …	*In my opinion …*
Manyčiau, kad …	*I would think that …*
Pagal mane, …	*According to me …*

Insight

Lithuania is divided into four main geographic areas, commonly called ethnographic regions: Aukštaitija, Žemaitija, Dzūkija and Suvalkija. Each region has a distinct character expressed by differences in its folk culture, customs, ethnographic traditions and dialects. These regions also differ in their topography, flora and fauna. There are several national parks in Lithuania: Aukštaitija National Park, Kuršių Nerija National Park, Žemaitija National Park, Dzūkija National Park and Trakai National Historical Park. The national parks are excellent places for relaxation, fishing and sightseeing.

Nature, especially the forests, is extremely important and dear to the heart of Lithuanians. Most Lithuanians are in close contact with nature. Spring and summer festivals and feast days are celebrated in nature.

Insight

We use gerunds when there are two subjects in the sentence performing different actions and when the action of the sentence is impersonal and the subject is not expressed.

Exercises

1 Form five groups from the following words according to their meaning

spintelė, šaukštas, varškė, paltas, kiškis, mėsa, lėkštė, suknelė, lova, grietinė, liūtas, kelnės, kumpis, peilis, kojinės, bandelė, stalas, meška, sijonas, dešra, kėdė, puodelis, marškiniai, lapė, pienas, puodas, kilimas, šakutė, megztinis, stirna, lentyna, duona, fotelis, uodas, majonezas, šalikas, suolas, šaukštelis, gulbė, varna, keptuvė, grietinė, pirštinės, ožka, spinta, voverė, miltai, diržas, skruzdėlė.

2 Find the 23 hidden words

K	D	M	V	K	B	E	R	Ž	A	S	V
R	O	Ž	Ė	A	V	T	E	Ą	T	T	I
Ū	E	Ą	Ž	U	O	L	A	S	R	I	Š
M	R	G	Y	V	A	T	ė	I	F	R	T
A	Ū	C	S	I	A	N	L	S	S	N	A
S	T	E	G	L	Ė	E	Š	U	O	A	U
E	A	Y	A	K	V	I	E	Č	I	A	I
P	O	D	R	A	M	B	L	Y	S	P	O
U	K	I	K	S	E	R	Ž	U	V	I	S
Š	A	I	L	A	P	Ė	O	B	E	M	K
I	T	A	Y	K	Z	K	L	E	V	A	S
S	Ė	V	S	M	U	S	Ė	N	R	I	T

3 Fill in the table

slidinėti	slidinėja	**slidinėjo**	slidinėjant
		snigo	
	žaibuoja		
			skaitant
šviesti			
		sodino	
	dainuoja		
			žaidžiant
	žiūri		

4 Insert the appropriate word

a

1 Ar matei **skrendantį** gandrą?	nykstančių
2 Lietuvos miškuose yra _____ augalų.	**skrendantį**
3 Aš mėgstu žiūrėti ir į _____ sniegą.	pučiantys
4 Iš pietų _____ vėjai yra šilti.	auginantys
5 Šiaurėje _____ gyvūnai būna baltos spalvos.	atostogaujančių
	skaitantį
6 Žmonės, _____ gyvūnus, yra sveikesni.	krintantį
7 Pažiūrėk į tą _____ vaikiną. Jis yra iš Pietų Afrikos.	gyvenantys
8 Pajūryje visada daug _____ žmonių.	

b

1 Saulei **tekant** visada šalčiau.	**sningant**
2 Man patinka pasivaikščioti _____.	**išvažiavus**
3 _____ miške galima maloniai praleisti laiką.	**grybaujant**
4 _____ per dykumą, galima pamatyti vėžlių ir kitų dykumos gyvūnų.	**tekant**
5 Visiems _____ pradėjo lyti.	**keliaujant**

5 Write the roots of the following words:

kačiukas: **katė**	žvirbliukas
gandriukas	lapiukas
vilkiukas	tigriukas
stirniukas	varliukas
triušiukas	ruoniukas
kiškiukas	

◄)) **CD2, TR 13**

6 Supply the correct form of the verb, following the example
stovėti **stovintis** žmogus
tekėti_____ saulė
kalbėti_____ papūga

ploti _____ žiūrovai
kristi _____ sniegas
šokti _____ jaunuolis
augti _____ medžiai
slidinėti _____ mergaitė
dainuoti _____ lietuviai
atostogauti _____ vyras
vaidinti _____ aktorės
žaisti _____ vaikai

7 Look at the map of Lithuania and write correct sentences, following the example

   a Rokiškis yra Lietuvos **rytuose**.
   b Klaipėda yra _____.
   c Pasvalys yra _____.
   d Zarasai yra _____.
   e Druskininkai yra_____.
   f Vilnius yra _____.
   g Latvija yra _____.
   h Baltijos jūra yra _____.

Test yourself

1 Select and indicate the appropriate form

    1 ... namo snigo.

        ☐ Važiavus   ☐ Važiuojant   ☐ Važiuojantis

    2 Aš nenoriu ... griaustiniui būti lauke.

        ☐ griaudžianti   ☐ griaudžiantis   ☐ griaudžiant

    3 Iš šiaurės ... vėjas yra šalčiausias.

        ☐ pučiant   ☐ pučianti   ☐ pučiantis

    4 Kai kurie Lietuvoje ... gyvūnai įrašyti į Raudonąją knygą.

        ☐ gyvenantys   ☐ gyvenantis   ☐ gyvenanti

    5 Ar čia dažnai ... taip karšta?

        ☐ būname   ☐ būna   ☐ būnu

2 Find the right answers

1	Koks dabar Kaune oras?	**A**	Ar norėtum turėti gyvulių?
2	Mano broliui padovanojo kačiuką.	**B**	Kokios spalvos?
3	Norėčiau gyventi kaime.	**C**	Liepą ir rugpjūtį.
4	Kada Lietuvoje daugiausiai lyja?	**D**	Taip, kopose.
5	Mėgstu bobų vasarą.	**E**	Šiandien bjauri šlapdriba.
		F	Aš taip pat. Būna saulėta, daug ryškių spalvų.

10

Paprastai keliuosi anksti
I usually get up early

In this unit you will learn
- *How to talk about your daily routine*
- *How to ask someone about their daily routine*
- *How to ask for daily services*

Vilniaus centrinis paštas
Vilnius central post office.
Photo by Eugenijus Stumbrys.

Paslaugos *Services*

paslauga *service*
grožio salonas *beauty salon*
kirpykla *hairdresser*

paštas *post office*
vokas *envelope*
pašto ženklas *postage stamp*
laiškas *letter*
registruotas laiškas *registered letter*
atvirukas *postcard*
vaizdas *view*
siuntinys *parcel*

skalbykla *laundry*
valykla *dry cleaning*
dėmė *spot*
taisykla *repair*
kvitas *receipt*
gauti, gauna, gavo (ką?) *to receive*
(iš)siųsti, siunčia, siuntė (ką?) *to send*
(iš)skalbti, skalbia, skalbė (ką?) *to wash clothes*
(su, pa)taisyti, taiso, taisė (ką?) *to repair*
tvarkyti, tvarko, tvarkė (ką?) *to tidy*
užsirašyti, užsirašo, užsirašė pas (ką?) *to take down*
(iš)valyti, valo, valė (ką?) *to clean*
veikti, veikia, veikė (ką?) *to function*
geras, -a *good*

blogas, -a *bad*
švarus, -i *clean*

(ap)(nu)auti, auna, avė (ką?/ kuo?) *to put on shoes*
(ap)(nu)autis, aunasi, avėsi (ką?/kuo?) *to put on shoes oneself*
(pa)baigtis, baigiasi, baigėsi *to end*
(nu, iš)dažyti, dažo, dažė (ką?) *to dye, to paint*
(nu, iš)dažytis, dažosi, dažėsi (ką?) *to make up, to dye*
(ap)džiaugtis, džiaugiasi, džiaugėsi (kuo?) *to be glad*
(at)gultis, gulasi, gulėsi *to lie*
jaudintis, jaudinasi, jaudinosi *to be excited*
juoktis, juokiasi, juokėsi *to laugh*
(pa)kelti, kelia, kėlė (ką?) *to raise*
(at)keltis, keliasi, kėlėsi *to get up*
(nu)(pa)kirpti, kerpa, kirpo (ką?) *to cut*
(nu)(pa)kirptis, kerpasi, kirposi (ką?) *to cut one's hair*
(iš)maudyti, maudo, maudė (ką?) *to bath*
(iš)maudytis, maudosi, maudėsi *to take a bath*
(pa)miegoti, miega, miegojo *to sleep*
(iš)mokyti, moko, mokė (ką?/ ko?) *to teach*

(iš)mokytis, mokosi, mokėsi (ko?) *to study*
(pa)nervintis, nervinasi, nervinosi *to be nervous*
prasidėti, prasideda, prasidėjo *to start*
(nu)prausti, prausia, prausė (ką?) *to wash*
(nu)praustis, prausiasi, prausėsi (ką?) *to wash oneself*
(ap)(nu)rengti, rengia, rengė (ką?/kuo?) *to dress*
(ap)(nu)rengtis, rengiasi, rengėsi (ką?/kuo?) *to dress oneself*
(pa)ruošti, ruošia, ruošė (ką?/kam?) *to prepare*
(pa)ruoštis, ruošiasi, ruošėsi (kam?) *to prepare oneself*
(pa)rūpintis, rūpinasi, rūpinosi (kuo?) *to worry, to take care about*
(pa)sektis, sekasi, sekėsi *to fare*
(at)sėstis, sėdasi, sėdosi *to sit*

(nu)skusti, skuta, skuto (ką?) *to shave*
(nu)skustis, skutasi, skutosi (ką?) *to shave oneself*
(pa)stengtis, stengiasi, stengėsi *to do one's best*
(at)stotis, stojasi, stojosi *to stand*
(pa)sveikintis, sveikinasi, sveikinosi *to greet*
(nu)šypsotis, šypsosi, šypsojosi *to smile*
(su)šukuoti, šukuoja, šukavo (ką?) *to comb*
(su)šukuotis, šukuojasi, šukavosi (ką?) *to comb one's hair*
tikėtis, tikisi, tikėjosi (ko?) *to expect*
(iš)valyti, valo, valė (ką?) *to clean*
(iš)valytis, valosi, valėsi dantis (ką?) *to clean one's teeth*

Dialogue 1

Ramūnas	Labas, Linai!
Linas	Labas, Ramūnai! Kaip seniai tave mačiau!
Ramūnas	Aš tave taip pat, Linai. Dabar esu labai užsiėmęs: keliuos šeštą valandą. Ir bėgu bėgu. Kaip voverė rate: ruošiu vaikus į darželį, skubu į mokyklą – ten taip pat kalnai darbų, po darbo – į parduotuvę, namie verdu, kepu, padedu vaikams ruošti pamokas ... Kartais jaučiuos labai pavargęs.

(Contd)

Linas	Tikrai daug darbų, Ramūnai! O žmona tau nepadeda rūpintis vaikais ir namais?
Ramūnas	Žinoma, padeda, bet dabar ji išvažiavus į užsienį. Grįš tik po mėnesio.
Linas	Kada ilsies?
Ramūnas	Savaitgalį. Šeštadienį ir aš, ir vaikai miegam iki dešimtos. Papusryčiavę važiuojam į mišką prie ežero. Ten vaikščiojam, sportuojam, maudomės, žaidžiam … Grįžtam tik vakare. Vaikai eina miegot. O aš guluos vėlai pažiūrėjęs porą filmų, perskaitęs visus laikraščius. Sekmadienis taip pat gera diena – nereikia niekur skubėt.
Linas	Tai kada galėsim kartu nueiti į futbolo rungtynes?
Ramūnas	Kai grįš mano žmona, tada būtinai nueisim. Paskam-binsiu.
Linas	Gerai. Iki.
Ramūnas	Iki.

QUICK VOCAB

užsiėmęs, -usi *busy*
kaip voverė rate *very busy*
kalnai darbų *many things to do*
užsienis, -io *abroad*
ir aš, ir vaikai *both me and children*
niekur *nowhere*

Dialogue 2

Valykloje. *At the dry-cleaner's.*

● CD2, TR 15

Klientas	Laba diena.
Valyklos darbuotoja	Laba diena.
Klientas	Ar galėtumėte per valandą išvalyti šį kaklaraištį?

Valyklos darbuotoja	Taip, prašom. Ar čia riebalų dėmė?
Klientas	Man atrodo, tai uogų dėmė.
Valyklos darbuotoja	Mokėsite dabar ar vėliau, kai ateisite atsiimti?
Klientas	Dabar.
Valyklos darbuotoja	Ar turite mūsų nuolaidų kortelę?
Klientas	Taip. Turiu 20 procentų nuolaidą.
Valyklos darbuotoja	4 litai.
Klientas	Prašom.
Valyklos darbuotoja	Ačiū. Prašom ateiti po valandos.
Klientas	Iki pasimatymo.
Valyklos darbuotoja	Iki pasimatymo.

Dialogue 3

Gatrėje. *In a street.*

Moteris	Laba diena
Policininkas	Laba diena. Kas atsitiko?
Moteris	Atsiprašau, aš labai jaudinuosi … Pavogė mano dviratį.
Policininkas	Nesijaudinkite, ponia. Sėskitės čia. Pasakykite, kur buvo jūsų dviratis.
Moteris	Čia. Prie parduotuvės.
Policininkas	Kaip jis atrodė?
Moteris	Žalios spalvos naujas sportinis dviratis.
Policininkas	Gal jūsų dviratis ten, prie tvoros?
Moteris	Taip, tikrai. Tai mano dviratis. Labai atsiprašau. Aš pati jį pastačiau ten. Esu labai išsiblaškiusi …
Policininkas	Nieko. Nesijaudinkite.
Moteris	Ačiū. Viso gero.
Policininkas	Viso gero.

CD2, TR 16

(pa)vogti, vagia, vogė (ką?) *to steal*

QV

Dialogue 4

Kirpykloje. *At the hairdresser's.*

CD2, TR 17

Klientas	Laba diena.
Administratorė	Laba diena, pone. Ko norėtumėte?
Klientas	Norėčiau, pasikirpti plaukus. Kiek pas jus kainuoja kirpimas?
Administratorė	Penkiasdešimt litų.
Klientas	Ar būtų galima dabar?
Administratorė	Taip. Prašom.
Klientas	Laba diena.
Kirpėja	Laba diena. Prašom sėstis čia. Kaip norėtumėte, kad pakirpčiau?
Klientas	Čia, priekyje, trumpiau. O čia palikite ilgesnius.
Kirpėja	Gerai.

QV

palikti, palieka, paliko (ką?) *to leave, to keep*

Dialogue 5

Pašte. *At the post office.*

CD2, TR 18

Klientė	Laba diena.
Pašto darbuotojas	Laba diena.
Klientė	Norėčiau atsiimti siuntinį. Štai pranešimas.
Pašto darbuotojas	Prašom. Štai jūsų siuntinys. Ar dar ko nors norėtumėte?
Klientė	Prašom duoti dešimt vokų, du pašto ženklus siųsti laiškams į užsienį ir septynis – į Lietuvos miestus.
Pašto darbuotojas	Prašom. Viskas?

Klientė	Dar norėčiau tų penkių atvirukų su Lietuvos miestų vaizdais. Ir prašom išsiųsti registruotą laišką į Vengriją.
Pašto darbuotojas	Prašom.
Klientė	Kiek už viską turėčiau mokėti?
Pašto darbuotojas	Dvidešimt aštuonis litus ir penkiolika centų.
Klientė	Prašom.
Pašto darbuotojas	Ačiū.
Klientė	Labai ačiū. Viso gero.
Pašto darbuotojas	Viso gero.

pranešimas *notice*

QV

Dialogue 6

Telefonu. *A conversation on the telephone.*

♨ CD2, TR 19

Administratorius	Taisykla.
Klientė	Laba diena.
Administratorius	Laba diena.
Klientė	Sugedo televizorius. Norėčiau išsikviesti meistrą.
Administratorius	Kas atsitiko?
Klientė	Dingo vaizdas.
Administratorius	Meistras galėtų ateiti rytoj po ketvirtos valandos.
Klientė	Atsiprašau, bet aš iki penktos dirbu. Namie būsiu po šeštos.
Administratorius	Gerai, meistras ateis apie septintą. Koks jūsų adresas?
Klientė	Tugaus aikštė trys, penktas butas.
Administratorius	Rytoj apie septintą laukite meistro.
Klientė	Ačiū. Viso gero.
Administratorius	Nėra už ką. Viso gero.

Reading and listening

1 Put Irena's answers in the right order.

1
Kelintą valandą prasideda jūsų diena, ponia Irena?

A
Iki mano darbo yra apie penkis kilometrus. Iš namų išeinu anksčiau, apie septintą valandą, ir nueinu į darbą pėsčiomis. Kai rytą pavaikščioju, gerai jaučiuosi visą dieną.

2
Jūsų vaikai jau dideli. Ar patys neišsiverda valgyti?

B
Visi. Vyras dažnai nuperka maisto, sūnus ir dukterys išsiskalbia drabužius, sutvarko butą. Grįžę vakare namo kartu verdame vakarienę.

3
Kelintą valandą išeinate iš namų ir kaip važiuojate į darbą?

C
Pasibaigus darbo dienai dviračiais važiuojame už miesto. žiemą savaitgaliais važiuojame slidinėti. O labiausiai už viską mėgstu skaityti knygas!

4
Gatvėse rytais daug automobilių. Ar iš tiesų malonu eiti pėsčiomis?

D
Keliuosi anksti. Apie pusę šeštos. Man patinka rytas. Kol šeima dar miega, ramiai išgeriu puoduką kavos. Išverdu pusryčius vaikams ir vyrui.

5
O kas daugiausia rūpinasi namais, ponia Irena? Vaikai, vyras ar jūs pati?

E
Aš einu ramesnėmis gatvėmis. Ruošiuosi dienos darbams: galvoju, ką ir kada turėsiu

6
Kaip ilsitės?
7
Ačiū už pokalbį. Sudie.

padaryti, kam paskambinti.
Aštuntą valandą jau sėduosi dirbti.
F
Ačiū jums. Sudie.
G
Nors jau ir nėra mažų vaikų šeimoje, visada ruošiu šiltus pusryčius. Dukterys ir sūnus mokosi, vyras daug dirba. Ne visada turi laiko papietauti valgykloje ar kavinėje.

jūs pati *you yourself*
iš tiesų *really*

1	2	3	4	5	6	7
D						

◀》 **CD2, TR 20**

2 Read or listen to these anecdotes

Moteris skambina elektrikui:
– Vakar aš jūsų prašiau ateiti ir sutaisyti skambutį.
– Aš buvau pas jus! Atėjau, paskambinau, niekas man durų neatidarė ir išėjau.

skambutis, io *bell*

– Tėti, pavogė mūsų mašiną!
– Ar įsiminei, kaip atrodė vagis?
– Ne, bet aš užsirašiau mašinos numerį.

vagis, -ies *(masc.) thief*

3 Listen to Tomas and Agnė's dialogue. What are Tomas' plans?

6 Rugpjūtis	7 Rugpjūtis	8 Rugpjūtis
Penktadienis	Šeštadienis	Sekmadienis
08.00	08.00	08.00
09.00	09.00	09.00
10.00 **autoservisas**	10.00	10.00
11.00	11.00	11.00
12.00	12.00	12.00
13.00	13.00	13.00
14.00	14.00	14.00
15.00	15.00	15.00
16.00	16.00	16.00
17.00	17.00	17.00
18.00	18.00	18.00
19.00	19.00	19.00

Language points

Reflexive verbs

The characteristic feature of a reflexive verb is the specific ending with reflexive format **si**. Compare:

Verb	Reflexive verb
kel**ti**, kelia, kėlė (*to raise*)	kel**tis**, kelia**si**, kėlė**si** (*to get up*)
tikė**ti**, tiki, tikė**jo** (*to believe*)	tikė**tis**, tiki**si**, tikėjo**si** (*to hope*)
moky**ti**, mok**o**, mokė (*to teach*)	moky**tis**, mok**osi**, mokė**si** (*to study*)

198

Reflexive verbs have one of the following meanings:

1 an action directed towards oneself: *rengtis, praustis, šukuotis* etc.
   (*to dress oneself, to wash oneself, to comb one's hair*)
2 mutual action: *kalbėtis* (*to talk to each other*)
3 a change of position: *stotis* (*to stand up*), *sėstis* (*to sit down*)
4 an action for one's own benefit: *pirktis* (*to buy for oneself*), *virtis*,
   (*to cook for oneself*)
5 a self-contained or spontaneous action: *baigtis* **Pamoka baigiasi**
   pirmą valandą (*The lesson ends at one o'clock*)
6 to say an emotional state is changing: **jaudintis** (*to be excited*),
   nervintis (*to be nervous*).

Some verbs can only be used in the reflexive form: *džiaugtis* (*to be glad*),
šypsotis (*to smile*), *juoktis* (*to laugh*), *elgtis* (*to behave*) etc.

If used with negation (**ne-**) or another prefix, the reflexive verb takes
reflexive format after the prefix: *keltis – nesikelti, atsikelti* (*to get up – not
to get up, to get up* meaning result), *mokytis – nesimokyti* (*to study – not
to study*) etc.

Present tense of reflexive verbs

-a type				
kalbėtis, <u>kalb-asi</u>, kalbėjosi (*to talk*)				
praustis, <u>praus-iasi</u>, prausėsi (*to wash*)				
aš (I)	-(i)uosi		mes (we)	-(i)amės
tu (you)	-iesi		jūs (you)	-(i)atės
jis (he), ji (she)	→	-(i)asi	jie (they, masc.), jos (they, fem.)	←
aš (I)	kalb**uosi** praus**iuosi**		mes (we)	kalb**amės** praus**iatės**
tu (you)	kalb**iesi** praus**iesi**		jūs (you)	kalb**atės** praus**iatės**
jis (he), ji (she)	→	kalb**asi** praus**iasi**	jie (they, masc.), jos (they, fem.)	←

		-i type		
		ilsėtis, <u>ils-isi</u>, ilsėjosi (to rest)		
aš (I)	-iuosi		mes (we)	-isi
tu (you)	-iesi		jūs (you)	-itės
jis (he), ji (she)	→	-isi	jie (they, masc.), jos (they, fem.)	←

aš (I)	ils**iuosi**		mes (we)	ils**imės**
tu (you)	ils**iesi**		jūs (you)	ils**itės**
jis (he), ji (she)	→	ils**isi**	jie (they, masc.), jos (they, fem.)	←

		-o type		
		mokytis, <u>mok-osi</u>, mokėsi (to study)		
aš (I)	-ausi		mes (we)	-omės
tu (you)	-aisi		jūs (you)	-otės
jis (he), ji (she)	→	-osi	jie (they, masc.), jos (they, fem.)	←

aš (I)	mok**ausi**		mes (we)	mok**omės**
tu (you)	mok**aisi**		jūs (you)	mok**otės**
jis (he), ji (she)	→	mok**osi**	jie (they, masc.), jos (they, fem.)	←

We shorten the endings of the reflexive verbs present tense singular 1st, 2nd and 3rd persons and plural 3rd person: **aš džiaugiuos (džiaugiuosi), tu džiaugies (džiaugiesi), jis, ji, jie, jos džiaugias (džiaugiasi)**.

Imperative mood of reflexive verbs
To form the imperative of reflexive verbs we use the infinitive of the verb and specific form of imperative **-k-**.

<u>kalbė-tis</u>, kalbasi, kalbėjosi (*to talk*)
<u>ilsė-tis</u>, ilsisi, ilsėjosi (*to rest*)
<u>moky-tis</u>, mokosi, mokėsi (*to study*)

aš (I)	--------		mes (we)	**-k-imės**
tu (you)	**-k-is**		jūs (you)	**-k-itės**
jis (he), ji (she)	→	tegu **-asi**		
		tegu **-isi**		
		tegu **-osi**	jie (they, masc.),	
			jos (they, fem.)	←

To make 3rd person of imperative we add **tegu** (let) to the present tense 3rd person verb:

aš (I)	------		mes (we)	moky**kimės**
tu (you)	moky**kis**		jūs (you)	moky**kitės**
jis (he), ji (she)	→	tegu mok**osi**	jie (they, masc.),	
			jos (they, fem.)	←

How to tell the time using *kai* and *kol*

In subordinate clauses of time, we use conjunctions **kai** (*when*) and **kol** (*while*):

Kai pareinu namo, ilsiuos.	*When I come home I have a rest.*
Kol tu virei pietus, mes	*While you were cooking* dinner
dirbome sode.	we were working in *the garden.*

The subordinate clause of time can be at the beginning of the sentence or at the end. It is necessary to put a comma after the subordinate clause or before it: <u>Kai pareinu namo</u>, geriu arbatos = Geriu arbatos, <u>kai pareinu namo</u>.

Using *nes, kadangi, todėl* and *todėl, kad*?

nes = kadangi = todėl, kad (because); todėl (*therefore*).

Aš neateisiu šiandien, nes	*I will not come today because*
neturiu laiko.	*I am very busy.*
Aš neateisiu šiandien todėl,	*I will not come today because*
kad neturiu laiko.	*I am very busy.*

| **Kadangi neturiu laiko, šiandien neateisiu.** | *As I am very busy, I will not come today.* |
| **Aš neturiu laiko, todėl šiandien neateisiu.** | *I am very busy, therefore I will not come today.* |

Nes can be used only in the middle of the sentence.

Expressing concession

A clause of concession takes the conjunction **nors** (*although*): *Nors jis neturėjo laiko, bet padėjo man.* (*Although he didn't have time he helped me.*)

We place a comma before or after the subordinate clause.

Past active participle

We use the past active participles to describe people, things, phenomena: **pavargęs vyras** (*tired man*), **pavargusi moteris** (*tired woman*), **išsiblaškęs vyras** (*absent-minded man*), **sutrikusi mergaitė** (*confused girl*), **susirūpinę tėvai** (*worried parents*), **sugedęs automobilis** (*broken-down car*), **sugedusi skalbyklė** (*broken washing mashine*), **atšilęs oras** (*the weather that became warm*) etc. Past active participles, like adjectives, answer the same questions: *koks?, kokia?, kokie?, kokios?*.

In a sentence, past active participles and nouns are matched in gender, number and case. Past active participles take the same gender and number as the noun. The case of the past active participle and the noun depends on the case followed by the verb or preposition: **Sugedusią skalbyklę vežu į taisyklą** (*I take the broken-down washing machine to be repaired*), **Vakar mačiau tavo susirūpinusius tėvus** (*Yesterday I saw your worried parents*), **Vakar kalbėjau su tavo susirūpinusiais tėvais** (*Yesterday I talked to your worried parents*).

Forming the past active participle
To form past active participles, we take the 3rd person of simple past tense verbs of **-a**, **-i** and **-o** types:

eiti, eina, <u>ėj-o</u> (*to go*)
turėti, turi, <u>turėj-o</u> (*to have*)
valgyti, valgo, <u>valg-ė</u> (*to eat*)

Masculine				
Sing. nom.	ėj-o	ėj + -ęs	→	ėjęs
Pl. nom.	ėj-o	ėj + -ę	→	ėję

Feminine				
Sing. nom.	ėj-o	ėj + -usi	→	ėjusi
Pl. nom.	ėj-o	ėj + -usios	→	ėjusios

It is important to note that to form singular and plural feminine past active participles, we use the endings -**iusi** and -**iusios** when the infinitive of the verb the feminine past active participle is made from ends with -**yti**: **valgyti** – **valgiusi, valgiusios, skaityti** – **skaičiusi, skaičiusios** etc.

We shorten the singular feminine nominative **ėjus** (**ėjusi**). The other case endings of past passive participle are shortened, similar to those of adjective case endings.

To make past active participles from reflexive verbs, we add reflexive format:

praustis, prausiasi, <u>praus-ėsi</u> (*to wash*)
ilsėtis, ilsisi, <u>ilsėj-osi</u> (*to rest*)
mokytis, mokosi, <u>mok-ėsi</u> (*to study*)

Masculine				
Sing. nom.	praus-ėsi	praus + -ęsis	→	prausęsis
Pl. nom.	praus-ėsi	praus + -ęsi	→	prausęsi

Feminine				
Sing. nom.	praus-ėsi	praus + -usis	→	praususis
Pl. nom.	praus-ėsi	praus + -usios	→	praususios

Past active participles are mainly used with prefixes of result **pa-**, **nu-**, **su-**, **par-**, **pri-** etc. to indicate that something has been achieved. The prefix of result takes the reflexive format **-si** after it when the past active participle is constructed from a reflexive verb: **nusiprausęs, nusiprausę, nusipraususi, nusipraususios**.

Declining the past active participle

We decline the past active participle like an adjective. The singular and plural masculine past active participles (**ėjęs** and **ėję**) are declined like singular and plural masculine adjectives **didelis, dideli** or **žalias, žali** (see Unit 5). What is the difference? We add **-us-** after **ėj-** before every case ending, for example:

Masculine singular	Masculine plural
ėj-**ęs** (nom.)	ėj-**ę** (nom.)
ėj + **us** + **io** → ėj**us**io (gen.)	ėj + **us** + **ių** → ėj**us**ių (gen.)
ėj + **us** + **iam** → ėj**us**iam (dat.) etc.	ėj + **us** + **iem**s → ėj**us**iems (dat.) etc.

Singular and plural feminine past active participles (**ėjusi** and **ėjusios**) are declined like singular and plural nouns with endings -(i)a and -(i)os (**vyšnia, vyšnios**) or feminine adjectives **žalia, žalios** (see Unit 5): **ėjusios** – **žalios** (sing. gen.), **ėjusiai** – **žaliai** (sing. dat.), **ėjusią** – **žalią** (sing. acc.) etc.

Use of past active participle to indicate what happened before

We use a past active participle to say what the person had done before his or her main action: **Parėjęs namo jis skaitė knygą** (*Having got home he read a book*). It is important to note that the main action of the person can be expressed by any tense in an indicative mood, by imperative or conditional mood: **Parėjęs namo jis skaito knygą** (*Having got home, he read a book*), **Parėjęs namo jis skaitys knygą** (*Having got home, he will read a book*), **Parėjęs namo skaityk knygą** (*Having got home, read a book*) etc.

We can use a subordinate clause of time with **kai** sentences in similar fashion: **Parėjęs namo jis skaitė knygą = Kai jis parėjo namo, skaitė knygą** (*When he came home, he read a book*).

Insight

1 Not every verb can be a reflexive verb. Some verbs used in reflexive format acquire a new meaning or a new shade of meaning. For example: **laukti** is *to wait*, but **lauktis** is *to be pregnant*; **gerti** is *to drink*, **pasigerti** is *to be drunk*.

2 We use past active participles to decribe or to say what the person had done before his or her main action.

Insight

Most offices in Lithuania start their working day at 7.30, 8.00 and 8.30 in the morning and finish at 4.30, 5.00 and 5.30 in the afternoon. We have 45 minutes to one hour for lunch. Many people have lunch at work (a cup of tea or coffee, a sandwich), some go to cafés or canteens. Lunch (soup, main dish and a drink) in the centre of the major cities costs, on average, 20 litas (but not in the most luxurious cafés!).

Our largest shopping centres are open from 8.00 am to midnight. Smaller ones are open from 8.00 am to 10.00 pm. In the largest shopping centres, you can find many services (dry cleaning, banking, dressmaking, etc.) and places to spend your leisure time (cinemas, cafés, ice rinks, etc.). Shopping centres are open on Sundays too. Book shops, clothes and shoe shops, etc. are usually open from 10.00 am to 7.00 pm.

Exercises

1 Make appropriate pairs

1	sveikintis	**A**	batus
2	rūpintis	**B**	pas kirpėją
3	rengtis	**C**	veidą
4	šukuotis	**D**	su draugais
5	autis	**E**	vaikais
6	praustis	**F**	plaukus
7	užsirašyti	**G**	megztinį

1	2	3	4	5	6	7
D						

2 Match the picture to its appropriate verb

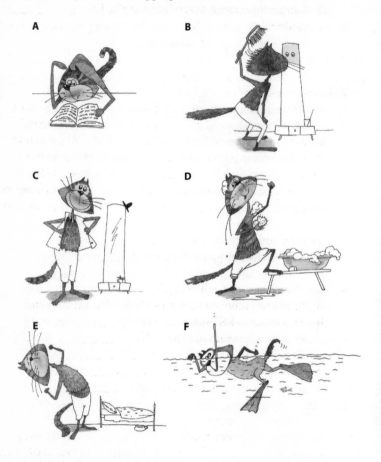

A

B

C

D

E

F

1 Per atostogas katinui Rainiui patinka **F maudytis** jūroje.

2 Mažiausiai pusvalandį katinas Rainis stovi priešais veidrodį ir

_____.

3 Šiandien katinas Rainis _____ naujais marškiniais,
nes eina į pasimatymą.

4 Katinas Rainis pirko naują žodyną. Jam patinka
_____ kalbų.

5 Sunku katinui Rainiui _____ anksti rytą. Taip būtų
gera dar pamiegoti.

6 Katinas Rainis mėgsta vandenį ir muilą. Jis _____
kasdien.

pasimatymas *date*

QV

3 Insert the appropriate word

a Sekmadienį aš nedirbu ir nesimokau,
aš **ilsiuosi**,

b Rytą, kai pabundu, aš _____.

c Kai yra mano gimtadienis, aš
labai _____.

d Kai noriu miegoti, aš _____.

e Jeigu noriu daug žinoti, aš daug

_____.

f Jeigu noriu būti švarus, aš _____.

g Jeigu noriu darbą padaryti gerai, aš _____.

mokausi
~~ilsiuosi~~
stengiuosi
guluosi
keliuosi
džiaugiuosi
prausiuosi

4 Answer the questions, following the example

a Ar jūs dabar mokotės ispanų kalbos? – Ne, **nesimokome**.

b Ar tavo šeima keliasi anksti? – Ne, _____.

c Ar tu vasarą maudaisi ežere? – Ne, _____.

d Ar tu rengiesi šią striukę? – Ne, _____.

e Ar tu perkiesi šiuos batus? – Ne, _____.

f Ar tu kasdien verdiesi sriubą? – Ne, _____.

5 Fill in the missing forms

a	aš	maudausi	tu	**nesimaudai**
b	jūs	_____	mes	nesidžiaugiame
c	aš	sveikinuosi	tu	_____
d	Tomas	_____	aš	nesimokau
e	mes	kalbamės	jūs	_____
f	Rita	_____	tu	nesiilsi
g	jie	aunasi	jūs	_____

6 Use the appropriate form of a simple verb or a reflexive verb:

> **kelti, keltis, maudyti, maudytis, mokyti, mokytis, rengti, rengtis**

a Mama **keliasi** pusę septintos ir _____ mus septintą valandą.

b Mokytoja _____ mus kalbėti lietuviškai. Kristina nori kalbėti lietuviškai todėl ji _____ lietuvių kalbos.

c Mama _____ savo mažą sūnų paltuku. Mes taip pat _____ šiltai, nes lauke šalta.

d Vasarą mes visada _____ jūroje. Tėvai _____ kūdikį.

7 Use the appropriate form

a Martynai, Justina, Audriau, daugiau **šypsokitės** (šypsotis) ir _____ (juoktis)!

b Gintarai, greičiau _____ (autis) batus ir einame!

c Rūta ir Regina, _____ (mokytis)!

d Vaikai, greičiau _____ (keltis)!

e Tėvai, _____ (rūpintis) vaikais!

f Onute, _____ (kirptis) šioje kirpykloje!

g Aleksandra, ši skalbykla labai gera. Drabužius _____ šioje skalbykloje.

8 Write a sentence, following the example

> **kadangi, kai, kol, nes, nors, todėl, todėl, kad**

1 Neturiu laiko. Negaliu šiandien eiti į teatrą. **Kadangi neturiu laiko, negaliu šiandien eiti į teatrą.**

2 Sugedo automobilis. Niekur nevažiuosime.

3 Ant švarko yra dėmė. Reikia nešti jį į valyklą.

4 Meistras taisė mano laikrodį. Aš skaičiau žurnalą.

5 Buvo blogas oras. Važiavome maudytis.

9 Make all possible pairs

atvykęs   pavalgę   grįžusi   parvažiavusios

sūnus, …

10 Turn the words around to make correct sentences, following the example

a Moteris, kuri atėjo į darbą aštuntą valandą, atrakino duris.

Į darbą aštuntą valandą atėjusi moteris atrakino duris./

Moteris, į darbą atėjusi aštuntą valandą, atrakino duris.

b Berniukai, kurie visą dieną žaidė kieme, vakare grįžo namo.

_____.

c Merginos, kurios grįžo namo iš kelionės, norėjo ilsėtis.

_____.

d Žmogus, kuris dirbo banke, yra mano kaimynas.

_____.

e Žmonės, kurie dirbo su manimi, buvo labai draugiški ir mieli.

_____.

11 Insert suitable words and forms.

kirpusią kirpėją, gyvenusios moters, gyvenusiems draugams, skambinusiai moteriai, atėjusius svečius, remontavusiam meistrui, gyvenusiu žmogumi

a Aš nepažinau tame name **gyvenusios moters**.

b _____ pasakiau, kad tu grįši po valandos.

c Dažnai rašiau laiškus Italijoje _____.

d Kalbėjau su tame name _____.

e Sumokėjau du šimtus litų automobilį _____.

f Norėčiau užsirašyti pas tave _____.

g _____ pakviečiau į vidų.

12 Write sentences, following the example

    a Kai Tomas pareina namo, vakarieniauja. **Parėjęs namo Tomas vakarieniauja.**

    b Kai Rasa ir Rimantė pavargsta, ilsisi. _____.

    c Kai Petras grįžo iš mokyklos, žaidė futbolą. _____.

    d Kai Marija grįš iš darbo, ilsėsis. _____.

    e Kai Paulius pažiūrės filmą, žiūrėsi futbolo rungtynes.

    _____.

    f Kai Regina gauna laišką, labai džiaugiasi. _____.

13 Construct all possible sentences

1 Pavalgęs ____.	**A** merginos gers arbatą.
2 Grįžusi namo ____.	**B** mes pietausime.
3 Parėjusios iš darbo ____.	**C** Jonas skaitė laikraščius.
	D skambinsiu tau.
	E Andrius išėjo į darbą.
	F ilsiuosi.
	G skaitysiu laikraštį.

1	2	3
C		

14 Select the appropriate form

    a Man **parėjus, parėjęs** namo paskambino draugas.

    b **Baigęs, Baigiant** darbą eisiu pas tave.

    c Broliui **grįžęs, grįžus** namo seserys labai džiaugėsi.

    d **Pasisveikinusios, Pasisveikinus** su draugais merginos įėjo į kambarį.

    e **Pavalgius, Pavalgę** mes kalbėjomės.

    f Jiems **grįžtant, grįžęs** namo pradėjo lyti.

Test yourself

1 Select and indicate the appropriate form

    1 Kelintą valandą tu … ?

      ☐ keliasi   ☐ keliesi   ☐ keliamės

2 Aš … Vilniaus universitete.

☐ mokosi ☐ mokaisi ☐ mokausi

3 Vakarais mes …

☐ ilsitės ☐ ilsimės ☐ ilsisi

4 Studentai, fotografuoju! … !

☐ Šypsokitės ☐ Šypsausi ☐ Šypsotis

5 … šilčiau, Marija, nes šiandien šalta!

☐ Rengtis ☐ Rengiasi ☐ Renkis

2 Find the right answers

1 Mokėsite dabar? **A** Dar norėčiau dviejų pašto ženklų.

2 Kiek kainuoja kirpimas? **B** Ne, vėliau. Kai ateisiu atsiimti.

3 Viskas? **C** Ne, uogų.

4 Kas atsitiko? **D** Keturiasdešimt litų.

5 Ar čia riebalų dėmė? **E** Sugedo televizorius.

F Mokėsiu kortele.

11

Kaip jautiesi?
How are you feeling?

In this unit you will learn
- *How to talk about health and illness*
- *How to wish someone good health*
- *How to say how old someone is*

Kūno dalys *Parts of the body*

galva *head*
veidas *face*
nosis, -ies *nose*
akis, -ies *eye*
ausis, -ies *ear*
burna *mouth*
dantis, -ies *(but masc.) tooth*
lūpos *lips*
kakta *forehead*
skruostas *cheek*
smakras *chin*
kaklas *neck*
koja *leg*
pėda *foot*
kulnas *heel*
ranka *arm, hand*
delnas *palm*

alkūnė *elbow*
pirštas *finger*
nagas *nail*
plaukai *hair*
ūsai *moustache*
barzda *beard*
nugara *back*
pilvas *stomach*
vidaus organai *internal organs*
inkstai *kidney*
kepenys *liver*
plaučiai *lungs*
širdis, -ies *heart*
gerklė *throat*
petys *shoulder*
krūtinė *chest*
sąnariai *joints*
skrandis, -io *stomach*
kraujas *blood*

oda *skin*
raumuo *muscle*
stuburas *spine*
smegenys *brain*
klinika *clinic*
sanatorija *sanatorium*
gydytojas *medic, doctor*
dantistas *dentist*
vaistai *medicine, drugs*
receptas *prescription*
mikstūra *mixture (medical)*
tabletės *tablet (medical)*
kapsulės *capsule (medical)*
lašai *drops*
ampulė *ampoule*
temperatūra/karštis *fever*
gripas *flu, influenza*
sloga *cold, the sniffles*
angina *tonsillitis*
uždegimas *inflammation*
širdies priepuolis, -io *heart attack*
kosulys *cough*
žaizda *wound*
tvarstis, -io *bandage*
seselė/medicinos sesuo *nurse*
slaugytojas *nurse*
slaugė *nurse, tender*
sanitaras *orderly, nurse*
vaistininkas *pharmacist*
sveikas *healthy*
pacientas *patient*
ligonis, -io *patient, sick*
liga *illness, disease*
ligotas, -a *sick*
savijauta *(self) feeling*
sveikata *health*

skausmas *pain*
jaustis, jaučiasi, jautėsi *to feel*
(su)sirgti, serga, sirgo (kuo?) *to be ill*

skaudėti, skauda, skaudėjo (ką?) *to hurt, to ache*
gulėti, guli, gulėjo *to lie, to rest*
gerti vaistus *to take medicine*
tepti, tepa tepė (ką?) *to anoint*
tepalas *ointment, unguent, cream*
(susi)laužyti, laužo, laužė (ką?) *to break*
pykinti, pykina, pykino *to be sick, feel nauseous*
skųstis, skundžiasi, skundėsi (kuo?) *to complain*
(pa)sveikti *to recover, to get better*
per/su-šalti, šąla, šalo *to catch cold*
kosėti, kosi, kosėjo *to cough*
čiaudėti, čiaudi, čiaudėjo *to sneeze*
nosis bėga *nose runs*
kraujas (bėga) *blood (flows, runs)*
kraujo spaudimas *blood pressure*
aukštas, -a/žemas, -a *high/low*
(pa)matuoti, matuoja, matavo (ką?) *to measure*
operacija *operation*
operuoti, operuoja, operavo (ką?) *to operate*

Dialogue 1

Pas gydytoją. *At the doctor's.*

Pacientas	Laba diena.
Gydytojas	Laba diena. Prašom sėstis. Kuo skundžiatės?
Pacientas	Labai skauda galvą, sąnarius. Kartais net pykina, vakarais turiu temperatūros.
Gydytojas	Išsižiokite ir parodykite gerklę. Gerklės neskauda?
Pacientas	Truputį skauda. Turbūt peršalau.
Gydytojas	Pamatuosime temperatūrą. O! Trisdešimt aštuoni!
Pacientas	Kaip jūs manote, kas čia man gali būti?
Gydytojas	Turbūt gripas. Dabar daug kas serga gripu, tikriausiai užsikrėtėte. Išrašysiu jums receptą. Vaistus reikės gerti tris kartus per dieną. Gerkite daug arbatos, geriausiai – vaistažolių, skalaukite gerklę. Keletą dienų reikės pagulėti lovoje ir pasveiksite. Dar pasakykite, kiek jums metų.
Pacientas	Jau septyniasdešimt. Esu gimęs tūkstantis devyni šimtai trisdešimt šeštais metais.

išsižioti, išsižioja, išsižiojo *to open one's mouth*
skalauti, skalauja, skalavo (ką?) *to gargle*
užsikrėsti, užsikrečia, užsikrėtė (kuo?) *to catch an illness*
išrašyti, išrašo, išrašė vaistų *to prescribe medicine*
vaistažolės *herbs*
keletas *several*

Dialogue 2

Telefonu. *A conversation on the telephone.*

Greitoji pagalba	Alio!
Moteris	Čia greitoji pagalba?
Greitoji pagalba	Taip. Kas atsitiko?

Moteris	Berniukas kieme susižeidė, galbūt lūžo ranka.
Greitoji pagalba	Kiek vaikui metų?
Moteris	Penkeri.
Greitoji pagalba	Nesijaudinkite, greitoji tuojau atvažiuos. Paguldykie vaiką, tegu ramiai guli, kol atvažiuos gydytojas.

Dialogue 3

Vaistinėje. *At the pharmacy.*

Vyras	Prašyčiau vaistų nuo kosulio.
Vaistininkė	Prašom mikstūros.
Vyras	Gal duotumėt kokių nors antibiotikų?
Vaistininkė	Ne, antibiotikų be recepto neparduodame. Reikės nueiti pas gydytoją.

◀》 CD2, TR 24

Dialogue 4

Telefonu. *A conversation on the telephone.*

Darius	Labas, seneli! Kaip gyveni? Kaip sveikata?
Senelis	Ačiū, man viskas gerai, tik močiutė vakar susirgo.
Darius	Kas jai atsitiko?
Senelis	Visą dieną jautėsi gerai, bet vakare pradėjo skaudėti nugarą.
Darius	Ar kvietėte gydytoją?
Senelis	Taip, išrašė įvairių vaistų. Ir gerti, ir tepti. Sakė, baigus gydymą, jai būtų labai gerai nuvažiuoti į sanatoriją. Masažai, vonios, speciali mankšta, baseinas būtų labai naudinga.
Darius	Gal jums abiem kartu reikėtų ten važiuoti?

(Contd)

◀》 CD2, TR 25

linkėti, linki, linkėjo (ko?) *to wish*
mankšta *exercise*

Reading and listening

◄) CD2, TR 26

1 Read or listen to these anecdotes

– Aiste, vakarienei bus žuvų piršteliai. Kiek suvalgysi?
– O ar žuvys turi pirštelius?

Jonukas po devintos valandos vakaro nori valgyti.
– Jonuk, negalima po devynių valgyti, skrandį skaudės. – Prieštarauja mama.
– O iš kur mano skrandis žino kiek dabar laiko? – Klausia Jonukas.

prieštarauti, prieštarauja, prieštaravo *to contradict, to object*

◄) CD2, TR 27

2 Listen to the text and fill in the gaps

Tradicinė sveikatos šventė „Palangos ruoniai"

Jau daug metų Palangoje vyksta „Palangos ruonių" šventės.
Kiekvienais _____ vasario mėnesį lediniame Baltijos jūros
vandenyje maudosi tūkstančiai žmonių. Šį renginį organizuoja Palangos
_____ mokykla. Sveikuoliai atvyksta ne tik iš Lietuvos,
bet ir iš kitų valstybių „ruonių" klubų.

Pirmą kartą žiemos maudynės Palangoje buvo surengtos
_____ mėnesį. Daugiausia dalyvių „ruonių" maudynėse
buvo _____. Tada į ledinę jūrą vienu metu šoko beveik
pusantro _____ sveikuolių. Šios didžiausios žiemos
maudynės šalyje buvo užfiksuotos Lietuvos rekordų knygoje.

Pagal sveikuolių filosofiją jau _____ metus gyvenantis
vyriausias šventės dalyvis yra _____ ir
_____ dienų sulaukęs Plungės gyventojas.
Jauniausia maudynių dalyvė neseniai maudytis jūroje žiemą pradėjusi
_____ metų mergaitė.

šventė *holiday, feast, festival*
ledinis, -ė *icy, freezing*
maudynės *swimming*
(į)šokti, šoka, šoko *to jump*
sveikuolis, -io *a person consciously and actively living a healthy lifestyle*
pagal(ką?) *according*

Language points

Talking about illness

The names of illnesses are not inflected in number but have only a singular or only a plural form:

Singular	Plural
angina (*tonsillitis*), džiova (*tuberculosis*), difteritas (*diphtheria*), gripas (*flu, influenza*), sloga (*cold, snuffle*), šiltinė (*typhus*), vėžys (*cancer*)	niežai (*scabies*), raupai (*smallpox, variola*), tymai (*measles*)

Ar jūsų sūnus sirgo <u>tymais</u>?
Has your son been ill with measles?

<u>Šiltinė</u> šiais laikais reta liga.
Cabin fever is a rare illness these days.

Vaikas vėl serga <u>angina</u>.
The child has tonsillitis again.

Cardinal plural numbers

When we want to know a person's age we ask **Kiek tau/jums metų?** We use the dative case in both question and answer. When we express the age including numbers 1–9 we use special plural numbers which are only used with *countable nouns* that do not have singular (e.g., **vieneri vartai, dvejos durys, treji marškiniai**). This kind of plural number has the suffixes -eji, -ejos or -eri, -erios:

1 vieneri, vienerios or vieni, vienos
2 dveji, dvejos
3 treji, trejos
4 ketveri, ketverios
5 penkeri, penkerios
6 šešeri, šešerios
7 septyneri, septynerios
8 aštuoneri, aštuonerios
9 devyneri, devynerios

We use these when telling the age with the noun *metai*, which in the sense of 'year' is used only in its plural form:

Broliui dvidešimt treji metai.
My brother is twenty three years old.

Sesutei dveji metai.
My sister is two years old.

Good health!

In general, for example, as a toast when we wish good health, we say: **Geros sveikatos!** (*Good health!*) If the person is ill, however, we say instead: **Linkiu greit pasveikti!** (*I hope you get well soon!*).

Past tense of reflexive verbs

Reflexive verbs as well as normal verbs in the past tense are only inflected in two types, which can be identified by the third main form:

mokytis, mokosi, <u>mokėsi</u>
ilsėtis, ilsisi, <u>ilsėjosi</u>

aš (I)	-iausi			mes (we)	-ėmės
tu (you)	-eisi			jūs (you)	-ėtės
jis (he), ji (she)	→	-ėsi		jie (they, masc.), jos (they, fem.)	←
aš (I)	mokiausi			mes (we)	mokėmės
tu (you)	mokeisi			jūs (you)	mokėtės
jis (he), ji (she)	→		mokėsi	jie (they, masc.), jos (they, fem.)	←
aš (I)	-ausi			mes (we)	-omės
tu (you)	-aisi			jūs (you)	-otės
jis (he), ji (she)	→	-osi		jie (they, masc.), jos (they, fem.)	←
aš (I)	ilsėjausi			mes (we)	ilsėjomės
tu (you)	ilsėjaisi			jūs (you)	ilsėjotės
jis (he), ji (she)	→		ilsėjosi	jie (they, masc.), jos (they, fem.)	←

In spoken Lithuanian, we shorten the endings of the 1st and 2nd persons:
aš ilsėjaus, tu ilsėjais.

Saying the date: what year is it?

When we say the year, we use ordinal numbers but only the last word has the form of an ordinal number. In official Lithuanian, we use the long pronominal form of it (more about this in Unit 13):

1812 tūkstantis aštuoni šimtai dvylikti/dvyliktieji metai
1998 tūkstantis devyni šimtai devyniasdešimt penkti/penktieji metai
2006 du tūkstančiai šeši/šeštieji metai

In text, too, only the same last word takes the different forms of the cases:

Aš pradėjau dirbti universitete tūkstantis devyni šimtai septyniasdešimt <u>šeštais/šeštaisiais</u> metais.
I started work in the university in 1976.

į Egiptą važiavome du tūkstančiai <u>penktų/penktųjų</u> metų žiemą.
We went to Egypt in the winter of 2005.

When we want to say a complete date we use this model:

2006-01-20   **Šiandien yra du tūkstančiai <u>šeštų metų sausio</u>** (genitive) **dvidešimta diena.**
Today is the 20th of January, 2006.

1979-09-16   **Aš esu gimęs tūkstantis devyni šimtai septyniasdešimt <u>devintųjų metų rugsėjo</u>** (genitive) **šešioliktą dieną.**
I was born on the 16th of September, 1979.

To keep it short we write the date like this: 2006-01-20. The abbrevation for year is **m**.

In what year did something happen?

When we want to say what happened in what year we use the instrumental case:

Išvažiavau į Suomiją tūkstantis devyni šimtai devyniasdešimt penktais (metais).
I left for Finland in (year) 1995.

Du tūkstančiai pirmais (metais) visa mano šeima sirgo gripu.
In 2001 all my family had flu.

The word metais may be omitted.

Past action with visible results in the present

In this case, compound verb forms are used which are made with the auxiliary verb **būti** and the active past participles that are matched by gender and number:

Tėvas yra gimęs Sibire.	*Father was born in Siberia.*
Teta yra gimusi tūkstantis devyni šimtai trisdešimt penktais metais.	*Aunty was born in 1935.*
Mes abu esame gimę Lietuvoje.	*We were both born in Lithuania.*
Jos abi yra buvusios Amerikoje.	*They have both been to America.*

Insight

Folk medicine and herbal healing are popular in Lithuania. People, especially the older ones, gather different herbs in summer to be able to have herbal tea in the winter, which (they claim!) will ward off various illnesses.

When you go to visit someone in hospital, you would usually take something along for the patient, e.g. fruit, sweets, juice or flowers.

Lithuanians are quite shy people. Taboo subjects in Lithuania are the body and sex: these things are not usually discussed.

Insight

Cardinal plural numbers with suffixes **-eji**, **ejos**, or **-eri**, **-erios** are only used with *countable nouns* that do not have a singular.

Exercises

1 Add more words
galva, koja _____
gripas, angina _____
penkeri, devyneri _____

širdis, inkstai _____

esu matęs, yra buvęs _____

prausiausi, džiaugiausi _____

2 Find the words

A	R	N	M	S	V	E	I	K	A	T	A	S	A
V	T	A	B	L	E	T	Ė	S	Ū	B	N	E	V
M	I	Č	V	A	I	S	T	A	I	E	Š	N	Ū
S	V	K	E	U	Ž	D	E	G	I	M	A	S	K
E	S	L	O	G	A	Ž	M	A	N	G	I	N	A
G	Ą	I	G	Ė	I	V	P	Į	Ų	Ė	Y	Š	P
R	Ū	N	N	Š	Z	R	E	C	E	P	T	A	S
I	L	I	G	A	D	K	R	A	U	J	A	S	U
P	C	K	U	L	A	Š	A	I	Č	Ą	D	Ė	L
A	N	A	M	I	K	S	T	Ū	R	A	Į	Ž	Ė
S	Š	R	Į	Ų	N	L	Ū	D	E	U	Z	O	S
Ž	Ą	T	B	T	V	A	R	S	T	I	S	B	Š
G	Y	D	Y	T	O	J	A	S	Ę	C	S	V	Ą

3 Write in words the age of these people

mama, 62 → mamai šešiasdešimt dveji metai

tėvas, 70 → tėvui septyniasdešimt metų

mokytojas, 45 _____

dėdė, 89 _____

direktorius, 47 _____

teta, 31 _____

anūkas, 13 _____

proanūkė, 3 _____

pusbrolis, 19 _____

prezidentas, 58 _____

sūnus, 24 _____

prosenelė, 100 _____

4 Write out the sentences, following the example

   a Visada rytais verduosi stiprią kavą. **Vakar taip pat viriausi.**

   b Vyras visada keliasi anksti. Vakar taip pat _____.

   c Brolis klausosi muzikos. Vakar jis taip pat _____.

   d Aš visada jaučiuosi gerai. Vakar taip pat _____.

   e Tėvas visada prausiasi šaltu vandeniu. Vakar jis taip pat
      _____.

   f Ligonis jaučiasi gerai. Vakar jis taip pat _____.

   g Ji labai daug mokosi. Vakar taip pat _____.

   h Mama visada džiaugiasi dovanomis. Vakar ji taip pat
      _____.

5 Insert the appropriate word

a Ar tavo sūnus **yra matęs** liūtą?	**yra matęs**
b Mano senelė _____ Paryžiuje.	esi buvęs
c Ar tu _____ Afrikoje?	yra grojęs
d Ji _____ Suomijoje.	nesu matęs
e Šis pianistas _____ daugelyje pasaulio šalių.	esi gulėjęs
	esame buvę
f Mes _____ Kuršių nerijoje.	nėra sirgęs
g Ne, aš _____ žirafos.	nėra buvęs
h Džonai, ar tu _____ didžkukulių?	yra mačiusi
i Ar ji _____ banginį?	yra gyvenusi
j Ar tu _____ ligoninėje?	yra gimusi
k Jis _____ širdies ligomis.	esi valgęs

6 Fill in the gaps with the appropriate words

> vaistai, ligoniams, gydyti, nugarous, gydytojai, ligomis,
> gripu, kraujo

Geriausi – **gydytojai** – naminiai gyvūnai

Nuo seno žinoma, kad gyvūnai gerai veikia žmogų. Šunys, paukščiai, žuvys gali padėti _____ ligas. Pastebėta, kad tų žmonių, kurie namie laiko naminių gyvūnų, _____ spaudimas yra mažesnis negu tų, kurie neturi šuns ar katės. Žmonės, namuose laikantys šunį ar katę, rečiau skundžiasi galvos, _____ skausmais,

rečiau serga _____. Naminiai gyvuliai teigiamą poveikį daro
_____, sergantiems širdies, kraujo apytakos, psichinėmis
ir kitomis _____. Sakoma, kad naminiai gyvūnai –
pigiausi _____.

◀) **CD2, TR 28**

7 Listen to the recording and write down the date
    1 _____
    2 _____
    3 _____
    4 _____
    5 _____
    6 _____

Test yourself

1 Select and indicate the appropriate form
    1 Vakar... sriubos.
        ☐ viriausi   ☐ verduosi   ☐ virtis
    2 Pernai jie ... prie jūros.
        ☐ ilsėtis   ☐ ilsisi   ☐ ilsėjosi
    3 Anksčiau mes ... vienoje mokykloje.
        ☐ mokomės   ☐ mokėmės   ☐ mokytis
    4 Jau praėjo ... metai !
        ☐ devyni   ☐ devyneri   ☐ devynerios
    5 Ar čia yra ... vartai?
        ☐ dvejos   ☐ dveji   ☐ du

2 Find the right answers

1	Kaip jautiesi?	**A**	Į sveikatą!
2	Kada jūs baigėte universitetą?	**B**	Ne, tik bronchitu.
3	Kiek jam metų?	**C**	Greitai bus septyniasdešimt treji.
4	Ar išrašyti vaistų?	**D**	Gal užteks arbatos su medumi.
5	Ar esi sirgęs plaučių už-degimu?	**E**	Septyniasdešimt devintais metais.
		F	Skauda gerklę.

12

Aš dirbu ir mokausi
I work and study

In this unit you will learn
- *How to talk about your job*
- *How to talk about your studies*

Petro Repšio freskos Vilniaus universitete *Fresco by Petras Repšys at Vilnius University.*
Photo by Eugenijus Stumbrys.

Išsilavinimas *Education*

mokslas *science, study*
aukštasis išsilavinimas *higher education*
vidurinis išsilavinimas *secondary education*
mokslo metai *school year*
trimestras *trimester*
semestras *semester*
pradžia *start*
pabaiga *end*
stipendija *scholarship*

pamoka *lesson*
paskaita *lecture*
seminaras *seminar*
egzaminas *examination*
egzaminas raštu *written examination*
egzaminas žodžiu *oral examination*
klaida *mistake*
testas *test*
pranešimas *report*
pažymys *mark*
taškas *point*
vadovėlis, -io *textbook*
sąsiuvinis, -io *copybook*
uždavinys *task*
pratimas *exercise*

dalykas *discipline*
kalba *language*
gimtoji kalba *mother tongue*
užsienio kalba *foreign language*
lietuvių kalba *Lithuanian language*

anglų kalba *English language*
istorija *history*
matematika *mathematics*
fizika *physics*
biologija *biology*
geografija *geography*
chemija *chemistry*

auditorija *auditorium*
klasė *class*
lenta *board*

Darbas *job*

įmonė *company*
darbovietė *workplace*
darbdavys, -a *employer*
darbuotojas, -a *employee*
bendradarbis, -io; -ė *colleague*
bedarbis, -io; -ė *unemployed*
pavaduotojas, -a *assistant*
tarnautojas, -a *official*
valdininkas, -ė *clerk*
viršininkas, -ė *boss*

alga *salary*
gyvenimo aprašymas *CV*
patirtis, -ies *experience*
prašymas *request*
sutartis, -ies *contract*

posėdis, -io *sitting*
susirinkimas *meeting, social*
susitikimas *meeting*
darbo diena *working day*
darbo laikas *working time*

pietų pertrauka *lunch break*

klijai *glue*
liniuotė *rule*
pieštukas *pencil*
trintukas *rubber*
tušinukas *pen*
kompiuteris, -io *computer*
žirklės *scissors*

elektroninis paštas *email*
internetas *internet*
interneto svetainė *home page*
eta (kilputė, rožytė) @

atleisti, atleidžia, atleido (ką?) *to discharge*
atlikti, atlieka, atliko (ką?) *to do the task*
atsiminti, atsimena, atsiminė (ką?) *to remember*
(pa)domėtis, domisi, domėjosi (kuo?) *to be interested in*
(pa)elgtis, elgiasi, elgėsi *to behave*
išlaikyti, išlaiko, išlaikė (ką?) egzaminą *to pass an examination*
išmokti, išmoksta, išmoko *to learn*
laikyti, laiko, laikė egzaminą *to take an examination*
mokėti, moka, mokėjo (ką?) *to know how to, to be able*
(pa)naudotis, naudojasi, naudojosi (kuo?) *to use*
(pa)sakyti paraidžiui *to spell*
(pa)pasakoti, pasakoja, pasakojo (ką?) *to narrate, to tell*

pasirašyti, pasirašo, pasirašė (ką?) *to sign*
priimti, priima, priėmė (ką?), (į)darbinti, darbina, darbino (ką?) *to take on, to employ*
(į)stoti, stoja, stojo *to enter*
(iš)tarti, taria, tarė (ką?) *to pronounce*
(pa)teirautis, teiraujasi, teiravosi (ką?/ko?) *to inquire*
(pa)tingėti, tingi, tingėjo *to be lazy*
(pa)vėluoti, vėluoja, vėlavo *to be late*
užmiršti, užmiršta, užmiršo (ką?) *to forget*
žinoti, žino, žinojo (ką?) *to know*
(su)(pri)klijuoti, klijuoja, klijavo (ką?) *to glue*
(pa)matuoti, matuoja, matavo (ką?) *to measure*
naršyti, naršo, naršė *to surf the internet*
(iš, nu)trinti, trina, trynė (ką?) *to rub*

aiškus, -i *clear*
darbštus, -i *diligent*
ypatingas, -a *special*
lengvas, -a *easy*
naudingas, -a *useful*
protingas, -a *smart*
reikalingas, -a *necessary*
sudėtingas, -a *complicated*
sunkus, -i *difficult*
svarbus, -i *important*
tylus, -i *silent*

Dialogue 1

Biure. *At the office.*

CD2, TR 29

Klientas	Laba diena.
Sekretorė	Laba diena.
Klientas	Aš esu Vidmanats Keršys iš Senamiesčio vidurinės mokyklos. Ar direktorius yra?
Sekretorė	Jo dabar nėra. Prašom sėstis ir truputį palaukti. Direktorius tuoj ateis.
Klientas	Laba diena.
Direktorius	Laba diena. Jūs laukiate manęs?
Klientas	Taip. Aš esu Vidmantas Keršys.
Direktorius	Labai malonu, pone Keršy. Labai atsiprašau, kad vėluoju.
Klientas	Nieko tokio.
Direktorius	Prašom užeiti į kabinetą.
Klientas	Ačiū.

Dialogue 2

Telefonu. *A conversation on the telephone.*

CD2, TR 30

Sekretorė	Biblioteka.
Dominykas Katinas	Laba diena.
Sekretorė	Laba diena.
Dominykas Katinas	Čia skambina Dominykas Katinas iš Italų kultūros centro. Norėčiau kalbėti su ponu Laimonu Ilginiu.
Sekretorė	Direktorius dabar užsiėmęs. Vyksta posėdis. Prašom paskambinti vėliau, po trečios.
Dominykas Katinas	Labai atsiprašau, neišgirdau. Prašom pakartoti. Kelintą valandą galėčiau skambinti?

(Contd)

Sekretorė	Prašom skambinti po trečios.
Dominykas Katinas	Labai ačiū. Viso gero.
Sekretorė	Nėra už ką. Viso gero.

Dialogue 3

Telefonu. *A conversation on the telephone.*

CD2, TR 31

Sekretorė	Įmonė „Lietuvos keliai".
Saulius Gulbinas	Labas rytas.
Sekretorė	Labas rytas.
Saulius Gulbinas	Aš esu Saulius Gulbinas. Skambinu dėl darbo skelbimo.
Sekretorė	Labai malonu, pone Gulbinai. Direktorius norėtų su jumis pasikalbėti. Ar galėtumėte ateiti rytoj dešimtą valandą?
Saulius Gulbinas	Taip. Ar reikia kokių nors dokumentų?
Sekretorė	Atsineškite gyvenimo aprašymą ir pasą.
Saulius Gulbinas	Ačiū. Iki rytojaus.
Sekretorė	Nėra už ką. Iki rytojaus.

Dialogue 4

CD2, TR 32

Markas	Sveika, Egle.
Eglė	Sveikas, Markai. Kiek gavai iš lietuvių kalbos egzamino?
Markas	Žodžiu gavau dešimt, o egzamino raštu rezultatai bus rytoj. Nežinojau, kaip lietuviškai *abroad*.
Eglė	Užsienis.
Markas	Pasakyk paraidžiui.
Eglė	U trumpoji, žė, es, i trumpoji, e, en, i trumpoji ir es.
Markas	Aaa, aišku.
Eglė	Ar dar nori ko nors paklausti, Markai?

Markas	Noriu paklausti, kaip tau sekasi egzaminai, Egle?
Eglė	Aną savaitę laikiau informatikos egzaminą. Gavau dešimt.
Markas	O! Šaunuolė, Egle!
Eglė	Bėgu ruoštis kitiem egzaminam. Dar du yra šią savaitę.
Markas	Sėkmės, Egle! Iki!
Eglė	Ir tau, Markai, sėkmės! Iki!

Dialogue 5

● CD2, TR 33

Algirdas	Ramune, kokie dalykai mokykloje tau labiausiai sekasi?
Ramunė	Man labiausiai patinka ir labiausiai sekasi kalbos.
Algirdas	Tai baigusi mokyklą tu ir stosi mokytis kalbų?
Ramunė	Tikriausiai. Norėčiau išmokti japonų kalbą ir studijuoti Rytų šalių kultūrą. O kokie tavo planai?
Algirdas	Mano svajonė – studijos dailės akademijoje. Nuo vaikystės mėgstu piešti.

tikriausiai *probably*
dailės akademija *academy of art*

QV

Reading and listening

1 Read the advertisements and indicate which jobs could be offered to whom

Ieško darbo
1
Esu gėlininkė. Stažavausi
Švedijoje. Galiu prižiūrėti
gėlyną arba dirbti gėlių
parduotuvėje.
Tel. 8 68 22 45 61

Siūlo darbą
A
Kviečiame dirbti aukle šeimoje,
kurioje yra 1,8 m. mergaitė.
Vilnius, 2778945

2

Mergina, baigusi Vilniaus pedagoginį universitetą, ieško mokytojos darbo. Galėtų prižiūrėti vaikus. Turi pedagoginio darbo patirties. Tel. 8 85 73 11

3

Gaminu labai skaniai. Kepu tortus, pyragaičius. Norėčiau darbo kavinėje arba restorane. Tel. 8 61 21 7 27

4

25 m. ir 28 m. vyrai norėtų įsidarbinti užsienyje. Tel. 8 68 71 02

5

Studentai ieško darbo liepos ir rugpjūčio mėnesiais. Darbo ūkyje nesiūlyti. Tel. 8 86 86 77 21.

B

Ūkininkas kviečia skinti braškių ir juodųjų serbentų. Ukmergės rajonas, tel. 8 61 11 37 23

C

Reikalingas žmogus, galintis prižiūrėti rožyną. Tel. 8 68 59 10

D

Vasaros kavinei Klaipėdoje reikia padavėjų. Skambinti 8 65 89 74 22

E

Nuo spalio mėnesio reikalingi miško darbininkai Norvegijoje. Įdarbiname ir apgyvendiname nemokamai. Kaunas, tel. (8-37) 42 25 55

F

Reikalingas virėjas (-a), galintis ruošti pokylius. Vilnius, tel. 2 68 55 14

gaminti, gamina, gamino (ką?) *to cook, produce*
rožynas *rose garden*
pokylis *feast, ball*

1	2	3	4	5
C				

◀ **CD2, TR 34**

2 Read or listen to the anecdote

Mokytoja:
– Jonuk, ką gali pasakyti apie gandrus?
*– O, tai labai protingi paukščiai! Dar neprasidėjus mokslo metams
jie išskrenda į šiltuosius kraštus.*

◀ **CD2, TR 35**

3 Listen to the reading and insert the missing numbers

Vilnius University. *Photo by Eugenijus Stumbrys.*

Šiek tiek apie Vilniaus universitetą

Vilniaus universitetas yra viena seniausių ir žymiausių Rytų
Europos aukštųjų mokyklų. Universitetas įkurtas 1579 metais.
Astronomijos observatorija, įkurta _____ metais, yra seniausia
Rytų Europoje.

Dabar Vilniaus universitete mokosi _____ studentai. Jiems
dėsto _____ universiteto darbuotojų.

Vilniaus universitete yra seniausia Lietuvoje biblioteka, _____
fakultetų, _____ institutai, _____ universitetinės ligoninės,
astronomijos observatorija, botanikos sodas, skaičiavimo centras ir Šv.
Jonų bažnyčia.

Vilniaus universiteto rūmų ansamblį, esantį Senamiestyje, kovo –
spalio mėnesiais galite aplankyti nuo 9 iki _____ valandos,
lapkričio – vasario mėnesiais nuo 9 iki _____ valandos. Universiteto
rūmų ansamblyje yra _____ kiemų su _____ pastatų, Šv. Jonų
bažnyčia ir varpinė.

◀) **CD2, TR 36**

**4 Listen to the information about the language
school then fill in the gaps**

Kalbų mokykla „Šnekutis"

kursai	studentams ir **mokiniams**
pradžia	birželio _____ d.
šeštadieniais pamokos vyks nuo	_____ val.
registracija	nuo _____ d. iki birželio 3 d.
registracijos mokestis	_____ Lt
telefonas	_____
elektroninis paštas	_____
adresas	Mokyklos g. _____, Panevėžys

Language points

Future tense of reflexive verbs

To form the future tense we use the infinitive:

<u>kalbė-tis</u>, kalbasi, kalbėjosi (*to talk*)
<u>tikė-tis</u>, tikisi, tikėjosi (*to expect*)
<u>moky-tis</u>, mokosi, mokėsi (*to study*)

aš (I)	-s-iuosi			mes (we)	-s-imės
tu (you)	-s-iesi			jūs (you)	-s-itės
jis (he), ji (she)		→	-s-is	jie (they, masc.), jos (they, fem.)	←
aš (I)	mokysiuosi			mes (we)	mokysimės
tu (you)	mokysiesi			jūs (you)	mokysitės
jis (he), ji (she)		→	mokysis	jie (they, masc.), jos (they, fem.)	←

We shorten the endings of the reflexive verb future tense singular 1st and 2nd persons: **aš kalbėsiuos (kalbėsiuosi), tu kalbėsies (kalbėsiesi).**

Conditional mood of reflexive verbs

To form the conditional mood, we use infinitive, conditional format -t- and ending:

<u>kalbė-tis</u>, kalbasi, kalbėjosi (*to talk*)
<u>tikė-tis</u>, tikisi, tikėjosi (*to expect*)
<u>moky-tis</u>, mokosi, mokėsi (*to study*)

aš (I)	-t/č-iausi		mes (we)	-t-umės/ -t-umėmės
tu (you)	-t-umeisi		jūs (you)	-t-utės/ -t-umėtės
jis (he), ji (she)		-t-ųsi	jie (they, masc.), jos (they, fem.)	←

aš (I)	mokyčiausi		mes (we)	mokytumės/
				moktytumėmės
tu (you)	mokytumeisi		jūs (you)	mokytutės/
				mokytumėtės
jis (he),	→	mokytųsi	jie (they, masc.),	
ji (she)			jos (they, fem.)	←

We shorten the endings of the conditional mood reflexive verbs 1st, 2nd and 3rd persons singular and 3rd person plural: **aš kalbėčiaus** (kalbėčiausi), **tu kalbėtumeis** (kalbėtumeisi), **jis, ji, jie, jos kalbėtųs** (kalbėtųsi).

Actions performed simultaneously by the same person

An adverbial participle is used to indicate that a secondary action is carried out at the same time as the main action *by the same person*: **Eidama iš darbo namo ji užėjo pas draugę** (*On her way home from work she visited her friend*). The main action of the person can be expressed by any tense of indicative mood, by imperative or conditional mood: **Eidama iš darbo namo ji dažnai užeina pas draugę** (*On her way home from work she visits her friend often*), **Eidama iš darbo namo ji užeis pas draugę** (*On her way home from work she will visit her friend*), **Eidama iš darbo namo užeik pas draugę** (*On your way home from work, visit your friend*).

Adverbial participle

To make an adverbial participle we use the infinitive. We drop -**ti** of -**a**, -**i** and -**o** type verbs and add endings typical of singular and plural masculine and feminine adverbial participles:

<u>studijuo-ti</u>, studijuo**ja**, studijuo**vo** (*to study*)
<u>turė-ti</u>, tu**ri**, turė**jo** (*to have*)
<u>moky-ti</u>, mok**o**, mok**ė** (*to eat*)

Masculine				
Sing.	studijuo-ti	studijuo + -**damas**	→	studijuo**damas**
Pl.	studijuo-ti	studijuo + -**dami**	→	studijuo**dami**

Feminine				
Sing.	studijuo-ti	studijuo + **-dama**	→	studijuo**dama**
Pl.	studijuo-ti	studijuo + **-damos**	→	studijuo**damos**

To form an adverbial participle from a reflexive verb, we add the reflexive format:

<u>kalbė-tis</u>, kalbasi, kalbėjosi (*to talk*)
<u>tikė-tis</u>, tikisi, tikėjosi (*to expect*)
<u>moky-tis</u>, mokosi, mokėsi (*to study*)

Masculine				
Sing.	moky-tis	moky + **-dama<u>sis</u>**	→	moky**damasis**
Pl.	moky-tis	moky + **-damie<u>si</u>**	→	moky**damiesi**

Feminine				
Sing.	moky-tis	moky + **-dama<u>si</u>**	→	moky**damasi**
Pl.	moky-tis	moky + **-damo<u>si</u>**	→	moky**damosi**

It is common to use the prefix **be-** with an adverbial participle formed from a reflexive form of the verb: **besimokydamas = mokydamasis, besimokydami = mokydamiesi, besimokydama = mokydamasi, besimokydamos = mokydamosi.**

We match adverbial participle and noun in gender and number.

How to say that you work as a driver

We use the instrumental case: **Aš dirbu vairuotoju** (*I work as a driver*). To ask the question about somebody's occupation, we start with the question word in the instrumental case **kuo**: **Aš dirbu gydytoja. Kuo jūs dirbate?** (*I work as a doctor. And you?*): **Kuo tu dirbi mokykloje?** (*What is your role at school?*).

Insight

An adverbial participle is used to indicate that a secondary action is carried out at the same time as the main action *by the same person:*

Insight

If we are talking about a diligent person in Lithuanian, we say that he is 'like a bee', very much as we do in English, when we refer to someone as a 'busy bee' (***darbštus kaip bitė***).

Children start school when they are seven years old. They spend four years in the primary school. Children study for ten years to get their basic education and a further two years if they wish to obtain a secondary education. Most children attend state secondary schools. Private secondary schools are not popular in Lithuania. There are some private primary schools in the bigger cities.

It is compulsory to study two foreign languages at secondary school. The most popular foreign languages studied at school are English, German, French and Russian. There are schools where foreign language teaching starts in the first school year.

Many older people speak Russian. Increasing numbers of Lithuanians aged 40–45 have started learning foreign languages, especially English, because people need it for their job and holidays.

Exercises

1 Group the words, following the example

priimti į darbą, pamoka, paskaita, darbdavys, mokinys, lenta, gyvenimo aprašymas, pažymys, darbo valandos, egzaminas, darbo sutartis, klasė, studentas, studijuoti, alga, vadovėlis, atleisti iš darbo, stipendija

darbas	mokslas
priimti į darbą	**pamoka**

2 Make pairs

1	pieštukas	**A**	trinti
2	trintukas	**B**	matuoti
3	žirklės	**C**	rašyti
4	liniuotė	**D**	klijuoti

5	klijai	E	skambinti
6	telefones	F	kirpti

1	2	3	4	5	6
C					

3 Write the appropriate word

a Egzaminą mes _____.

L	A	I	K	O	M	E

b Dokumentą mes _____.

P			R		Š		

c Į darbą mus _____.

P		I			

d Į universitetą mes _____.

S			J			

e Istorija, matematika, muzika mes _____.

D		M		M		

4 Group the words following the example

mokysiuosi, džiaugėsi, domėjomės, elgsiesi, džiaugiausi, mokiausi, ilsėsimės, seksis, elgėsi, sveikinsitės, tikėsiesi, ilsėsiuosi, kalbėjomės, domėjosi, teirausi, tikėjotės, kalbėjaisi, elgėmės, mokeisi

vakar	rytoj
džiaugėsi	

5 Use the appropriate forms of the reflexive verbs

		dabar	vakar	rytoj
1	aš	**maudausi**	**maudžiausi**	maudysiuosi
2	jūs	keliatės	_____	_____
3	studentai	_____	_____	mokysis
4	Tomas	_____	domėjosi	_____
5	mes	_____	džiaugėmės	_____
6	aš	ilsiuosi	_____	_____

6 Match the correct halves of the sentence

1 Tu džiaugtumeisi,
2 Tu nervintumeisi,
3 Bendradarbės ilsėtųsi,
4 Visi stengtųsi dirbti geriau,
5 Man sektųsi geriau,
6 Tu teirautumeisi telefono numerio,

A jeigu būtų pavargusios.
B jeigu išlaikytum egzaminą.
C jeigu viršininkas džiaugtųsi jų darbo rezultatais.
D jeigu jo nežinotum.
E jeigu neišlaikytum egzamino.
F jeigu jūs man padėtumėte.

1	2	3	4	5	6
B					

7 Group the words following the example

eidama, kalbėdamas, rašydami, skaitydamos, šypsodamasi, mokydamas, džiaugdamiesi, norėdami, besimokydami, dirbdami, domėdamasis, skaičiuodamos, piešdamas, studijuodama, piešdami, eidamos

vaikinas	vaikinai	mergina	merginos
kalbėdamas			

8 Write the sentences following the example

   a Kai Vilius ėjo iš darbo namo, susitiko draugą.
     Eidamas iš darbo namo Vilius susitiko draugą.

   b Kai brolis teiravosi informacijos, pamiršo paklausti apie biuro darbo laiką.

     _____.

   c Kai Marija rašė pranešimą, padarė klaidų.

     _____.

   d Kai jūs siuntėte laišką, pamiršote užklijuoti pašto ženklą.

     _____.

   e Kai Paulius pasitiko svečius, kalbėjosi su jais angliškai.

     _____.

   f Kai mokiniai laikė egzaminą, visiškai nesinervino.

     _____.

9 Select the appropriate form

   a Irenai ~~įstojusi~~, **įstojus** į universitetą jos sesuo labai džiaugėsi.
   b **Stojant, Stodama** į universitetą Lina truputį nervinosi.
   c **Baigus, Baigęs** darbą eisiu pas draugą.
   d Andriui **baigęs, baigus** kalbėti telefonu į kabinetą užėjo bendradarbis.
   e **Studijuodami, Studijuojant** užsienyje Joana ir Dainius pasiilgo draugų.
   f **Mokantis, Pasimokiusi** tris valandas Regina nuėjo pas draugę.

10 Fill in the spaces following the example

Aš esu ...	Aš dirbu ...
mokytojas	**mokytoju**
	vadybininke
_____	
direktorius	
	_____
_____	siuvėja
vairuotojas	
	_____
_____	statybininku
sekretorė	
	_____

11 Insert the appropriate question words

   a Ką tu veiksi baigęs vidurinę mokyklą? – Stosiu į universitetą.
   b _____ metais tu baigei universitetą? – 1989 metais.
   c _____ dalykas mokykloje tau labiausiai patinka? – Geografija.

d _____ tu norėtum studijuoti? – Fiziką.

e _____ užsienio kalbų tu norėtum mokytis? – Ispanų, italų ir vokiečių.

f _____ norėtum dirbti baigęs universitetą? – Mokytoju.

12 Fill in the application form

Anketa

Vardas _____

Pavardė _____

Gimimo data _____

Šeiminė padėtis _____

Išsilavinimas _____

Užsienio kalbos _____

Ankstesnės darbovietės _____

Adresas _____

Telefonas _____

El. paštas _____

Parašas _____

Test yourself

1 Select and indicate the appropriate form

    1 ... namo Viktoras susitiko draugą.

        ☐ Einant   ☐ Eidamas   ☐ Parėjus

    2 ... namo Viktoras skaitė laikraščius.

        ☐ Parėjęs   ☐ Einant   ☐ Parėjus

    3 Man ... namo Viktoras skaitė laikraščius.

        ☐ Eidama   ☐ Parėjus   ☐ Parėjusi

2 Select and indicate the appropriate form

    1 Dabar ji ... literatūra.

        ☐ domėtis   ☐ domisi   ☐ domėjosi

    2 Kai Lina buvo mokinė, ji ... muzika.

        ☐ domėsis   ☐ domisi   ☐ domėjosi

3 Jis sakė, kad ateityje labiau ... istorija

☐ domėsis   ☐ domisi   ☐ domėjosi

3 Find the right answers

1	Ką tu norėtum studijuoti?	**A**	Lietuvos istorijos ir anglų kalbos.
2	Kelintais metais tu įstojai į universitetą?	**B**	Biologija labiausiai patiko ir labiausiai sekėsi.
3	Kokios paskaitos tau labiausiai patinka?	**C**	Du tūkstančiai dešimtaisiais.
4	Koks dalykas mokykloje tau labiausiai sekėsi?	**D**	Baigsiu kitais metais.
		E	Matematiką.

....

13

Sveikinu!
Congratulations!

In this unit you will learn
- *How to congratulate someone*
- *How to express good wishes*
- *How to say happy birthday*
- *How to wish someone success*

Photos by Ainė Ramonaitė.

Šventės *High days and holidays*

šventė *holiday, feast*
apeiga *ritual*
šeimos šventės *family holidays, celebrations*
gimimo diena/gimtadienis *birthday*

krikštynos *christening*
vardo diena/vardadienis/ vardinės *nameday*
vestuvės *wedding*
sužadėtuvės *engagement*
sužadėtinis, -io *fiancé*
sužadėtinė *fiancée*
krikšto tėvai *godparents*

krikštatėvis, -io *godfather*
krikštamotė *godmother*
jaunasis, -ojo *groom*
jaunoji *bride*
vesti, veda, vedė (ką?) *to marry, to wed*
(iš)tekėti, teka, tekėjo už (ko?) *to marry (for female)*
(su)tuoktis, tuokiasi, tuokėsi *to marry*
laidotuvės *funeral*
(pa)laidoti, laidoja, laidojo (ką?) *to bury*
metinės *anniversary (of funeral)*
įkurtuvės, *moving in (party)*
išleistuvės *sending off (party)*
pabaigtuvės *ending (party)*
vakaras/vakarėlis, -io *party, evening*
išvakarės *eve*

Kalendorinės, religinės ir valstybinės šventės
Calendar, religious and state holidays

Kūčios *Christmas Eve*
šv.Kalėdos *Christmas*

šventas, -a *holy, sacred*
Naujieji metai *New Year*
Užgavėnės *Shrove Tuesday, Mardi Gras*
šv.Velykos *Easter*
Joninės *St John's day*
Vėlinės *All Souls' day*
Nepriklausomybės diena *Independence Day*
paprotys *custom*
tradicija *tradition*
pobūvis, -io/pokylis, -io *party, ball*
vaišės *regale*
dovana *present*
(gėlių) puokštė *bouquet, bunch (of flowers)*
(pa)dovanoti, dovanoja, dovanojo (ką?) *to present, to give*
(at)švęsti, švenčia, šventė (ką?) *to celebrate*
(pa)sveikinti, sveikina, sveikino (ką?) *to congratulate, to welcome*
(pa)linkėti, linki, linkėjo (ko?) *to wish*
linkėjimai *wishes*
laimė *luck, fortune*
meilė *love*

Dialogue 1

CD2, TR 37

Remigijus	Sveikinu su gimtadieniu, Jule. Sėkmės tau visuose darbuose, laimės ir džiaugsmo!
Julė	Ačiū, Remigijau. Ateik šiandien į gimtadienio vakarėlį, pakviečiau daug savo senų draugų, padainuosim, pašoksim. Bus linksma.
Remigijus	Ačiū, žinoma, ateisiu.

Dialogue 2

Zita Linksmų Kalėdų, gerų, laimingų Naujųjų metų!

Arūnas Ačiū. Tau taip pat. Kur būsi per šventes?

Zita Kūčioms, Kalėdoms, kaip visada, važiuojam pas tėvus į kaimą. Ten visada susirenka visa mūsų šeima, suvažiuojam visi su vaikais. Man atrodo, labai svarbu išlaikyti senas savo tradicijas.

Be to, Kūčios ir Kalėdos kaime – visai kas kita negu mieste. Ten ir tekančią vakarinę žvaigždę gali pamatyti, ir tikrą miško eglės kvapą pajusti. Mano močiutė dar atsimena įvairių būrimų, vaikai visada tikisi išgirst, kaip Kūčių naktį žmonių kalba kalbasi gyvuliai. Ne tik vaikams, bet ir suaugusiems Kūčių vakaras ten yra kitoks, paslaptingesnis negu čia, mieste. Be to, smagu parvažiuot į savo gimtąjį kaimą.

Arūnas Žinoma. Gerai, kad jūs turit kaimą. O mes būsim namie, Vilniuj. Bet vis tiek visas pasirengimas Kūčioms, tas dvylikos ypatingų valgių gaminimas, viskas nuteikia labai savitai, šventiškai, paslaptingai. Man tai pačios svarbiausios metų šventės.

(pa)justi, junta, juto (ką?) *to sense, to taste*
įvairus, -i *various*
paslaptingas, -a *mysterious*
ypatingas, -a *special*
nuteikti, nuteikia, nuteikė *to impress*

Dialogue 3

Direktorius Su šventėm!

Bendradarbis Jus taip pat!

Direktorius Linkėjimai jūsų žmonai!

Dialogue 4

◆ CD2, TR 40

Martynas Su vardadieniu, Jonai! Būk sveikas ir drūtas!
Jonas Ačiū! Ar atvažiuosi pas mus į Jonines? Kaip visada, kūrensim laužus, leisim vainikėlius, dainuosim dainas.
Martynas Ačiū už kvietimą, būtinai atvažiuosiu.
Jonas Būtinai pasiimk su savim žmoną ir vaikus. Kaip žinai, pas mus visi atvažiuoja su savo vaikais, jiems visada Joninės pas mus labai patinka.
Martynas Gerai, atvažiuosim visi kartu.

laimingas, -a *happy*

QV

Reading

1 Read the text and fill in the gaps

švęsdavo, šventė, vandens, sakydavo, Kūčių, palinki, vakarienėje, pradėdavo, paragauti, mėsiškų, staltiese, mirusiojo, Kalėdų, žuvis, būdavo, apeiga

Kūčios

Kūčios – trumpiausios dienos ir ilgiausios nakties laikas, nuo seno lietuvių švenčiama _____. Kūčioms ruošiamasi visą dieną. Valomi namai, ruošiami valgiai, gaminamas maistas ir pirmajai _____ dienai. Lietuviai laikosi tradicijos Kūčių dieną nevalgyti _____ ir pieniškų valgių. Seniau būdavo sakoma, kad Kūčių dieną galima suvalgyti tik saują virtų žirnių ir atsigerti _____. Tik maži vaikai, ligoniai ir seni senutėliai galėdavo kiek daugiau valgyti.

Kūčias visada _____ namie, šeimoje. Ir dabar Kūčių vakarienei visi šeimos nariai stengiasi susirinkti į namus. Tai ne tiek vakarienė, kiek šventa šeimos _____, suartinanti šeimos narius, stiprinanti šiltus šeimyninius ryšius. Jeigu tais metais kuris šeimos narys yra miręs arba negali _____ dalyvauti, paliekama tuščia vieta prie stalo. Ant stalo vis tiek dedama lėkštė, pristatoma kėdė. Tikima, kad _____ šeimos nario vėlė dalyvauja Kūčiose kartu su visais.

Prieš _____ vakarienę visi šeimos nariai būtinai išsimaudydavo, persirengdavo švariais drabužiais. Stalas užtiesiamas balta _____. Kūčioms nuo seno gamindavo 12 valgių. Visi valgiai yra tik pasninko valgiai: įvairiais būdais paruošta _____, silkė, kūčiukai su aguonų pienu, kisielius, džiovintų vaisių sriuba, žieminių ir džiovintų daržovių mišrainė, grybai, virtos bulvės, rauginti kopūstai, duona.

Kūčias _____ valgyti užtekėjus Vakarinei žvaigždei. Vyriausias šeimos narys pasveikina visus sulaukus dar vienų Kūčių, visi vieni kitiems _____ sveikatos, laimės, sėkmės. Tikima, kad šio vakaro linkėjimai būtinai išsipildys. Kūčių vakarienė visada rami, rimta, prie stalo per daug nekalbama, nejuokaujama, negeriama alkoholinių gėrimų. Labai svarbu bent _____ kiekvieno valgio.

Senovėje Kūčių naktis laikyta stebuklinga. Po vakarienės prasidėdavo įvairūs būrimai. Žmonės įvairiais būdais spėliodavo apie ateinančius metus, sveikatą, laimę, meilę. _____ kalbama, kad per patį vidurnaktį, lygiai dvyliktą valandą, vanduo šuliniuose sekundei virsta vynu, kurio išgėręs žmogus tampa visažinis. _____, kad Kūčių naktį gyvuliai ir bitės prašneka žmonių kalba ir išpranašauja ateitį. Tik negalima jų klausytis, nes tai gali atnešti nelaimę.

leisti, leidžia leido (ką?) *to float*
būtinai *certainly, necessary*
pasninkas *fast*
ramus, -i *quiet, calm*
būdas *way*
laikyti, laiko, laikė *to consider*
virsti, virsta, virto (kuo?) *to convert*
tapti, tampa, tapo (kuo?) *to become*

Some names of holidays, rituals are formed with suffixes:

-inės	*Joninės, Vėlinės, vardinės*
-ynos	*krikštynos*
-tuvės	*įkurtuvės, išleistuvės, laidotuvės, sužadėtuvės, pabaigtuvės*

As you can see from these examples, the names of holidays in Lithuanian often occur only in the plural form: *Kalėdos, Kūčios, Joninės, Naujieji metai.*

Language points

Congratulating an occasion

When we congratulate someone on an occasion, we say something like this, as approriate:

Sveikinu/sveikiname ... (gen.) **proga** (neutral and formal)

Sveikiname (tave/jus) jubiliejaus proga.	*We congratulate you on the occasion of your jubilee/anniversary.*
Sveikinu gimimo dienos proga.	*I congratulate you on the occasion of (your) birthday.*
Sveikinu švenčių proga.	*I congratulate you on the occasion of the holidays.*

Sveikinu su ... (instr.) (neutral and informal)
Su ... (inst.) (informal)

Sveikinu su vardadieniu!	*Congratulations for your nameday!*
Su Naujaisiais metais!	*Happy New Year!*
Su šventėm!	*Happy holidays!*
Su gimimo diena!/Su gimtadieniu!	*Happy birthday!*

When we congratulate, we often express wishes with which we must use the genitive case:

Linksmų švenčių!
Linksmų šventų Kalėdų ir laimingų Naujųjų metų!
Linkiu daug laimės, džiaugsmo, sveikatos! Linkiu sėkmės!

Or simply use the imperative:
Būk laimingas!

Pronominal forms of adjectives, numbers and participles

In Unit 4 you learned about the long pronominal forms. Adjectives with -as, -us, participles and ordinal numbers can have them. Using these forms, things are distinguished and specified according to some particular feature; the thing is stressed and indicated at the same time that the object is made known and the type or species is marked. The formation of the nominative forms is not complicated:

Masculine			Feminine		
ger-as	→	ger-**asis**	ger-a	→	ger-**oji**
graž-us	→	graž-**usis**	graž-i	→	graž-**ioji**

Adjectives with -is do not have the pronominal form, except **didel-is** → **didysis, didelė → didžioji**:

Susirinkome į didžiąją auditoriją.	*We gathered into the big auditorium/classroom.*
Apsirenk gerąjį paltą.	*Put on the good coat.*
Naujieji papročiai gerokai skiriasi nuo senųjų.	*The new customs differ noticeably from the old ones.*

Šalta dabar ne tik didžiajame kambaryje, bet ir dukters kambarėlyje.	*It is cold now not only in the big room but also in my small daughter's room.*
Paduok baltąjį puodelį.	*Give me the white cup.*

Often the pronominal forms of adjectives are used to indicate the feature of type/species; they occur commonly in the terminology of different sciences, eg.:

lengvoji/sunkioji pramonė	*heavy/light industry*
raudonieji/juodieji serbentai	*red/blackcurrant*
juodoji/žalioji arbata	*black/green tea*
kartieji/saldieji pipirai	*bitter/sweet pepper*
dėmėtoji šiltinė	*typhus, spotted fever*
baltasis gandras	*white stalk*
ilgieji ir trumpieji balsiai	*long and short vowels*
intensyvieji metodai	*intensive methods*
viešoji politika	*public politics*
kietieji kūnai	*solids*
pailgosios smegenys	*medulla oblongata*

Some proper nouns also have the pronominal form, e.g.:

Mažoji Lietuva, Didžioji Lietuva, Didžioji Britanija
Didžioji gatvė, Raudonoji jūra, Žalieji ežerai, Baltasis tiltas
Šventasis Kazimieras, Vytautas Didysis, Petras Pirmasis

The declension of pronominal forms, is unfortunately, not such a simple operation:

The declension of pronominal adjectives

	Singular	
	Masculine	*Feminine*
Nom. (kas?)	gerasis, šlapiasis, didysis, gražusis	geroji, šlapioji, didžioji, gražioji

(Contd)

	Singular	
	Masculine	*Feminine*
Gen. (ko?)	gerojo, šlapiojo, didžiojo, gražiojo	gerosios, šlapiosios, didžiosios, gražiosios
Dat. (kam?)	gerajam, šlapiajam, didžiajam, gražiajam	gerajai, šlapiajai, didžiajai, gražiajai
Acc. (ką?)	gerąjį, šlapiąjį, didįjį, gražųjį	gerąją, šlapiąją, didžiąją, gražiąją
Inst. (kuo?)	geruoju, šlapiuoju, didžiuoju, gražiuoju	gerąja, šlapiąja, didžiąja, gražiąja
Loc. (kur?)	gerajame, šlapiajame, didžiajame, gražiajame	gerojoje, šlapiojoje, didžiojoje, gražiojoje

	Plural	
	Masculine	*Feminine*
Nom. (kas?)	gerieji, šlapieji, didieji, gražieji	gerosios, šlapiosios, didžiosios, gražiosios
Gen. (ko?)	gerųjų, šlapiųjų, didžiųjų, gražiųjų	gerųjų, šlapiųjų, didžiųjų, gražiųjų
Dat. (kam?)	geriesiems, šlapiesiems, didiesiems, gražiesiems	gerosioms, šlapiosioms, didžiosioms, gražiosioms
Acc. (ką?)	geruosius, šlapiuosius, didžiuosius, gražiuosius	gerąsias, šlapiąsias, didžiąsias, gražiąsias
Inst. (kuo?)	geraisiais, šlapiaisiais, didžiaisiais, gražiaisiais	gerosiomis, šlapiosiomis, didžiosiomis, gražiosiomis
Loc. (kur?)	geruosiuose, šlapiuosiuose, didžiuosiuose, gražiuosiuose	gerosiose, šlapiosiose, didžiosiose, gražiosiose

Not only do adjectives take pronominal forms, but also some participles and ordinal numbers:

miegamas → **miegamasis (kambarys)** *sleeping room = bedroom*
valgomas → **valgomasis šaukštas** *eating spoon = not a teaspoon*
steigiamas → **steigiamasis susirinkimas** *constituent assembly*
esamas → **esamasis laikas** *present tense*
lyginama → **lyginamoji politika** *comparative politics*
taikoma → **taikomoji kalbotyra** *applied linguistics*
dirbantis → **dirbantysis** *working person*
tikintis → **tikintysis** *religious, believing person*
pirmas → **pirmasis mokytojas** *first teacher*
dvidešimt pirmas → **dvidešimt pirmasis amžius** *the twenty-first century*

Fractions

In everyday life, when we want to say a part of something, i.e. not a full number, we usually use such words as **pusė, trečdalis, ketvirtis, penktadalis ir pan** (*half, one-third, one-quarter, one fifth* etc.) When we want to express the partial number very precisely, usually in mathematical language, we use a fraction, formed from the cardinal number and a feminine ordinal number pronominal form:

1/2	viena antroji	3/5	**trys penktosios**
2/3	dvi trečiosios	5/6	**penkios šeštosios**

Past frequentative tense

Lithuanian verbs have a special tense showing that the action in the past happened many times. It is formed very simply and is the same for all types of verb: you take the infinitive, drop the -**ti** and add the suffix -**dav**- and the endings of persons in past tense:

ei-ti → ei + -dav- + au →**aš ei-dav-au** *I used to go*

aš (I)	**-dav-au**		mes (we) **-dav-ome**
tu (you)	**-dav-ai**		jūs (you) **-dav-ote**
jis (he), ji (she)	→	**-dav-o**	jie (they, masc.), jos (they, fem.) ←

aš (I)	eidavau		mes (we) eidavome
tu (you)	eidavai		jūs (you) eidavote
jis (he), ji (she)	→	eidavo	jie (they, masc.),
			jos (they, fem.) ←

Reflexive pronoun *savęs*

The reflexive pronoun **savęs** indicates the relation of 1st, 2nd or 3rd person with itself:

Jis pats savęs nepažįsta.	*He doesn't know himself.*
Berniukas labai nepasitiki savimi.	*The boy doesn't trust himself.*
Negaliu sau niekuo padėti.	*I cannot help myself in any way.*
Jis savęs negaili.	*He is not sorry for himself.*
Ar matai save veidrodyje?	*Do you see yourself in a mirror?*

The reflexive pronoun **savęs** does not have different gender forms and is used to indicate both masculine and feminine person.

Declension of the reflexive pronoun

Nom. (kas?)	–
Gen. (ko?)	*savęs*
Dat. (kam?)	*sau*
Acc. (ką?)	*save*
Inst. (kuo?)	*savimi*
Loc. (kur?)	*savyje*

The pronoun **savęs** does not have a nominative case. Although it has only a singular form, it can have both singular and plural meanings:

<u>Jis</u> savęs nesigaili. <u>Jie savęs</u> nesigaili.	*He is not sorry for himself. They are not sorry for themselves.*

Possessive pronoun *savo*

In addition to the possessive pronouns you already know, there is one more pronoun in Lithuanian: a non-inflected pronoun **savo**, which does not exist in English and is not something that foreigners find easy to learn. It indicates possession by the subject of the sentence:

Aš myliu <u>savo</u> **žmoną.**	*I love my wife.*
Jis myli <u>savo</u> **žmoną.**	*He loves his wife.*
Mes mylime <u>savo</u> **kraštą.**	*We love our country.*
Jie remontuoja savo butą.	*They are renovating their flat.*
Ar <u>tu</u> turi <u>savo</u> mašiną?	*Do you have your (own) car?*

Compare:

Pasakyk <u>savo</u> vardą.	*Give your name.*
Pasakyk <u>mano</u> vardą.	*Give my name.*
Pasakyk <u>jo</u> vardą.	*Tell his name.*
Pasakyk <u>jos</u> vardą.	*Tell her name.*

....

Insight

Here are the state holidays in Lithuania; a state holiday means we don't have to go to work!

Sausio 1 d.	Naujųjų metų diena *New Year's Day*
Vasario 16 d.	Lietuvos valstybės atkūrimo diena *The Day of the Restoration of the State of Lithuania*
Kovo 11 d.	Lietuvos Nepriklausomybės atkūrimo diena *The Day of the Restoration of Independent Lithuania*
Sekmadienis ir pirmadienis (pagal vakarietiškąją tradiciją) (*according to the western tradition*)	Velykos *Easter*
Pirmasis gegužės mėnesio sekmadienis *The first Sunday of May*	Motinos diena *Mother's day*
Gegužės 1 d.	Tarptautinė darbo diena *International Workers' day*
Birželio 24 d.	Joninės *St John's Day*

(Contd)

Liepos 6 d.	Mindaugo karūnavimo – Valstybės diena *The Day of the Coronation of Mindaugas – State Day*
Rugpjūčio 15 d.	Žolinė *Assumption*
Lapkričio 1 d.	Visų Šventųjų ir mirusiųjų minėjimo (Vėlinių) diena *All Saints' Day and All Souls' day*
Gruodžio 25 ir 26 d.	Šventos Kalėdos *Christmas*

Lithuanians still maintain ancient traditions of family and calendar feasts. At the beginning of March, the feast and fair of St Casimir, the patron saint of Lithuania, take place in Vilnius. Also in Vilnius a traditional folk festival „Skamba skamba kankliai" takes place during the last week of May every year. Also famous are the traditional celebrations of **Užgavėnės** (Shrove Tuesday, Mardi Gras) celebrated all over Lithuania with masks; the region of Žemaitija celebrates in an especially traditional way. There are over 4,000 amateur folk groups in Lithuania, which participate in various feasts and festivals all over the country. Folk festivals are organized in big cities and in the provinces where there are many people of different ages who participate: they sing, dance, play and cherish folk music.

All Saints' Day and All Souls' Day are very special in Lithuania when most Lithuanians go to the cemeteries to visit their relatives, tidy the graves and decorate them with flowers and light candles on the graves. During this period roads in Lithuania are full of cars because people also go to cemeteries that are scattered across the country and into the furthest corners of Lithuania. If some people do not have tombs of close ones to visit, they go to the cemetery anyway and light candles on the graves of famous people and even unfamiliar graves. Candles are also lit on abandoned graves, ones that are not taken care of by anybody.

In Lithuania there is usually no formal invitation given or sent out to a funeral; the knowledge of it is communicated through an informal grapevine to relatives, colleagues and friends. Flowers are always brought to the funeral; it is usual for a wreath to contain an even number of blossoms. Funeral dress is discreet coloured clothes that do not attract attention. If it is the funeral of a relative, one dresses in black or at least in dark colours. To express condolences to relatives of the deceased, phrases such as **užuojauta/užjaučiu** are used.

Insight

There is one more possessive pronoun in Lithuanian, a non-inflected pronoun **savo**, It does not exist in English. It indicates possession by the subject of the sentence.

Exercises

1 Select the appropriate form
   a Ar tu turi ~~tavo~~, savo knygą?
   b Šiandien jo gimtadienis. Jis visada švenčia jo, **savo** gimtadienį namie.
   c Vasarą buvo Donato ir Marijos vestuvės. Jie atskrido **į jų, savo** vestuves oro balionais.
   d Petro vardadienis yra birželio mėnesį, **o savo, jo** žmonos Onos – liepos mėnesį.
   e Vakar buvo jų tėvų auksinės vestuvės. Jie sveikino **jų, savo** tėvus auksinių vestuvių proga.
   f Aš sutikau **savo, mano** brolį, grįžusį iš Amerikos.
   g Mes visi mylime mūsų, savo vaikus.
   h Petras ir jo, savo sesuo gyvena kaime.
   i Žiūrėjome nuotraukas, prisiminėme **savo, mūsų** vestuves.
   j Mano draugai Kalėdas visada švenčia pas **jų, savo** senelius.

2 Select the appropriate words

> viena, ketvirtosios, trys, septintoji, devintosios, dvi, dešimtoji, septynios, septintosios, ketvirtoji, penktoji, antroji, penktosios

3/4 **trys ketvirtosios**
1/4
2/5
1/5
3/7
1/10
7/9
1/2
1/7

3 Insert the appropriate words

a Restoranas yra **Didžiojoje** gatvėje.

b Per _____ metus buvome Kuršių nerijoje.

c Mano draugė yra _____ Britanijos pilietė.

d Lietuvoje gyvena daug _____ gandrų.

e Lietuvoje ypatinga diena yra Vėlinės – _____ pagerbimo diena.

f Aš nevalgau _____ serbentų.

g Gal žinai, kada atsirado pirmos _____ mašinos?

h Kokia yra tavo _____ kalba?

i Mes atostogavome prie _____ jūros.

baltųjų
Didžiosios
Didžiojoje
juodųjų
Naujuosius
Juodosios
gimtoji
mirusiųjų
lengvosios

4 Fill in the correct form of the pronoun **savęs**

a Berniukas labai nepasitiki **savimi**.

b Reikia mylėti _____.

c Ar tu kada nors skiri laiko _____, ar tik kitiems?

d Pasižiūrėk į _____.

e Ji per daug reikli _____.

f Pasitikėk _____ ir viskas bus gerai.

g Neužmiršk ir _____.

h Jie visada kalba tik apie _____.

i Su kuo tu čia kalbiesi? Su _____?

reiklus, -i *strict, demanding*
skirti, skiria, skyrė *to devote*
pasitikėti, pasitiki, pasitikėjo *to rely*

5 Fill in the appropriate form of the past frequentative tense

a Lietuviai **švęsdavo** (švęsti) vardadienius.

b Prieš Kalėdas mes kasmet _____ (susitikti) su savo draugėmis.

c Per Jonines jie visada _____ (važiuoti) į kaimą.

d Anksčiau aš visada prieš miegą _____ (skaityti) kokį nors romaną.

e Kai buvau mažas, labai _____ (mėgti) savo gimtadienius.

f Kai ilgiausia diena ir trumpiausia naktis, mes anksčiau _____ (švęsti) ir dabar švenčiame Jonines.

g Mokiniai _____ (sveikinti) savo pirmąjį mokytoją su Kalėdom ir artėjančiais Naujaisiais Metais.

h Ar savo tėvų namuose Kūčioms jūs visada _____ (gaminti) dvylika valgių?

_____

Test yourself

1 Select and indicate the appropriate form

1 Lietuvoje gyvena daug ... gandrų.
☐ baltaisiais   ☐ baltieji   ☐ baltųjų

2 Man labai patinka ... serbentai.
☐ juodieji   ☐ juodųjų   ☐ juoduosius

3 Susitikome ... gatvėje.
☐ Didžiosios   ☐ Didžioji   ☐ Didžiojoje

4 Kur tavo ... kambarys?
☐ miegamojo   ☐ miegamasis   ☐ miegamieji

5 Mylėk ....
☐ savęs   ☐ save   ☐ savimi

6 Aš nepasakiau ... pavardės.
☐ savo   ☐ savęs   ☐ mano

2 Find the right answers

1	Linksmų švenčių!	**A**	Į tavo sveikatą!
2	Ateikite į mūsų įkurtuves.	**B**	Po Joninių.
3	Kada tavo sūnaus išleistuvės?	**C**	Jums taip pat.
4	Ar ji turi savo nuosavą namą?	**D**	Ačiū, būtinai.
		E	Ne, tėvų.

Key to the exercises

Reading and listening
1 1 Vilniaus, **2** Budapešto, **3** vengriškai, **4** lietuviškai. **2** Marija +, +, +, −, +, Karstenas +, +, +, +, −.

Exercises
1 vertically: vardas, ar, danė, ko, rusė, ji, jie, iš, ne, ir, ji, jie, ir, ačiū, suomis, Švedija, mes; horizontally: Vokietija, aš, anglas, ponas, labas, ponia, ar, suprantu, tu, yra, jos, ne, ar, pavardė. **2** masculine: Viktoras, italas, Vilnius, švedas, Tomas, amerikietis, estas, Talinas, lietuvis, lenkas, baltarusis, Londonas, Paulius, vokietis; feminine: japonė, danė, rusė, Diana, Kroatija, anglė, Varšuva, Agnė, slovakė, Kristina, prancūzė. **3 a** jūs, **b** aš, **c** jis, **d** ji, **e** tu, **f** mes. **4 a** kalbu, **b** suprantate, **c** nesupranta, **d** kalbame, **e** yra, **f** esi, **g** esate. **5** 1–C, 2–D, 3–F, 4–A, 5–B, 6–E. **6** 1–E, 2–A, 3–F, 4–B, 5–C, 6–D. **7 a** Koks, **b** Ar, **c** Kas, **d** Iš kur, **e** Kokia. **9 1** Laba diena, Mano vardas Lina, Ne/Taip, Ar jūs kalbate vokiškai. **2** Labas rytas, Ne, Nieko tokio.

Test yourself
1 1–Kokia, 2–Koks, 3–Ar, 4–Iš kur, 5–Kaip, 6–Kas. **2** 1–kalba, 2–esate, 3–nesuprantu, 4–Anglijos.

Reading
1 1 Vilniuje, **2** visada/rytą, vakare, žiemą, vasarą. **3** prie prezidentūros, **4** senamiestyje.

Exercises
1 į miestą, parduotuvę, muziejų, bažnyčią, Helsinkį, Ispaniją, kavinę, paštą, Lenkiją; prie miesto, parduotuvės, muziejaus, bažnyčios, Helsinkio, Ispanijos, kavinės, pašto, Lenkijos. **2** mieste, vaistinėje, Maskvoje, Berlyne, Briuselyje, kirpykloje, turguje, Vilniuje, stotyje, restorane,

gatvėje, muziejuje, Pasvalyje, knygyne, banke. **3** Prancūzijoje, Londone, Paryžiuje, centre, Lenkijoje, viešbutyje, Kinijoje. **4** 1–D, 2–F, 3–H, 4–G, 5–B, 6–I, 7–A, 8–C, 9–E. **5** būti, yra, būk, būkime, būkite; kalbėti, kalba, kalbėk, kalbėkime, kalbėkite; pasukti, pasuka, pasuk, pasukime, pasukite; važiuoti, važiuoja, važiuok, važiuokime, važiuokite. **6** 1–B, 2–A, 3–B, 4–C, 5–C. **7 a** Saulių **b** senamiestį, sankryžos, dešinę, **c** prezidentūros, **d** knygyną, gatvėje **e** stotį, **f** biblioteką, muziejaus **g** Paryžių, Vokietiją, **h** prospekte. **8** 2687215, 869904526, 862212634, 845151328, 2415890.

Test yourself
1 1–Kaip, 2–Kur, 3–Kada, 4–Kaip. **2** 1–pas, 2–į, 3–prie, 4–Airijoje, 5–Senamiestyje, 6–Vakare.

Unit 3

Reading and listening
1 true: 1, 3, 5; false: 2, 4, 6. **2** 1–D, 2–A, 3–E, 4–C, 5–B. **3** true: 1, 4, 5, 6; false: 2, 3.

Exercises
1 a senelė, **b** teta, **c** tėvai, **d** dėdė, **e** pusbrolis, **f** pusseserė. **2 a** sėdime, **b** turime, **c** turite, **d** turi, **e** turiu, **f** sėdi, **g** sėdžiu. **3 a** seserį, sesers, **b** brolį, brolio, **c** senelį, senelio, **d** žmoną, žmonos. **4** vienas brolis, dėdė, narys, pusbrolis, senelis, tėvas, žmogus; viena mama, senelė, šeima, teta; keturi dėdės, pusbroliai, seneliai, žmonės; keturios giminaitės, pusseserės, šeimos. **5 a** tetų, **b** brolių, **c** seserų, **d** senelių, **e** pusseserių, **f** pusbrolių. **6 a** dvi seseris, **b** du brolius, **c** keturis senelius, **d** devynis pusbrolius, **e** vieną sūnų, **f** penkis vaikus. **7 a** draugo, **b** dukterų, **c** brolio, **d** studentų, **e** šeimos, **f** Viktorijos. **8 a** jų, **b** jo, **c** jos, **d** Mūsų, **e** jūsų, **f** Jų. **9** mamos, Tėvo, sesers, Jos, universiteto, Jų, šeimos. **10** Operos ir baleto teatrą, Operos ir baleto teatro, Operos ir baleto teatre; Laisvės gatvėje, Laisvės gatvę, Laisvės gatvė; Danijos ambasadoje, Danijos ambasados, Danijos ambasadą. **11 a** Jo, **b** Džono, **c** Anos, **d** Tėvų, **e** Jos, **f** Brolio. **12 a** mėgstu, **b** mėgstame, **c** mėgsta, **d** mėgsti, **e** mėgstate. **13 a** Ar, **b** Kur, **c** Koks, **d** Kieno, **e** Kiek, **f** Ar, **g** Ką.

Test yourself
1 1–brolį, 2–tėvo, 3–pusbrolio, 4–seserį, 5–vaikų. **2** 1–B, 2–C, 3–B, 4–A, 5–C.

Unit 4

Reading and listening
1 true: 2, 4, 5; false: 1, 3, 6 **2** pyrago; skanaus; pyrago; 100; pusė; pusantros; 250; 150; 2; 1; cukraus.

Exercises
1 vertically: tortas, žuvis, mėsa, pietūs, vynas, arbata, kumpis, sūris; horizontally: triušiena, obuolys, kava, alus, pienas, sviestas. **2** dešra, rytas, kiaušinis, šaltibarščiai, vakarienė, bulvė, vyšnia, varškė. **3** 1–E, 2–I, 3–H, 4–F, 5–A, 6–D, 7–B, 8–C, 9–G. **4 a** valgome **b** mėgsti **c** geriate **d** nemėgsti **e** mėgstu **f** geriame **g** nevalgau **h** valgyk **i** valgo. **5** A few examples: kava su pienu, be pieno; sriuba su grybais, be grybų; mėsa su bulvėmis, be bulvių; salotos su pomidorais, be pomidorų; ledai su vaisiais, be vaisių; pyragas su varške, be varškės; blynai su uogiene, be uogienės; makaronai su padažu, be padažo; dešrelės su daržovėmis, be daržovių. **6 b** Ko jis nemėgsta? **c** Kas valgo ledus? **d** Ką jūs valgote? **e** Kiek obuolių tu turi? **f** Kieno sūnus nevalgo žuvies? **g** Ko nemėgsta močiutė? **h** Kada jūs valgote sriubą? **7** sveikas, sveikiau, sveikiausia; skanus, skani, skaniausia; gražus, graži, gražiau. **8** 1–G, 2–D, 3–A, 4–B, 5–L, 6–E, 7–J, 8–C, 9–F, 10–H, 11–I, 12–K. **9** 48 eurai, 12 latų, 93 doleriai, 24 centai, 60 kronų, 51 litas, 80 eurų, 76 centai, 1000 litų. **10 a** arbatos, **b** Mariau, **c** Padavėjau, **d** Algiuk, **e** Tadai, vaisių, kriaušių ir apelsinų **f** Vairuotojau **g** Jurgi, varškė, varškės **h** veršienos, dešrelių, kilogramo. **11 a** valgo, **b** valgau, **c** geriame, **d** nevalgai, **e** valgome, **f** valgo, **g** valgote, **h** negeria, **i** valgo, geria.

Test yourself
1 1–valgai, 2–negeria, 3–žuvies, 4–sviesto, 5–pienu, 6–cukraus. **2** 1–A, 2–B, 3–A, 4–C.

Unit 5

Reading and listening
1 true: 2, 4, 7; false: 1, 3, *no inf.*: 5, 6 **2** Džonui – **C**, Sarai – **A**, Frėjai – **D**, Nikui – **B**.

Exercises
1 1–E, 2–A, 3–F, 4–B, 5–G, 6–D, 7–C. **2** 1–C, 2–D, 3–E, 4–G, 5–A, 6–B, 7–F. **3 a** ši spalva, **b** šias baltas basutes, **c** tie mėlyni marškinėliai,

d šį languotą paltą, **e** šiltą vilnonį megztinį, **f** vienspalvius marškinius, **g** šiltų drabužių. **4** 1–D, 2–A, 3–G, 4–E, 5–B, 6–C, 7–F. **5 a** ši žalia striukė, **b** tą gėlėtą skarelę, **c** šiose parduotuvėse, **d** tuos dryžuotus marškinius, **e** šis kostiumas, **f** tuose skyriuose, **g** baltą spalvą. **6 a** man, **b** Pauliui, **c** jai, **d** jums, **e** mums, **f** Vyrui, sūnums, **g** Marijai, Eglei. **7 a** gražesnė, gražiausia, **b** šiltesnis, šilčiausias, **c** madingesni, madingiausi. **8 a** Kiek, **b** Kokių, **c** Kam, **d** Kokie, **e** Ar, **f** Kokio, **g** Kam. **9** 1–B, 2–C, 3–B, 4–C, 5–C, 6–A.

Test yourself
1 1–šis juodas paltas, 2–šilto megztinio, 3–šį sidabrinį žiedą. **2** 1–B, 2–E, 3–A, 4–D, 5–C.

Unit 6

Reading and listening
1 possible answers: **a** naujame bute, netoli centro, Užupyje, trečiame aukšte, **b** sofa, du foteliai, mažas staliukas, didelis stalas, **c** televizoriaus, **d** spintelę, lentyną, viryklę, šaldytuvą, **e** skalbimo mašinos, **f** mažas vidinis kiemelis, **g** medis ir keletas suoliukų, **h** televizorių. **2** 1–E, 2–C, 3–D, 4–A, 5–B.

Exercises
1 possible answers: šampanas: taurė; tortas: lėkštutė, šaukštelis; arbata: puodelis, stiklinė; salotos: lėkštė, šakutė; vynas: taurė; uogienė: šaukštelis; degtinė: taurelė; sultys: stiklinė; medus: šaukštelis; alus: bokalas; sriuba: lėkštė, šaukštas. **2** possible answers: spinta: didelė, medinė, šviesi; butas: didelis, šviesus, brangus; šaldytuvas: baltas, didelis, naujas; svetainė: šviesi, graži, jauki; miegamasis: jaukus, mažas, gražus; lova: didelė, plati, medinė; kilimas: vienspalvis, raštuotas, vilnonis; pirtis: karšta, maža, sena; lėkštutė: maža, balta, stiklinė; virtuvė: nauja, didelė, šviesi; puodas: mažas, didelis, senas; paveikslas: gražus, brangus, ryškus. **3** brolis; trečia, diena; puodas; šaukštas; Jonas; paveikslas; sesuo; penkta, diena; stotis, stalas; arbatinis. **4 a** norėčiau **b** norėtumėt **c** gyvenčiau, turėčiau **d** turėtum **e** pirktume **f** pirktumėt, **g** atvažiuotum. **5** viryklė, namas, kiemas, spintelė, kriauklė, pirmadienis. **6 a** auginčiau sodą/turėčiau daug gėlių... **b** pirkčiau namą kaime/važiuočiau į Egiptą/... **c** galėtume eiti į teatrą/galėtume susitikti/važiuotume į kaimą/... **d** pirktum didelį namą/važiuotum aplink pasaulį/... **e** dažnai eitų į operą/galėtų dažnai susitikti su draugais/... **f** būtų patogu/dažnai ateičiau pas jus į svečius.

7 a kurioję, **b** kuriame, **c** kuris, **d** kuris, **e** kuri, **f** kurie, **g** kurį, **h** kurioje.
8 a sueina, **b** privažiuoja, **c** parvažiuoji, **d** ateikite, **e** suėjo, **f** pareik,
g išvažiavo, **h** apeik. **9** aštuntas, dvidešimt pirmas, keturioliktas, trisdešimt
trečias, šimtas septintas, devynioliktas, devyniasdešimt ketvirtas, du šimtai
antras, šešiasdešimt penktas. **10** Grietinė ir sviestas yra šaldytuve. Marytė
turi šaldytuvą, televizorių, lovą, spintelę. Tėvai perka naują šaldytuvą.
Bute nėra telefono ir televizoriaus. Seneliai parduoda seną butą. Mes
gyvename septintame aukšte. Jeigu aš turėčiau pinigų, pirkčiau nešiojamą
kompiuterį. **11** langas prie durų, šulinys tarp tvoros ir garažo, lempa ant
stalo, puodas ant viryklės, kilimas po lova, pagalvė ant sofos, šaldytuvas
tarp spintos ir lango, šiukšlių dėžė po stalu, fotelis prieš televizorių.

Test yourself
1 1–Norėčiau, 2–Ant, 3–prie, 4–suėjo, 5–Kuriame, 6–Kurioje. **2** 1–D,
2–C, 3–A, 4–B.

Unit 7

Reading and listening
1 possible answers: 1550 Lt, 10 parų, sausio 19 d., „Atostogos", Ukmergės
g. 41, Vilnius, Taip/Taip, 2 72 41 47. **2** 1–B, 2–A, 3–C, 4–B, 5–A. **3** 1–2
Lt, 2–nuolaida, 3–pigiau, 4–1 Lt. **4** 7.00, 18, 7.12, 11, 7.22, 20. **5** 1–C, 2–B,
3–C, 4–A.

Exercises
1 a važiuosime, **b** paskambinsiu, **c** važiuos, **d** susitiksite, **e** paskambinsi,
f keliausite, **g** eisiu. **2** possible answers: **a** antra valanda, **b** pusė penktos,
c be penkiolikos minučių dvylikta valanda, **d** pirma valanda, **e** be
dvidešimt minučių devinta valanda, **f** be penkių minučių ketvirta valanda,
g penkios minutės po penktos valandos. **3** possible answers: **a** vienuoliktą
valandą, **b** pirmą valandą, **c** pusę trečios, **d** dvidešimt minučių po šeštos
valandos, **e** penkios minutės po septintos valandos, **f** be penkių minučių
vienuoliktą valandą. **4 a** Birželio penktą dieną, **b** Sausio dvidešimt antrą
dieną, **c** Liepos penkioliktą dieną, **d** Rugpjūčio aštuntą dieną, **e** Balandžio
dvidešimt šeštą dieną, **f** Lapkričio trisdešimtą dieną. **5 a** Po, **b** per, **c** po,
d nuo, iki, **e** per, **f** iki, **g** apie. **6 a** lėktuvu, **b** tramvajumi, **c** traukiniu,
d mašina, **e** keltu, **f** dviračiais. **7 a** Vilniaus, Kauno, **b** viešbučio, oro
uosto, **c** Rygos, Talino, **d** stoties, prieplaukos. **8 a** toli, toliau, **b** labiau,
labiausiai, **c** arti, arčiausiai, **d** gerai, geriau. **9 a** keturias dienas, keturioms

dienoms; **b** septintai valandai, keturias valandas; **c** kovo pirmai dienai, kovo pirmą dieną. **10 a** Kuo, **b** Kelintą, **c** Kiek, **d** Kiek, **e** Ar, **f** Kada, **g** Kuriam.

Test yourself
1 1–iki, 2–po, 3–apie, 4–per. **2** 1–E, 2–G, E, 3–F, 4–A, 5–B, 6–C.

Unit 8

Reading and listening
1 possible answers: Spektakliai vyks gruodžio 31 dieną ir vasario 4, 6, 12, 14 dieną; Anglijos nacionalinė opera; Violetą dainuos Asmik Grigorian; Kasos šeštadienį dirba iki šeštos; Taip/Bilietus galime užsisakyti internetu www.opera.lt arba paskambinti. **2** merginas ir vaikinus, 6, 7, 18.30, 62, 2 81 95 39 3 1 Folkloro festivalis, 15 d., 2 Senamiesčio galerijoje, 16 val., **3** Nacionalinėje bibliotekoje, 22 d., **4** Senosios muzikos ansamblio koncertas, 19 val., **5** Vaikų teatre, 12 val.

Exercises
1 1–B, 2–E, 3–F, 4–G, 5–C, 6–A, 7–D. **2 a** piešia, **b** mezga, **c** dainuoja, **d** šoka, **e** skaito, **f** slidinėja, **g** groja. **3** atostogavome, atostogausime, atostogausite; slidinėjai, slidinės, slidinėji; žiūrėjo, žiūrės, žiūri; skaitau; skaitei. **4 a** futbolą, krepšinį, tenisą, **b** šachmatais, šaškėmis, **c** fortepijonu, gitara. **5 a** mėnesį, **b** dviejų savaičių, **c** tris savaites, **d** du mėnesius, **e** savaitę, **f** koncertą. **6 a** Vakarais, **b** Rytais, **c** Šiltomis vasaros dienomis, **d** Naktimis, **e** Savaitgaliais, **f** Sekmadieniais, **g** Laisvalaikiu. **7 a** plaukioja, **b** plaukia, **c** plaukioti, **d** jodinėti, **e** josiu, **f** bėgioja, **g** bėk. **8** possible answers: **1** važiuosime, jūros, **2** važiavome, į, **3** bėgioju, parką, **4** keliavote, po, **5** eini, draugą, **6** važiuos, į. **9 a** Kažkas, **b** Kažkodėl, **c** Bet kas, **d** kur nors, **e** Kažkur, **f** Kažkada, **g** kada nors. **10 a** įkurtas, **b** pastatytas, **c** pastatyta, **d** pastatytas, **e** atidarytos, **f** nutapyti, **g** rekonstruota. **11 a** Kokį, **b** Su kuo, **c** Kokią, **d** Kokia, **e** Kokią, **f** Kur. **12** 1–B, 2–D, 3–C, 4–A, 5–F, 6–E. **13** possible answers: Labas, Tadai; Šiaip sau, kitą savaitę egzaminas; Puiku; Kelintą valandą ir kur susitinkame; Gerai; Iki vakaro.

Test yourself
1 1–ėjome, 2–žais, 3–slidinėjau, 4–šoksi. **2** 1–Savaitgaliais, 2–vakarais, 3–rytais. **3** 1–C, 2–A, 3–B.

Unit 9

Reading and listening
1 orai, sniegas, Plikledis, vėjo, krituliai, šalčio, šilumos, apsiniaukę, šalčio, plikledis, pasnigs, pūga, šiaurės rytų šalčio, rūkas, lijundra. **2** true: 4, 5, 7; false: 2, 3, 6.

Exercises
1 1 spintelė, lova, stalas, kėdė, kilimas, lentyna, fotelis, suolas, spinta, **2** šaukštas, lėkštė, peilis, puodelis, puodas, šakutė, šaukštelis, keptuvė, **3** varškė, mėsa, grietinė, kumpis, bandelė, dešra, pienas, duona, majonezas, grietinė, miltai, **4** paltas, suknelė, kelnės, kojinės, marškiniai, sijonas, megztinis, šalikas, pirštinės, diržas, **5** kiškis, liūtas, meška, lapė, stirna, uodas, gulbė, varna, ožka, voverė, skruzdėlė. **2** vertically: krūmas, pušis, rūta, katė, vėžys, arklys, vilkas, žolė, žąsis, stirna, višta; horizontally: beržas, rožė, ąžuolas, gyvatė, eglė, šuo, kviečiai, dramblys, žuvis, lapė, klevas, musė. **3** snigti, sninga, sningant; žaibuoti, žaibavo, žaibuojant; skaityti, skaito, skaitė; šviečia, švietė, šviečiant; sodinti, sodina, sodinant; dainuoti, dainavo, dainuojant; žaisti, žaidžia, žaidė; žiūrėti, žiūrėjo, žiūrint. **4 a) 2** nykstančių **3** krintantį **4** pučiantys **5** gyvenantys **6** auginantys **7** skaitantį **8** atostogaujančių; **b) 2** sningant **3** grybaujant **4** keliaujant **5** išvažiavus. **5** gandras, vilkas, stirna, triušis, kiškis, žvirblis, lapė, tigras, varlė, ruonis. **6** tekanti, kalbanti, plojantys, krintantis, šokantis, augantys, slidinėjanti, dainuojantys, atostogaujantis, vaidinančios, žaidžiantys. **7 b** Lietuvos vakaruose; **c** Lietuvos šiaurėje; **d** Lietuvos šiaurės rytuose; **e** Lietuvos pietuose; **f** Lietuvos pietryčiuose; **g** Lietuvos šiaurėje; **h** Lietuvos vakaruose.

Test yourself
1 1–Važiuojant, 2–griaudžiant, 3–pučiantis, 4–gyvenantys, 5–būna. **2** 1–E, 2–B, 3–A, 4–C, 5–F.

Unit 10

Reading and listening
1 1–D, 2–G, 3–A, 4–E, 5–B, 6–C, 7–F. **3** Penktadienis: 10.00 – autoservisas, 13.00 – baseinas, 17.00 Viktoro gimtadienis, restoranas „Vakaras"; šeštadienis: 10.00 – parduotuvė, 14.00 – pietūs pas tėvus; 17.00 – oro uostas, 19.00 – kinas; sekmadienis: 16.00 – pietūs pas Agnę.

Exercises

1 1–D, 2–E, 3–G, 4–F, 5–A, 6–C, 7–B. **2** 1–F maudytis, 2–B šukuojasi,
3–C rengiasi, 4–A mokytis, 5–E keltis, 6–D prausiasi. **3 a** ilsiuosi,
b keliuosi, **c** džiaugiuosi, **d** guluosi, **e** mokausi, **f** prausiuosi, **g** stengiuosi.
4 a nesimokome, **b** nesikelia, **c** nesimaudau, **d** nesirengiu, **e** nesiperku,
f nesiverdu. **5 a** nesimaudai, **b** džiaugiatės, **c** nesisveikini, **d** mokosi,
e nesikalbate, **f** ilsisi, **g** nesiaunate. **6 a** kelia, **b** moko, mokosi, **c** rengia,
rengiamės, **d** maudomės, maudo. **7 a** šypsokitės, juokitės, **b** aukis,
c mokykitės, **d** kelkitės, **e** rūpinkitės, **f** kirpkis, **g** skalbkis. **8** possible
answers: **1** Kadangi neturiu laiko, negaliu šiandien eiti į teatrą, **2** Niekur
nevažiuosime, nes sugedo automobilis, **3** Ant švarko yra dėmė, todėl
reikia jį nešti į valyklą, **4** Kol meistras taisė mano laikrodį, aš skaičiau
žurnalą, **5** Nors buvo blogas oras, važiavome maudytis. **9** atvykęs sūnus,
dėdė, pusbrolis, profesorius, mokytojas, tėvas, žmogus; pavalgę dėdės,
draugai, vyrai, žmonės, kaimynai; grįžusi sesuo, mama, draugė, šeima,
Violeta, moteris; parvažiavusios dukterys, merginos, studentės.
10 possible answers: **a** Į darbą aštuntą valandą atėjusi moteris atrakino
duris, **b** Berniukai, visą dieną žaidę kieme, vakare grįžo namo,
c Grįžusios iš kelionės merginos norėjo ilsėtis, **d** Žmogus, dirbęs banke,
yra mano kaimynas, **e** Su manimi dirbę žmonės buvo labai draugiški ir
mieli. **11 a** gyvenusios moters, **b** skambinusiai moteriai, **c** gyvenusiems
draugams, **d** gyvenusiu žmogumi, **e** remontavusiam meistrui, **f** kirpusią
kirpėją, **g** Atėjusius svečius. **12 a** Parėjęs namo Tomas vakarieniauja,
b pavargusios Rasa ir Rimantė ilsisi, **c** Grįžęs iš mokyklos Petras žaidė
futbolą, **d** Grįžusi iš darbo Marija ilsėsis, **e** Pažiūrėjęs filmą Paulius
žiūrės futbolo rungtynes, **f** Gavusi laišką Regina labai džiaugiasi.
13 1–C, D, E, F, G; 2–D, F, G; 3–A, B. **14 a** parėjus, **b** Baigęs, **c** grįžus,
d Pasisveikinusios, **e** Pavalgę, **f** grįžtant.

Test yourself

1 1–keliesi, 2–mokausi, 3–ilsimės, 4–Šypsokitės, 5–Renkis. **2** 1–B, 2–D,
3–A, 4–E, 5–C.

Unit 11

Reading and listening

2 metais, sveikatos, 1987 metų gruodžio, 1995 metais, tūkstančio, 35, 100
metų, 150, šešerių.

Exercises

1 possible answers: ranka, pilvas; sloga, plaučių uždegimas; šešeri, aštuoneri; kepenys, plaučiai; esu valgęs, yra gyvenęs; juokiausi, mokiausi. **2** vertically: gripas, klinika, slaugė, žaizda, temperatūra, kapsulės; horizontally: sveikata, tabletės, vaistai, uždegimas, sloga, angina, receptas, liga, kraujas, lašai, mikstūra, tvarstis, gydytojas. **3** mokytojui keturiasdešimt penkeri metai; dėdei aštuoniasdešimt devyneri metai; direktoriui keturiasdešimt septyneri metai; tetai trisdešimt vieneri/vieni metai; anūkui trylika metų; proanūkei treji metai; pusbroliui devyniolika metų; prezidentui penkiasdešimt aštuoneri metai; sūnui dvidešimt ketveri metai; prosenelei šimtas metų. **4 b** kėlėsi anksti, **c** klausėsi muzikos, **d** jaučiausi gerai, **e** prausėsi šaltu vandeniu, **f** jautėsi gerai, **g** daug mokėsi, **h** džiaugėsi. **5 b** yra gimusi, **c** esi buvęs, **d** yra gyvenusi, **e** yra grojęs, **f** esame buvę, **g** nesu matęs, **h** esi valgęs, **i** yra mačiusi, **j** esi gulėjęs, **k** nėra sirgęs. **6** gydyti, kraujo, nugaros, gripu, ligoniams, ligomis, vaistai. **7 1** 1996 metais, **2** 1951 metais, **3** 1946 metų balandžio 4 diena/1946-04-04, **4** 1928 vasario 28 dieną/1928-02-28, **5** 1982 metų rugsėjo mėnesį, **6** 1875 metų kovo 3 dieną/1875-03-02.

Test yourself

1 1–viriausi, 2–ilsėjosi, 3–mokėmės, 4–devyneri, 5–dveji. **2** 1–F, 2–E, 3–C, 4–D, 5–B.

Unit 12

Reading and listening

1 1– C, 2–A, 3–F, 4–E, 5–D. **3** 1579, 1753, 23788, 2740, 12, 8, 3, 18, 17, 13, 13 **4** mokiniams, 4, 11, gegužės 30, 50, 2685294, kalbos@mokykla.lt, 19.

Exercises

1 darbas: priimti į darbą, darbdavys, gyvenimo aprašymas, darbo valandos, darbo sutartis, alga, atleisti iš darbo; mokslas: pamoka, paskaita, mokinys, lenta, pažymys, egzaminas, klasė, studentas, studijuoti, vadovėlis, stipendija. **2** 1–C, 2–A, 3–F, 4–B, 5–D, 6–E. **3 a** laikome, **b** pasirašome, **c** priima, **d** stojame, **e** domimės. **4** vakar džiaugėsi, domėjomės, džiaugiausi, mokiausi, elgėsi, kalbėjomės, domėjosi, tikėjotės, kalbėjaisi, elgėmės, mokeisi; rytoj mokysiuosi, elgsiesi, ilsėsimės, seksis, sveikinsitės, tikėsiesi, ilsėsiuosi, teirausis. **5 1** maudausi, maudžiausi, **2** kėlėtės, kelsitės, **3** mokosi, mokėsi, **4** domisi, domėsis, **5** džiaugiamės, džiaugsimės, **6** ilsėjausi, ilsėsiuosi. **6** 1–B, 2–E, 3–A, 4–C, 5–F, 6–D. **7** vaikinas kalbėdamas, mokydamas, domėdamasis, piešdamas; vaikinai rašydami, džiaugdamiesi, norėdami, besimokydami, dirbdami, piešdami; mergina eidama, šypsodamasi, studijuodama; merginos skaitydamos, skaičiuodamos, eidamos. **8 a** Eidamas iš darbo namo Vilius susitiko draugą, **b** Teiraudamasis informacijos brolis pamiršo paklausti apie biuro darbo laiką, **c** Rašydama pranešimą Marija padarė klaidų, **d** Siųsdami laišką jūs pamiršote užklijuoti pašto ženklą, **e** Pasitikdamas svečius Paulius kalbėjosi su jais angliškai, **f** Laikydami egzaminą mokiniai visiškai nesinervino. **9 a** įstojus, **b** Stodama, **c** Baigęs, **d** baigus, **e** Studijuodami, **f** Pasimokiusi. **10** Aš esu vadybininkė, siuvėja, statybininkas; Aš dirbu mokytoju, direktoriumi, vairuotoju, sekretore. **11 a** Ką, **b** Kelintais, **c** Koks, **d** Ką, **e** Kokių, **f** Kuo.

Test yourself
1 1–Eidamas, 2–Parėjęs, 3–Parėjus. **2** 1–domisi, 2–domėjosi, 3–domėsis. **3** 1–E, 2–C, 3–A, 4–B.

Unit 13

Reading
1 šventė, Kalėdų, mėsiškų, vandens, švęsdavo, apeiga, vakarienėje, mirusiojo, Kūčių, staltiese, žuvis, pradėdavo, palinki, paragauti, Būdavo, Sakydavo.

Exercises
1 b savo, **c** savo, **d** jo, **e** savo, **f** savo, **g** savo, **h** jo, **i** savo, **j** savo. **2** viena ketvirtoji, dvi penktosios, viena penktoji, trys septintosios, viena dešimtoji, septynios devintosios, viena antroji, viena septintoji. **3 b** Naujuosius, **c** Didžiosios, **d** baltųjų, **e** mirusiųjų, **f** juodųjų, **g** lengvosios, **h** gimtoji, **i** Juodosios. **4 b** save, **c** sau, **d** save, **e** sau, **f** savimi, **g** savęs, **h** save, **i** savimi **5 b** susitikdavome, **c** važiuodavo, **d** skaitydavau, **e** mėgdavau, **f** švęsdavome, **g** sveikindavo, **h** gamindavote.

Test yourself
1 1–baltųjų, 2–juodieji, 3–Didžiojoje, 4–miegamasis, 5–save, 6–savo. **2** 1–C, 2–D, 3–B, 4–E.

Listening transcripts

Unit 1

2 Listen to the dialogue. Mark with + the languages Marija and Karstenas speak and with – the languages they do not speak

Andrius	Monika, ar Marija kalba lietuviškai?
Monika	Taip, Andriau, Marija gerai kalba lietuviškai, angliškai ir rusiškai.
Andrius	O prancūziškai?
Monika	Ne, ji prancūziškai nekalba.
Andrius	Ar Marija kalba vokiškai?
Monika	Truputį kalba vokiškai.
Andrius	O Karstenas? Ar jis supranta vokiškai?
Monika	Karstenas yra iš Vokietijos. Jis vokietis. Jis labai gerai kalba vokiškai.
Andrius	Ar Karstenas kalba lietuviškai?
Monika	Ne, jis nekalba lietuviškai.
Andrius	O prancūziškai?
Monika	Karstenas gerai kalba prancūziškai ir angliškai. Truputį kalba rusiškai.

Unit 2

8 Listen to the phone numbers and write them down

2687215	du, šeši, aštuoni, septyni, du, vienas, penki
869904526	aštuoni, šeši, devyni, devyni, nulis, keturi, penki, du, šeši

(Contd)

862212634   aštuoni, šeši, du, du, vienas, du, šeši, trys, keturi
845151328   aštuoni, keturi, penki, vienas, penki, vienas, trys, du, aštuoni
2415890   du, keturi, vienas, penki, aštuoni, devyni, nulis

Unit 3

3 Listen to Jonas and Milda's dialogue and indicate which statements are true and which are false

Jonas   Labas, Milda.
Milda   Labas, Jonai. Kaip sekasi?
Jonas   Ačiū, gerai.
Milda   O tau?
Jonas   Puikiai. Aš jau turiu anūką!
Milda   Kaip puiku, Jonai! Tavo sūnus jau turi sūnų!
Jonas   Ne, ne Tomas. Tai ne Tomo sūnus!
Milda   Ritos?!
Jonas   Taip, mano duktė Rita turi sūnų! O Tomas dar nevedęs.
Milda   Koks berniuko vardas?
Jonas   Anūko vardas Andrius.
Milda   Kur dabar gyvena tavo duktė?
Jonas   Ji dabar gyvena Vilniuje.

Unit 4

2 Read the dialogue then listen to the phone conversation and fill in the missing information

Dėdė Jonas   Alio!
Živile   Labas vakaras, dėde. Ar yra teta Jūratė? Noriu paprašyti jos pyrago recepto. Rytoj pas mus ateina svečių, noriu iškepti ką nors skanaus.

Dėdė Jonas	Tuoj pakviesiu ją prie telefono.
Teta Jūratė	Klausau, živile.
živile	Labas, teta. Noriu tavo pyrago recepto. Ar gali pasakyti?
Teta Jūratė	žinoma, vaikeli. Rašyk:
	100g sviesto
	pusė stiklinės cukraus
	1 kiaušinis
	pusantros stiklinės miltų
	Įdaras:
	250g varškės
	150ml grietinėlės (riebios)
	2 kiaušiniai
	nepilna stiklinė cukraus
	1 šaukštas citrinos sulčių
	1 šaukštelis vanilinio cukraus
	2 obuoliai
	1 šaukštelis cinamono.
živile	Aišku, ačiū. Taigi aš padarau tešlą, tada sumaišau įdaro produktus. O obuolius?
Teta Jūratė	Obuolius supjaustyk skiltelėmis ir dėk ant viršaus. Ir dar pabarstyk cinamonu.

Unit 5

2 Listen to Tomas and Rita's dialogue. What gifts is Tomas going to buy for his friends?

Rita	Sveikas, Tomai!
Tomas	Sveika, Rita!
Rita	Kada važiuoji į Londoną?
Tomas	Poryt.
Rita	Ar turi dabar laiko? Gal einam į koncertą?
Tomas	Visiškai neturiu laiko, Rita. Reikia draugams Londone nupirkti dovanų.

(Contd)

Rita	Ką nori pirkti?
Tomas	Džonui noriu nupirkti marškinėlius su Vilniaus universiteto simbolika. Sara labai mėgsta apyrankes.
Rita	Tada nupirk jai gintarinę apyrankę.
Tomas	Būtinai. Sara sakė, kad jai patinka gintaras. Gintarinės apyrankės ji neturi. Dar nežinau, ką pirkti Saros seseriai Frėjai.
Rita	Visoms merginoms patinka papuošalai. Jai taip pat nupirk gintarinį papuošalą.
Tomas	Saros sesuo dar maža. Ji mėgsta žaisti su lėlėmis. Jai įdomios tik lėlės ir jų drabužiai.
Rita	Nupirk jai lėlę su lietuvių tautiniais drabužiais!
Tomas	Gera mintis, Rita. Frėja mėgsta lėles su tautiniais darbužiais. O ką pirkti Nikui?
Rita	Žinau, kad Nikui labai patinka lietuviški vilnoniai megztiniai.
Tomas	Lietuvišką vilnonį rankų darbo megztinį jis jau turi. Jam reikia nupirkti šiltas vilnones raštuotas pirštines.
Rita	Žiemą Nikas nori atvažiuoti į Lietuvą. Mūsų žiemos šaltos. Pirštinės – tikrai gera dovana Nikui.
Tomas	O dabar bėgu į parduotuves. Ačiū už patarimus. Iki, Rita!
Rita	Iki, Tomai!

Unit 6

2 Read the advertisements and listen to the recording. Indicate which advertisement fits which request

1 Perku namą centre arba netoli centro.
2 Norėčiau nuomoti vieno kambario butą centre.
3 Važiuojame atostogų prie jūros. Reikia nuomotis namą arba butą.
4 Norėčiau naujo namo užmiestyje. Būtų labai gerai prie upės arba ežero.

5 Dabar gyvenu Kaune ir planuoju pirkti naują butą. Reikia didelio, nes turiu didelę šeimą, mažų vaikų.

Unit 7

4 Listen to the information about the trips. Fill in the missing information: the time of departure of the buses and the bay number

Keleivių dėmesiui

Gerbiami keleiviai, Autobusas Vilnius–Klaipėdą išvyksta septintą valandą iš trisdešimtos aikštelės.

Autobusas Vilnius–Ryga išvyksta septintą valandą septynios minutės iš aštuonioliktos aikštelės.

Autobusas Vilnius–Rokiškis išvyksta septintą valandą dvylika minučių iš trisdešimt antros aikštelės.

Autobusas Vilnius–Šiauliai išvyksta septintą valandą penkiolika minučių iš vienuoliktos aikštelės.

Autobusas Vilnius–Trakai išvyksta septintą valandą dvidešimt dvi minutės iš dvidešimt penktos aikštelės.

Autobusas Vilnius–Druskininkai išvyksta septintą valandą trisdešimt minučių iš dvidešimtos aikštelės.

5 Where might you hear the following? Choose the right answer

1 Ar kitoje stotelėje išlipsite?
2 Prašom sustoti čia.
3 Prašom parodyti bilietą.
4 Gal galite pažymėti bilietą?

2 Listen to the information about the new dance group. Fill in the missing information

Šokių grupė „Linksmuolis"

Šokių grupė „Linksmuolis" kviečia merginas ir vaikinus į šokių grupes. Šoksite hiphopo, džiazo, disko ir Lotynų Amerikos stilių šokius. Dalyvausite įvairiuose televizijos projektuose, koncertuose, festivaliuose.

Merginos ir vaikinai, laukiame jūsų rugsėjo šeštą ir septintą dienomis. Aštuonioliktą valandą trisdešimt minučių Muzikos mokykloje. Mūsų adresas Parko gatvė šešiasdešimt du.

Informacija telefonu du, aštuoni vienas, devyni penki, trys devyni.

3 Listen to the information about cultural events in Vilnius. Fill in the missing information

Gegužės mėnesio kultūriniai renginiai Vilniuje

Mieli vilniečiai ir sostinės svečiai, gegužės mėnesį sostinėje prasideda kasmetinis Folkloro festivalis. Festivalio atidarymas vyks Kalnų parke gegužės penkioliktą dieną aštuonioliktą valandą. Festivalyje koncertuos ne tik folkloro ansambliai iš įvairių Lietuvos miestų, bet ir svečiai iš Baltarusijos, Lenkijos, Airijos, Čekijos, Norvegijos. Jaunųjų dailininkų darbų parodos atidarymas Senamiesčio galerijoje gegužės devynioliktą dieną šešioliktą valandą. Parodoje dalyvauja skulptoriai, tapytojai, keramikai.

Fotografijos mėgėjus į senosios fotografijos parodos atidarymą Nacionalinė biblioteka kviečia gegužės dvidešimt antrą dieną septynioliktą valandą.

Senosios muzikos ansamblio koncertas vyks Taikomosios dailės muziejuje sekmadienį, gegužės dvidešimt trečią dieną. Koncerto pradžia devynioliktą valandą.

Spektaklį „Du gaideliai" Vaikų teatras mažiesiems žiūrovams parodys gegužės dvidešimt trečią dieną, dvyliktą valandą. Bus linksma ir įdomu ne tik vaikams, bet ir jų tėveliams.

Unit 9

1 Listen to the weather forecast and fill in the missing words

Orai

Paskutinėmis metų dienomis Lietuvoje vyraus permainingi orai.
Rytoj numatomas sniegas, šlapdriba ir lijundra. Penktadienio
naktį be žymesnių kritulių. Plikledis. Pajūryje pietų vėjo gūsiai
15–17 metrų per sekundę. Žemiausia temperatūra 3–8 laipsniai
šalčio. Antroje dienos pusėje krituliai, šlapdriba, pereinanti į lietų.
Lijundra. Temperatūra nuo 4 laipsnių šalčio iki 1 laipsnio šilumos.
Šeštadienio naktį Lietuvoje numatomi apsiniaukę su šlapdriba
ir lietumi orai. Kai kur sniegas, lijundra. Temperatūra pirmoje
nakties pusėje nuo 1 laipsnio šilumos iki 4 laipsnių šalčio, rytą
atšils iki 0–3 laipsnių šilumos. Šeštadienio dieną daugelyje rajonų
nedideli krituliai, vakare plikledis. Aukščiausia temperatūra 0–4
laipsniai šilumos, vakare atšals iki 0–4 laipsnių šalčio.
Sekmadienį daug kur truputį pasnigs. Vietomis trumpa pūga,
lijundra, plikledis. Vėjas šiaurės rytų, rytų, 7–12 metrų per
sekundę, kai kur gūsiai 15–18 metrų per sekundę.
Temperatūra naktį 0–5 laipsniai šalčio, dieną nuo 2 laipsnių
šilumos iki 3 laipsnių šalčio.
Pirmadienį – daugelyje rajonų sniegas, šlapdriba. Kai kur rūkas,
lijundra. Temperatūra naktį nuo 1 laipsnio šilumos iki 4 laipsnių
šalčio, dieną apie 0 laipsnių.

Unit 10

**3 Listen to Tomas and Agnė's dialogue. What are Tomas'
plans?**

Tomas Klausau.
Agnė Labas, Tomai.

(Contd)

Tomas	Sveika, Agne.
Agnė	Kaip gyvenate?
Tomas	Ačiū. Puikiai. O kaip tu ir tavo šeima?
Agnė	Labai gerai. Norėtume tave su žmona pakviesti į svečius. Išvirčiau cepelinų, iškepčiau obuolių pyragą.
Tomas	Mielai.
Agnė	Gal galėtumėte ateiti penktadienį vakare?
Tomas	Palauk, pažiūrėsiu į užrašų knygelę.
Agnė	Na, kaip?
Tomas	Penktadienis nelengva diena. Dešimtą važiuoju į autoservisą. Reikia truputį paremontuoti mašiną. Pirmą valandą su vaikais važiuoju į baseiną. Rugpjūčio septintą – mano pusbrolio Viktoro gimtadienis. Penktą valandą einame į restoraną „Vakaras". Penktadienį tikrai neturėsiu laiko.
Agnė	Suprantu. O gal galėsite ateiti šeštadienį?
Tomas	Jau taip pat turime planų: rytą apie dešimtą valandą važiuojame į parduotuvę. Antrą valandą pietausime pas mano tėvus. Penktą jau turiu būti oro uoste, sūnus grįžta iš Vokietijos. Nupirkau į kiną bilietus septintai valandai. Gaila, bet šeštadienį taip pat negalėsime pas jus ateiti.
Agnė	O sekmadienį?
Tomas	Sekmadienį mielai ateisime.
Agnė	Apie ketvirtą. Gerai?
Tomas	Gerai. Labai ačiū. Būtinai ateisime.
Agnė	Iki sekmadienio! Labai džiaugiuosi, kad ateisite.
Tomas	Iki!

Unit 11

2 Listen to the text and fill in the gaps

Tradicinė sveikatos šventė „Palangos ruoniai"

Jau daug metų Palangoje vyksta „Palangos ruonių" šventės. Kiekvienais metais vasario mėnesį lediniame Baltijos jūros vandenyje maudosi tūkstančiai žmonių. Šį renginį organizuoja Palangos sveikatos mokykla. Sveikuoliai atvyksta ne tik iš Lietuvos, bet ir iš kitų valstybių „ruonių" klubų. Pirmą kartą žiemos maudynės Palangoje buvo surengtos 1987 (tūkstantis devyni šimtai aštuoniasdešimt septintų) metų gruodžio mėnesį. Daugiausia dalyvių „ruonių" maudynėse buvo 1995 (tūkstantis devyni šimtai devyniasdešimt penktais) metais. Tada į ledinę jūrą vienu metu šoko beveik pusantro tūkstančio sveikuolių. Šios didžiausios žiemos maudynės šalyje buvo užfiksuotos Lietuvos rekordų knygoje. Pagal sveikuolių filosofiją jau 35 (trisdešimt penkerius) metus gyvenantis vyriausias šventės dalyvis yra šimto metų ir šimto penkiasdešimt dienų sulaukęs Plungės gyventojas. Jauniausia maudynių dalyvė neseniai maudytis jūroje žiemą pradėjusi šešerių metų mergaitė.

7 Listen to the recording and write down the date

1 Jis susirgo 1996 metais.
2 Pradėjau dirbti 1951 metais.
3 Tai buvo 1946 metų balandžio 4 diena.
4 Mama gimė 1928 vasario 28 dieną.
5 Namą pastatė 1982 metų rugsėjo mėnesį.
6 Senelis gimė 1875 metų kovo 3 dieną.

Unit 12

3 Listen to the text and insert the missing numbers

Šiek tiek apie Vilniaus universitetą

Vilniaus universitetas yra viena seniausių ir žymiausių Rytų Europos aukštųjų mokyklų. Universitetas įkurtas tūkstantis penki šimtai septyniasdešimt devintaisiais metais. Astronomijos observatorija, įkurta tūkstantis septyni šimtai penkiasdešimt trečiaisiais metais, yra seniausia Rytų Europoje.

Dabar Vilniaus universitete mokosi dvidešimt trys tūkstančiai septyni šimtai aštuoniasdešimt aštuoni studentai. Jiems dėsto du tūkstančiai septyni šimtai keturiasdešimt universiteto darbuotojų. Vilniaus universitete yra seniausia Lietuvoje biblioteka, dvylika fakultetų, aštuoni institutai, trys universitetinės ligoninės, astronomijos observatorija, botanikos sodas, skaičiavimo centras ir Šv. Jonų bažnyčia.

Vilniaus universiteto rūmų ansamblį, esantį Senamiestyje, kovo – spalio mėnesiais galite aplankyti nuo devintos iki aštuonioliktos valandos, lapkričio – vasario mėnesiais nuo devintos iki septynioliktos valandos. Universiteto rūmų ansamblyje yra trylika kiemų su trylika pastatų, Šventų Jonų bažnyčia ir varpinė.

4 Listen to the information about the language school, then fill in the gaps

Kalbų mokykla „Šnekutis"

Kviečiame į italų kalbos kursus. Rengiame mėnesio kursus studentams ir mokiniams. Kursai prasideda birželio ketvirtą dieną. Pamokos vyks pirmadieniais, trečiadieniais ir penktadieniais nuo septynioliktos valandos. Šeštadieniais nuo vienuoliktos valandos. Bus grupių tiems mokiniams, kurie tik pradeda mokytis, ir jau kalbantiems itališkai.

Į kursus registruojame nuo gegužės trisdešimtos dienos iki birželio trečios dienos. Registracijos mokestis – penkiasdešimt litų. Registruotis ir teirautis informacijos galite telefonu du, šeši, aštuoni, penki, du, devyni, keturi darbo dienomis nuo aštuntos iki septynioliktos valandos. Elektroninio pašto adresas kalbos@ mokykla.lt. Mūsų adresas Mokyklos gatvė devyniolika, Panevėžys.

◀) **CD2, TR 41**

Appendix: stress

Stress (accent) in Lithuanian is free; it can fall on almost any syllable of the word. In the glossaries that follow, you will find the accent mark on the dictionary form of the word but when we change the form of the word, the accent very often changes as well. The rules of accent are really rather complicated, so try to imitate when you listen to the recording. On the recording you will hear the first nominal word of each group read out in full to give you an idea of the accentuation.

In Lithuanian, both long and short syllables can be accented. The accentuation of long syllables is not the same, i.e. the beginning of the syllable (indicated with an acute accent sign) or the end (indicated with a tilde) may be more stressed. Short accented syllables are always accentuated in the same way (indicated with a grave sign).

You will find the type of accentuation of nominal words (1, 2, 3 or 4) indicated in the glossary. The tables that follow show how the stress changes across the four types of nominal words.

If the word belongs to the third type of accentuation and the accented syllable is at the beginning of the word, it is marked 3^a in the glossaries. If the end of the syllable is more stressed or if the syllable is short, it is marked 3^b in the glossaries. The tables also contain the 3^a and 3^b nominal word models of accentuation.

A small number of nominal words of the third accentuation type draw the accent from the end of the fourth syllable. Such words are marked 3^{4a} and 3^{4b} in the appendix. These types of accentuation are quite rare and, because of this rarity, we have included no noun of the 3^{4a} type in the glossaries.

Type 1

Singular

Nom.	brólis	pavãsaris	geriáusias	vienúolikta	kitóks	klaũsomas
Gen.	brólio	pavãsario	geriáusio	vienúoliktos	kitókio	klaũsomo
Dat.	bróliui	pavãsariui	geriáusiam	vienúoliktai	kitókiam	klaũsomam
Acc.	brólį	pavãsarį	geriáusią	vienúoliktą	kitókį	klaũsomą
Inst.	bróliu	pavãsariu	geriáusiu	vienúolikta	kitókiu	klaũsomu
Loc.	brólyje	pavãsaryje	geriáusiame	vienúoliktoje	kitókiame	klaũsomame
Voc.	bróli	pavãsari	geriáusias	vienúolikta	kitóks	klaũsomas

Plural

Nom.	bróliai	pavãsariai	geriáusi	vienúoliktos	kitókie	klaũsomi
Gen.	brólių	pavãsarių	geriáusių	vienúoliktų	kitókių	klaũsomų
Dat.	bróliams	pavãsariams	geriáusiems	vienúoliktoms	kitókiems	klaũsomiems
Acc.	brólius	pavãsarius	geriáusius	vienúoliktas	kitókius	klaũsomus
Inst.	bróliais	pavãsariais	geriáusiais	vienúoliktomis	kitókiais	klaũsomais
Loc.	bróliuose	pavãsariuose	geriáusiuose	vienúoliktose	kitókiuose	klaũsomuose
Voc.	bróliai	pavãsariai	geriáusi	vienúoliktos	kitókie	klaũsomi

Type 2

Singular

Nom.	rãštas	rankà	vaikìnas	auksìnis	auksìnė	niẽkas
Gen.	rãšto	rañkos	vaikìno	auksìnio	auksìnės	niẽko
Dat.	rãštui	rañkai	vaikìnui	auksìniam	auksìnei	niẽkam
Acc.	rãštą	rañką	vaikìną	auksìnį	auksìnę	niẽką
Inst.	raštù	rankà	vaikinù	auksiniù	auksinè	niekù
Loc.	rãštė	rañkoje	vaikìnė	auksiniame	auksìnėje	niekė
Voc.	rãšte	rañka	vaikìne	auksìni	auksìne	niẽke

Plural

Nom.	rãštai	rañkos	vaikìnai	auksìniai	auksìnės	
Gen.	rãštų	rañkų	vaikìnų	auksìnių	auksìnių	
Dat.	rãštams	rañkoms	vaikìnams	auksìniams	auksìnėms	
Acc.	raštùs	rankàs	vaikinùs	auksiniùs	auksìnės	
Inst.	rãštais	rañkomis	vaikìnais	auksìniais	auksìnėmis	
Loc.	rãštuose	rañkose	vaikìnuose	auksìniuose	auksìnėse	
Voc.	rãštai	rañkos	vaikìnai	auksìniai	auksìnės	

Type 3

Singular

Nom.	láiškas	galvà	traukinỹs	šáltas	šáltà	kóks	kokià	
Gen.	láiško	galvõs	tráukinio	šálto	šaltõs	kókio	kokiõs	
Dat.	láiškui	gálvai	tráukiniui	šaltám	šáltai	kokiám	kókiai	
Acc.	láišką	gálvą	tráukinį	šáltą	šáltą	kókį	kókią	
Inst.	láišku	gálva	tráukiniu	šáltu	šálta	kókiu	kókia	
Loc.	laiškè	galvojè	traukinyjè	šaltamè	šaltojè	kokiamè	kokiojè	
Voc.	láiške	gálva	traukinỹ	šáltas	šálta	kokiamè	—	

Plural

Nom.	laiškaĩ	gálvos	traukiniaĩ	šaltì	šáltos	kokiè	kókios	
Gen.	laiškų̃	galvų̃	traukinių̃	šaltų̃	šaltų̃	kokių̃	kokių̃	
Dat.	laiškáms	galvóms	traukiniáms	šaltíems	šaltóms	kokíems	kokióms	
Acc.	láiškus	gálvas	tráukinius	šáltus	šáltas	kókius	kókias	
Inst.	laiškaĩs	galvomìs	traukiniaĩs	šaltaĩs	šaltomìs	kokiaĩs	kokiomìs	
Loc.	laiškuosè	galvosè	traukiniuosè	šaltuosè	šaltosè	kokiuosè	kokiosè	
Voc.	laiškaĩ	gálvos	traukiniaĩ	šaltì	šáltos	kokiè	—	

Type 3ᵃ

Nom.	áugalas	mokinỹs	mokinė̃	álkanas	alkanà
Gen.	áugalo	mókinio	mokinė̃s	álkano	alkanõs
Dat.	áugalui	mókiniui	mókinei	alkanám	álkanai
Acc.	áugalą	mókinį	mókinę	álkaną	álkaną
Inst.	áugalu	mókiniu	mókine	álkanu	álkana
Loc.	augalè	mokinyjè	mokinėje	alkanamè	alkanojè
Voc.	áugale	mokinỹ	mókine	álkanas	alkanà

Nom.	augalaĩ	mókinės	mókinės	alkanì	álkanos
Gen.	augalų̃	mokinių̃	mokinių̃	alkanų̃	alkanų̃
Dat.	augaláms	mokiniáms	mokinė̃ms	alkaniems	alkanóms
Acc.	áugalus	mókinius	mókines	álkanus	álkanas
Inst.	augaláis	mokiniaĩs	mokinė̃mis	alkanaĩs	alkanomìs
Loc.	augaluosè	mokiniuosè	mokinėsè	alkanuosè	alkanosè
Voc.	augalaĩ	mokiniaĩ	mókinės	alkanì	álkanos

Type 3[4a]

Singular

Nom.	kalnakasỹs	kalnakasė̃
Gen.	kálnakasio	kálnakasės
Dat.	kálnakasiui	kálnakasei
Acc.	kálnakasį	kálnakasę
Inst.	kálnakasiu	kálnakase
Loc.	kalnakasyjè	kalnakasėjè
Voc.	kalnakasỹ	kálnakase

Plural

Nom.	kalnakasiaĩ	kálnakasės
Gen.	kalnakasių̃	kalnakasių̃
Dat.	kalnakasiáms	kalnakasė́ms
Acc.	kálnakasius	kálnakases
Inst.	kalnakasiaĩs	kalnakasė̃mis
Loc.	kalnakasiuosè	kalnakasėsè
Voc.	kalnakasiaĩ	kálnakasės

Type 3ᵇ

Singular

Nom.	kãtinas	kambarỹs	pamokà	svẽtimas	svetimà	dìdelis	didẽlė
Gen.	kãtino	kam̃bario	pamokõs	svẽtimo	svetimõs	dìdelio	didẽlės
Dat.	kãtinui	kam̃bariui	pãmokai	svetimám	svẽtimai	dideliám	dìdelei
Acc.	kãtiną	kam̃barį	pãmoką	svẽtimą	svẽtimą	dìdelį	dìdelę
Inst.	kãtinu	kam̃bariu	pãmoka	svẽtimu	svẽtima	dìdeliu	dìdele
Loc.	katinè	kambaryjè	pamokojè	svetimamè	svetimojè	dideliamè	didelėjè
Voc.	kãtine	kambarỹ	pãmoka	svẽtimas	svẽtima	dìdelis	dìdele

Plural

Nom.	katinaĩ	kambariaĩ	pãmokos	svetimì	svẽtimos	dìdeli	dìdelės
Gen.	katinų̃	kambarių̃	pamokų̃	svetimų̃	svetimų̃	dìdelių	dìdelių
Dat.	katináms	kambariáms	pamokóms	svetimíems	svetimóms	dideliems	didelėms
Acc.	kãtinus	kam̃barius	pãmokas	svẽtimus	svẽtimas	dìdelius	dìdeles
Inst.	katinaĩs	kambariaĩs	pamokomìs	svetimaĩs	svetimomìs	dideliaĩs	didelėmìs
Loc.	katinuosè	kambariuosè	pamokosè	svetimuosè	svetimuosè	dideliuosè	didelėsè
Voc.	katinaĩ	kambariaĩ	pãmokos	svetimì	svẽtimos	dìdeli	dìdelės

Type 3[4b]

Singular

Nom.	uždavinỹs	pãtiekalas	į̃tikimas	ištikimà
Gen.	uždavinio	pãtiekalo	į̃tikimo	ištikomõs
Dat.	uždaviniui	pãtiekalui	ištikimám	į̃tikimai
Acc.	ùždavinį	pãtiekalą	į̃tikimą	į̃tikimą
Inst.	ùždaviniu	pãtiekalu	į̃tikimu	į̃tikima
Loc.	uždavinyjè	patiekalè	ištikimamè	ištikimojè
Voc.	ùždavinỹ	pãtiekale	į̃tikimas	į̃tikima

Plural

Nom.	uždaviniaĩ	patiekalaĩ	ištikimì	į̃tikimos
Gen.	uždavinių̃	patiekalų̃	ištikimų̃	ištikimų̃
Dat.	uždaviniáms	patiekaláms	ištikimíems	ištikimóms
Acc.	ùždavinius	pãtiekalus	į̃tikimus	į̃tikimas
Inst.	uždaviniaĩs	patiekalaĩs	ištikimaĩs	ištikimomìs
Loc.	uždaviniuosè	patiekaluosè	ištikimuosè	ištikimosè
Voc.	uždaviniaĩ	patiekalaĩ	ištikimì	į̃tikimos

Singular

Nom.	nãmas	dainà	gražùs	graži	vìsas	visà
Gen.	nãmo	dainõs	gražaũs	gražiõs	vìso	visõs
Dat.	nãmui	daĩnai	gražiám	grãžiai	visám	vìsai
Acc.	nãmą	daĩną	grãžų	grãžią	vìsą	vìsà
Inst.	namù	dainà	gražiù	gražià	visù	visà
Loc.	namè	dainojè	gražiamè	gražiojè	visamè	visojè
Voc.	nãme	daĩna	gražùs	graži	—	—

Plural

Nom.	namaĩ	daĩnos	grãžūs	grãžios	vìsi	vìsos
Gen.	namų̃	dainų̃	gražių̃	gražių̃	visų̃	visų̃
Dat.	namáms	dainóms	gražíems	gražióms	visíems	visóms
Acc.	namùs	dainàs	gražiùs	grãžias	visùs	visàs
Inst.	namaĩs	dainomìs	gražiaĩs	gražiomìs	visaĩs	visomìs
Loc.	namuosè	dainosè	gražiuosè	gražiosè	visuosè	visosè
Voc.	namaĩ	daĩnos	grãžūs	grãžios	—	—

Lithuanian–English vocabulary

The words in this glossary are listed in Lithuanian alphabetical order, as follows: a, ą, b, c, č, d, e, ę, ė, f, g, h, i, į, y, j, k, l, m, n, o, p, r, s, š, t, u, ų, ū, v, z, ž

See Appendix: stress, above for an explanation of the stress marks and groups.

abíem *for both*
ãčiū *thank you*
administrãtorius, -ė (1) *administrator*
advokãtas, -ė (2) *lawyer*
aguřkas (2) *cucumber*
aikštė̃ (3) *square*
aikštėlė (2) *platform*
Aĩrija (1) *Ireland*
aĩris, -io; -ė (2) *Irishman, Irishwoman*
áiškus, -i (3) *clear*
akiniaĩ (3ᵇ) *glasses*
akìs,-iẽs (4) *eye*
ãktorius, -ė (1) *actor, actress*
algà (4) *salary*
aliẽjus (2) *oil*
alkohòliniai gérimai (1)(1) *alcoholic drinks*
alkohòlis, -io (2) *alcohol*
alkū́nė (1) *elbow*
alvùs (4) *beer*
ambasadà (2) *embassy*
Amèrika (1) *America, United States of America*
amerikiẽtis, -io; -ė (2) *American*
ámpulė (1) *ampoule*

Ámsterdamas (1) *Amsterdam*
anginà (2) *angina*
ánglas, -ė (1) *Englishman, Englishwoman*
Ánglija (1) *Great Britain, England*
ánglų kalbà (1)(4) *English language*
Ankarà (4) *Ankara*
ankstí *early*
antíena (1) *duck (meat)*
ántis, -ies (1) *duck*
añtklodė (1) *blanket*
antrãdienis, -io (1) *Tuesday*
anū̃kas (2) *grandson*
anū̃kė (2) *granddaughter*
apeigà (3ᵇ) *ritual*
apelsìnas (2) *orange*
apýkaklė (1) *collar*
apýrankė (1) *bracelet*
apýtaka (1) *circulation*
apsãkymas (1) *story*
apsilankýti, apsilañko, apsilañkė *visit*
apsiniáukęs, -usi (1) *overcast*
aptarnáuti, aptarnáuja, aptarnãvo (ką?) *serve*
arbà *or*

arbatà (2) *tea*
arbãtpinigiai (1) *tip*
arklỹs (3) *horse*
artì *close*
asmuõ (3ᵇ) *person*
Aténai (1) *Athens*
atléisti, atléidžia, atléido (ką?)
  discharge
atlìkti, atliẽka, atlìko (ką?) *do*
  the task
atostogáuti, atostogáuja,
  atostogãvo *holiday (be on*
  holiday)
atóstogos (1) *holiday*
atródyti, atródo, atródė *look,*
  seem
atsiim̃ti, atsìima, atsìėmė (ką?)
  take
atsimiñti, atsìmena, atsìminė
  (ką?) *remember*
atsiprašaũ *sorry*
ãtskiras, -ų (3ᵇ) *separate*
atvirùkas (2) *postcard*
atvykìmas (2) *arrival*
auditòrija (1) *auditorium*
audrà (4) *storm*
áugalas (3ᵃ) *plant*
augìnti, augìna, augìno (ką?)
  grow something
áuksas (3) *gold*
auksìnis, -ė (2) *golden*
aukštaĩ *high*
aũkštas (2) *floor, storey*
áukštas, -à (3) *high*
aukštàsis išsilãvinimas (1) *higher*
  education
aukštumà (3ᵃ) *heights, elevation*
ausìs, -iẽs (4) *ear*

aũskaras (3ᵇ) *earring*
áustras, -ė (1) *Austrian*
Áustrija (1) *Austria*
aũti, aũna, ãvė (ką?/kuo?) *put on*
  shoes
aũtis, aũnasi, ãvėsi (ką?/kuo?)
  put on your own shoes
autobùsas (2) *bus*
autobùsų stotēlė (2)(2) *bus*
  stop
autobùsų stotìs, -iẽs (2)(4) *bus*
  station
automobìlio dokumeñtai (2)(2)
  vehicle registration
automobìlis, -io (2) *car*
autosèrvisas (1) *garage*
ãvalynė (1) *footwear*
avéti, ãvi avéjo (ką?/kuo?) *wear*
  (shoes)
avíena (1) *mutton, lamb*
aviētė (2) *raspberry*
avìs, -iẽs (4) *sheep*
ãvižos (3ᵇ) *oat (cereal)*
ą́žuolas (3ᵃ) *oak (tree)*

bagãžas (2) *luggage*
bagãžo sáugojimo kãmera (2)(1)
  (1) *luggage office*
baidãrė (2) *canoe*
baĩgtis, baĩgiasi, baĩgėsi *end*
baĩsiai *terribly*
balà (2) *puddle*
balañdis, -io (2) *April, pigeon*
balètas (2) *ballet*
balkònas (2) *balcony*
Baltarùsija (1) *Belarus*
baltarùsis, -io; -ė (2) *Belorussian*
báltas, -à (3) *white*

banañas (2) *banana*
bandẽlė (2) *bun, roll*
bangà (4) *wave*
bangìnis, -io (2) *whale*
bánkas (1) *bank*
bãras (2) *bar*
barstýti, bařsto, bařstė (ką?) *sprinkle*
barzdà (4) *beard*
baseĩnas (2) *swimming pool*
basùtė (2) *slingback*
bãtas (2) *shoe*
batẽlis, -io (2) *shoe (for women)*
batònas (2) *bread (French)*
baudà (4) *fine*
bažnýčia (1) *church*
bedařbis, -io; -ė (2) *unemployed*
bėgióti, bėgiója, bėgiójo *run*
beẽgas, -ė (2) *Belgian*
Beẽgija (1) *Belgium*
bendrãbutis, -io (1) *dormitory*
bendradařbis, -io; -ė (2) *colleague*
benzìnas (2) *benzine, petrol*
Berlýnas (1) *Berlin*
Bèrnas (1) *Bern*
berniùkas (2) *boy*
bèržas (3) *birch (tree)*
bèt kadà *whenever*
bevéik *almost*
bibliotekà (2) *library*
bìlietas (1, 3b) *ticket*
bìlietų kasà (1, 3b)(4) *booking office*
biològija (1) *biology*
birželis, -io (2) *June*
blýnas (2) *pancake*
blõgas, -ų (4) *bad*

bóbų vãsara (1)(1) *Indian summer*
bokãlas (2) *tumbler (of beer)*
bókštas (1) *tower*
brangùs, -į (3) *expensive*
brãškė (2) *strawberry*
Bratislavà (2) *Bratislava*
bríedis, -io (1) *elk, moose*
Briúselis, -io (1) *Brussels*
brólis, -io (1) *brother*
Budapèštas (2) *Budapest*
bũdas (2) *way*
bũgnas (2) *drum*
buhálteris, -io; -ė (1) *bookkeeper*
Bukarèštas (2) *Bucharest*
bulgãras, -ė (2) *Bulgarian*
Bulgãrija (1) *Bulgaria*
bùlvė (1) *potato*
bũrìmas (2) *fortune telling*
burnà (3) *mouth*
burokẽlis, -io (2) *beet*
bùtas (2) *apartment*
bùtelis, -io (1) *bottle*
bũti, yrų, bùvo *be*
bũtinaĩ *certainly, necessary, definitely*

ceñtas (2) *cent*
ceñtras (2) *centre*
chalãtas (2) *robe*
chèmija (1) *chemistry*
chòras (2) *choir*
citrinà (2) *lemon*
cùkrus (2) *sugar*
čèkas, -ė (2) *Czech*
Čèkija (1) *Czech Republic*
česnãkas (2) *garlic*
čià *here*

čiáudėti, čiáudi, čiáudėjo *sneeze*
čiuožinéti, čiuožinéja, čiuožinéjo
  skate

dabar̃ *now*
dailė̃ (4) *fine arts*
daininin̄kas, -ė (2) *singer*
dainúoti, dainúoja, dainãvo
  (ką?) *sing*
dalỹkas (2) *discipline*
dalyváuti, dalyváuja, dalyvãvo
  participate
dãnas, -ė (2) *Dane*
dangùs (4) *sky*
Dãnija (1) *Denmark*
dantìs, -iẽs (*masc.*) (4) *tooth*
dantìstas (2) *dentist*
dantų̃ šepetė̃lis, -io (4)(2)
  toothbrush
dár *more, still*
dárbas (3) *work*
darbdavỹs, -ė̃ (3a) *employer*
darbinin̄kas, -ė (2) *worker*
dárbinti, dárbina, dárbino (ką?)
  take on
dárbo dienà (3)(4) *working day*
dárbo kambarỹs (3)(3b)
  workroom, study
dárbo laĩkas (3)(4) *working
  time*
darbóvietė (1) *workplace*
darbúotojas, -a (1) *employee*
darýti, dãro, dãrė (ką?) *do, make*
daržóvė (1) *vegetable*
daũg *much, many*
daũgelis (1) *many*
daugiaaūkštis, -io (pastatas) (2)
  (3b) *multistorey (building)*

daugiabùtis, -io (namas) (2) (4)
  block of flats
dažýti, dãžo, dãžė (ką?) *colour*
dažýtis, dãžosi, dãžėsi (ką?)
  colour up
dažnaĩ *often*
debesìs, -iẽs (3b) (*masc.*) *cloud*
debesúota (1) *cloudy*
dė̃dė (2) *uncle*
degalaĩ (3b) *fuel*
degtìnė (2) *vodka*
dė̃kui *thank you*
dė̃l *concerning*
Dèlis (2) *Delhi*
délnas (3) *palm*
dėmė̃ (4) *spot*
dėmė̃toji šìltinė (1) *typhus,
  spotted fever*
dė̃stytojas, -a (1) *university or
  college teacher*
dešinė̃ (3b) *right*
dešrà (4) *sausage*
dešrė̃lės (2) *sausages*
dė̃ti, dė̃da, dė̃jo (ką?) *put*
dėvė̃ti, dė̃vi, dėvė̃jo (ką?/kuo?)
  wear (clothes)
dėžė̃ (4) *box*
dìdelis, -ė (3b) *big*
Didžióji Britãnija (1) *Great Britain*
dìdžkukulis, -io (1) *dumpling*
dienà (4) *day*
din̄gti, din̄gsta, din̄go
  disappear
dirèktorius, -ė (1) *director*
dirigeñtas, -ė (2) *conductor*
dirigúoti, dirigúoja, dirigãvo
  conduct
dir̃žas (4) *belt*

dȳdis, -io (2) *size*
dykumà (3ww[b]) *desert*
dyzelìnas (2) *diesel*
dóleris (1) *dollar*
**dométis, dõmisi, domėjosi
(kuo?)** *interested (be
interested) in*
dovanų (3[a]) *gift, present*
**dovanóti, dovanója, dovanójo
(ką)** *present, give*
drabùžis, -io (2) *cloth, dress,
garment*
dramblȳs (4) *elephant*
draũgas, -ė (4) *friend*
draũgiškas, -a (1) *friendly*
drégnas, -a (3) *moist*
dryžúotas, -a (1) *striped*
druskà (2) *salt*
Dùblinas (1) *Dublin*
dubuõ (3[b]) *bowl*
dùgnas (4) *bottom*
dùjos (2) *gas*
duktė̃ (3[b]) *daughter*
dúona (1) *bread*
dúoti, dúoda, dãvė (ką?) *give*
dùrys (2) *door*
dùšas (2) *shower*
dvìratis, -io (1) *bicycle*
dvynȳs, -ė̃ (4) *twin*
**džiaũgtis, džiaũgiasi, džiaũgėsi
(kuo?)** *glad (be glad)*
džiãzas (2) *jazz*
džìnsai (1) *jeans*

ėglė (2) *fir (tree)*
egzãminas (1, 3b) *examination*
egzãminas raštù (1, 3b) *written
examination*

egzãminas žodžiù (1, 3b) *oral
examination*
eilė̃ (4) *row*
eĩti, eĩna, ė̃jo *go (on foot)*
eksponãtas (2) *exhibit*
elektròninis pãštas (1)(2) *email*
eĨgtis, eĨgiasi, eĨgėsi *behave*
élnias (1, 3) *deer*
erdvė̃ (4) *space*
erdvùs, -ì (4) *spacious, roomy*
esamàsis laĩkas (4) *present tense*
èstas, -ė (2) *Estonian*
Èstija (1) *Estonia*
etá (2)(kilpùtė (2), rožȳtė (1)) @
èuras (1) *euro*
ė̃žeras (3[b]) *lake*

festivãlis, -io (2) *festival*
fìlmas suáugusiems (1)(1) *film
for adults*
fìlmas (1) *film*
fìzika (1) *physics*
fleità (2) *flute*
folklòras (2) *folklore*
fortepijõnas (2) *piano*
fòtelis, -io, krė̃slas (1) (3)
armchair
fotogrãfas, -ė (2) *photographer*
fotogrãfija (1) *photography,
photo*
fùtbolas (1) *football*

gaidȳs (4) *cock*
galéti, gãli, galéjo *able (be able)*
gãlima *it is possible*
galvà (3) *head*
**galvóti, galvója, galvójo (apie
ką?)** *think about*

gamìnti, gamìna, gamìno (ką?)
  cook, produce
gamtà (4) nature
gamtóvaizdis, -io (1) landscape
ganà quite
gañdras (2) stork
garãžas (2) garage
gãtvė (2) street
gáuti, gáuna, gãvo (ką?) receive
gazúotas (1) with gas (i.e
  sparkling, of drink)
gegužė̃ (3ᵇ) May
gėlė̃ (4) flower
gėlétas, -a (1) flowery
geležìnkelio stotìs, -iẽs (1)(4)
  railway station
geltónas, -a (1) yellow
geogrãfija (1) geography
gẽras, -à (4) good
gérimas (1) drink, beverage
gerklė̃ (3) through
gérti váistus (1) take medicine
gérti, gẽria gérė (ką?) drink
gèsti, geñda, gẽdo break
gimìmo dienų (2)(4),
  gimtãdienis, -io (1) birthday
gimináitis, -io; -ė (1) relative
gimtóji kalbà (4) mother tongue
giñtaras (3ᵇ) amber
gintarìnis, -ė (2) amber
girdéti, gir̃di, girdéjo (ką?) hear
gitarà (2) guitar
gýdytojas, -a (1) doctor, medic
gyvãtė (2) snake
gyvẽnimo aprãšymas (1)(1) CV
gyvénti, gyvẽna, gyvẽno live
gyvéntojas, -a (1) inhabitant
gyvulỹs (3ª) animal (domestic)

gyvū̃nas (2) animal
glaũdės (2) boxer shorts
grãfika (1) graphic (designer)
grãfìkas, -ė (1) graphic
graĩkas, -ė (2) Greek
Graĩkija (1) Greece
grãmas (2) gram
grandinė̃lė (2) chain
grąžà (4) change
gražùs, -ì (4) beautiful, nice
greĩtas, -ų (4) fast
greĩtkelis, -io (1) expressway
griáusti, griáudžia, griáudė
  thunder
griaustìnis, -io (2) thunder
grietìnė (2) sour cream
grietinė̃lė (2) cream
griñdys (4) floor
grìpas (2) flu, influenza
grį̃žti, grį̃žta, grį̃žo return
grỹbai (2) mushrooms
grybáuti, grybáuja, grybãvo pick
  mushrooms
gróti, grója, grójo (ką?) play
  (music)
grõžio salònas (2)(2) beauty
  salon
grúodis, -io (1) December
guĩbė (2) swan
guléti, gùli, guléjo lie, rest
guĩtis, gùlasi, gùlėsi lie
gū̃sis, -io (vėjo) (2) (1) waft
gvazdìkas (2) dianthus

Hèlsinkis, -io (1) Helsinki

ikì until
ìlgas, -ų (3) long

ilgàsis baĺsis (2) *long vowel*
ìmti, ìma, ė̃mė (ką?) *take*
įndas, -ė (1) *Indian*
Įndija (1) *India*
ìnkstai (1) *kidney*
internètas (2) *internet*
internèto svetaĩnė (2)(2)
 home page
inžiniẽrius, -ė (2) *engineer*
iȓ *and*
ispãnas, -ė (2) *Spaniard*
Ispãnija (1) *Spain*
istòrija (1) *history*
ìš tiesų̃ *really*
iškaȓt *right away*
išleistùvės (2) *sending off (party)*
išmókti, išmóksta, išmóko (ką?)
 learn
išrašýti, išrãšo, išrãšė (ką?)
 prescribe
išsilãvinimas (1) *education*
išsiskýręs, -usi (1) *divorced*
išsižióti, išsižiója, išsižiójo *open
 one's mouth*
ištekėjusi (1) *married (woman)*
ištekė́ti, tẽka, tekė́jo (už ko?)
 marry (for female)
ìšvakarės (1) *eve*
išvykìmas (2) *departure*
itãlas, -ė (2) *Italian*
Itãlija (1) *Italy*
Izraèlis, -io (2) *Israel*
į́daras (3ª) *filling*
įdomùs, -i (4) *interesting*
įkurtùvės (2) *housewarming party*
į̃monė (1) *company*
į́ranga (1) *equipment*

įsigýti, įsigỹja, įsigìjo (ką?)
 get, buy
įvairùs, -ì (4) *various*
į́vartis, -io (1) *goal*
ypatìngas, -a (1) *special*
japònas, -ė (2) *Japanese*
Japònija (1) *Japan*
jaũ *already*
jáudintis, jáudinasi, jáudinosi
 (dėl ko?) *excited (be excited)*
jaukùs, -ì (4) *cosy*
jaunàsis, -ojo *groom*
jaunóji *bride*
jaũstis, jaũčiasi, jaũtėsi *feel*
jáutiena (1) *beef*
jáutis, -io (1) *ox*
javaĩ (4) *cereal, grain, crop*
jodinė́ti, jodinė́ja, jodinė́jo *ride
 (a horse)*
jogùrtas (1) *yoghurt*
Jõninės (1) *St John's day*
jóti, jója, jójo *ride (a horse)*
**Jungtìnės Amèrikos Valstìjos
 (JAV) (2)(1)(2)** *United States of
 America* **(USA),** *America*
júodas, -à (3) *black*
juodíeji serbeñtai (2) *blackcurrant*
juõktis, juõkiasi, juõkėsi *laugh*
jū̃ra (1) *sea*
jū́rininkas, -ė (1) *sailor*
jurìstas, -ė (2) *lawyer*

kąnórs skanaũs *something tasty/
 good*
kailiniaĩ (3ª) *fur coat*
kailìnis, -ė (2) *furry*
káilis, -io (1) *fur*

káimas (1) *village*
kaimýnas, -ė (1) *neighbour*
káina (1) *price*
kainúoti, kainúoja, kainãvo (kas? ką?) *cost*
kairė̃ (4) *left*
kajùtė (2) *cabin*
kaklãraištis, -io (1) *necktie*
kãklas (4) *neck*
kaktà (4) *forehead*
kalbà (4) *language*
kalbéti, kalba, kalbéjo *speak*
Kalė̃dos (2) *Christmas*
kálnas (3) *mountain*
kalvà (4) *hill*
kambarỹs (3ᵇ) *room*
kamuolỹs (3ᵇ) *ball*
Kanadà (2) *Canada*
kanadiẽtis, -io; -ė (2) *Canadian*
kãpinės (3ᵇ) *graveyard*
kãpsulė (1) *capsule (medical)*
karõliai (2) *necklace*
kárštas pãtiekalas (3)(3⁴ᵇ) *main course*
kar̃štis, -io (2) *fever*
kar̃tais *sometimes*
kartù *together*
kartùs, -ì (3, 4) *bitter*
kárvė (1) *cow*
kasmẽt *every year*
kaštõnas (2) *conker (tree)*
katė̃ (4) *cat*
kavà (4) *coffee*
kavìnė (2) *coffee shop, cafe*
kėdė̃ (4) *chair*
kefýras (2) *sour milk*
keleĩvis, -io; -ė (2) *passenger*

kė̃letas (1) *several*
kė̃lias (4) *road*
keliáuti autostopù (2) *hitchhiking*
keliáuti, keliáuja, keliãvo *travel*
keliõnė (2) *trip*
kelių̃ polìcija (4)(1) *traffic police*
kelnáitės (1) *pants*
kélnės (1) *trousers*
kéltas (1) *ferry*
kélti, kė̃lia, kė́lė (ką?) *cause, make, raise*
kéltis, kė̃liasi, kė́lėsi *get up*
kė̃penys (3ᵇ) *liver*
kepsnỹs (4) *roast meat*
kė̃ptas, -à (4) *roast*
kèpti, kė̃pa, kė̃pė (ką?) *fry, roast, bake*
keptùvė (2) *pan*
kepùrė (2) *cap*
kerãmika (1) *ceramics*
kerãmikas, -ė (1) *ceramicist*
ketvirtãdienis, -io (1) *Thursday*
kiaũlė (2) *pig*
kiaulíena (1) *pork*
kiaušìnis, -io (2) *egg*
kiẽmas (4) *yard*
Kìjevas (1) *Kiev*
kìlimas (1) *carpet*
kilogrãmas (2) *kilogram*
kilomètras (2) *kilometre*
kìnas (2) *cinema*
kìnas, -ė (2) *Chinese*
Kìnija (1) *China*
kiòskas (2) *kiosk, newspaper stand*

kirmėlė (3[b]) worm
kirpėjas, -a (1) hairdresser
kirpyklà (2) hairdresser's
kir̃pti, ker̃pa, kir̃po (ką?) cut
kir̃ptis, ker̃pasi, kir̃posi (ką?) cut
  one's hair
kišėnė (2) pocket
Kišiniòvas (2) Kishinev
kìškis, -io (2) hare, rabbit
kìtą kar̃tą another time, next time
kìtas, -à (4) other
kitóks, -ia (1) different
klaidà (4) mistake
klãsė (2) class
klasikìnė mùzika (2)(1) classical
  music
klausýti, klaũso, klaũsė (ko?)
  listen
kláusti, kláusia, kláusė (ko?, ką?)
  ask
klẽvas (4) maple (tree)
klieñtas, -ė (2) client
klijaĩ (4) glue
klijúoti, klijúoja, klijãvo (ką?)
  glue
klìmatas (1) climate
klìnika (1) clinic
knygà (2) book
knygýnas (1) bookshop
knỹgų spìnta (2)(1) bookcase
kója (1) leg
kójinė (1) sock
komodà (2) commode, chest of
  drawers
kompiùteris, -io (1) computer
koncèrtas (1) concert
kontroliẽrius, -ė (2) controller

kopà (2) dune
Kopenhagà (2) Copenhagen
kopū̃stas (2) cabbage
kósėti, kósi, kósėjo cough
kostiùmas (2) suit (for men)
kostiumė̃lis, -io (2) suit (for
  women)
kosulỹs (3[a]) cough
kõšė (2) porridge
kóvas (3) March
krañtas (4) shore
kraštóvaizdis, -io (1) landscape
kraũjas (4) blood
kraũjo spaudìmas (4)(2) blood
  pressure
krèmas (2) cream
krepšìnis, -io (2) basketball
krepšỹs (4) basket
kriauklė̃ (4) sink
kriáušė (1) pear
krikštãmotė (1) godmother
krikštãtėvis, -io (1) godfather
krikštỹnos (2) christening
krìkšto tėvaĩ (4)(4) godparents
krituliaĩ (3[b]) precipitation
kroãtas, -ė (2) Croat
Kroãtija (1) Croatia
kronà (2) krona
krū̃mas (1) bush
krūtìnė (2) chest
Kū̃čios (2) Christmas Eve
kū̃dikis, -io (1) baby
kul̃nas (4) heel
kum̃pis, -io (2) ham
kū́no dalìs (1)(4) part of the body
kuprìnė (2) backpack
kūrinỹs (3[a]) creation, artwork

kùrti, kùria, kū̃rė (ką?) *establish, create*
kviečiaĩ (4) *wheat*
kviẽsti, kviẽčia, kviẽtė (ką?) *invite, call*
kvìtas (2) *receipt*

lãbas *hello*
láidoti, láidoja, láidojo (ką?) *bury*
láidotuvės (1) *funeral*
laĩkas (4) *time*
laikýti, laĩko, laĩkė (ką?) egzãminą (1, 3b) *pass an examination*
laikýti, laĩko, laĩkė (ką?) *keep, store; consider*
laĩkrodis, -io (1) *watch, clock*
láimė (1) *luck, fortune*
laimingas, -a (1) *happy*
láiptas (1) *stair*
láiptinė (1) *staircase*
laisvãlaikis, -io (1) *leisure*
láiškas (3) *letter*
laĩvas (4) *ship, boat*
lakū̃nas, -ė (2) *pilot*
lángas (3) *window*
langúotas, -a (1) *chequered*
lankýti, lañko, lañkė (ką?) *visit*
lãpas (2) *leaf*
lãpė (2) *fox*
lãpkritis, -io (1) *November*
lašaĩ (4) *drops*
lašišà (2) *salmon*
lãtas (2) *latas*
Lãtvija (1) *Latvia*
lãtvis, -io; -ė (2) *Latvian*
laũkas (4) *field*
láukti, láukia, láukė (ko?) *wait*

láužas (3) *fire*
láužyti, láužo, láužė (ką?) *break*
ledaĩ (4) *ice cream*
lẽdas (4) *ice*
ledìnis, -ė (2) *icy, freezing*
léisti, léidžia, léido (ką?) *float, spend*
léistis, léidžiasi, léidosi *set (about the sun)*
lėkštė̃ (4, 2) *plate*
lėkštùtė (2) *saucer*
lėktùvas (2) *plane*
lėlių̃ teãtras (4)(2) *puppet theatre*
lémpa (1) *lamp*
leñgvas, -à (4) *easy*
lengvóji prãmonė (1) *light industry*
lénkas, -ė (1) *Pole*
Lénkija (1) *Poland*
lentà (4) *board*
lentýna (1) *shelf*
lė̃tas, -à (4) *slow*
liemėnė (2) *vest*
liemenė̃lė (2) *bra*
líepa (1) *July; linden tree*
líetpaltis, -io (1) *raincoat*
lietùs (3) *rain*
Lietuvà (3ª) *Lithuania*
lietùvis, -io; -ė (2) *Lithuanian*
lietùvių kalbà (2)(4) *Lithuanian language*
ligà (4) *illness, disease*
ligóninė (1) *hospital*
ligónis, -io (1) *patient, sick*
ligótas, -a (1) *sick*
lijùndra (1) *freezing rain*
lìkeris, -io (1) *liqueur*
lìnas (4) *flax*

linìnis, -ė (2) *linen*
liniuõtė (2) *rule*
linkéjimai (1) *greetings; wishes*
linkéti, liñki, linkéjo (ko?) *wish*
liñksmas, -à (4) *funny*
lìpti, lìpa, lìpo *get on/off means of transport*
Lisabonà (2) *Lisbon*
lìtas (2) *litas*
Liublijanà (2) *Liubliana*
liū̃dnas, -à (4) *sad*
liū̃tas (2) *lion*
lýgiai *exactly*
lýginamoji polìtika (1) *comparative politics*
lygumà (3ᵃ) *plain land*
lýti, lýja, lìjo *rain*
lytìs, -iẽs (4) *sex*
Lòndonas (1) *London*
lóva (1) *bed*
lùbos (4, 2) *ceiling*
lū̃pos (1) *lips*

madìngas, -a (1) *fashionable*
Madrìdas (2) *Madrid*
maĩšas (4) *sack*
maišẽlis, -io (2) *bag, sack*
maišýti, maĩšo, maišė̃ (ką?) *mix*
majonèzas (2) *mayonnaise*
makarõnai (2) *pasta, noodles*
malonùs, -ì (4) *kind, nice, pleasant*
mamà, mamýtė (4) (1) *mummy*
mankštà (4) *exercise*
margarìnas (2) *margarine*
mãrios (2) *sea, lagoon*
marškinẽliai (2) *singlet*
marškiniaĩ (3ᵃ) *shirt*

maršrùtas (2) *route*
Maskvà (4) *Moscow*
mašinà (2) *car*
matãvimosi kabinà (1)(2) *fitting room*
matemãtika (1) *mathematics*
matýti, mãto, mãtė (ką?) *see*
matúoti, matúoja, matãvo (ką?) *measure*
matúotis, matúojasi, matãvosi (ką?) *try on*
máudymosi kelnáitės (1)(1) *bathing trunks*
máudymosi kostiumė̃lis, -io (2) *bathing suit*
máudỹnės (2) *swimming*
máudyti, máudo, máudė (ką?) *give a bath*
máudytis, máudosi, máudėsi *take a bath*
mãžas, -à (4) *small*
medicìnos sesuõ (2)(3ᵇ) *nurse*
medìnis, -ė (2) *wooden*
mẽdis, -io (2) *tree*
medùs (4) *honey*
mẽdvilnė (1) *cotton*
medvilnìnis, -ė (2) *cottony, of cotton*
mẽdžiaga (1) *fabric*
mégti, mégsta, mégo (ką?) *like*
megztìnis, -io (2) *sweater*
méilė (1) *love*
mélynas, -a (1) *blue*
mẽnas (4) *art*
mėnesìnis bìlietas (2)(1, 3b) *monthly ticket*
mėnùlis, -io (2) *moon*

ménuo (1) *month*
mergáitė (1) *girl*
merginà (2) *young woman*
mėsà (4) *meat*
meškà, lokỹs (4) (3) *bear*
mėtinės (1) *anniversary*
  (of funeral)
mètras (2) *metre*
metrò *underground*
mėtų laikaĩ (2)(4) *seasons*
  (the seasons)
miegamàsis *bedroom*
miegóti, miẽga, miegójo *sleep*
miẽstas (2) *city, town*
mikstūrà (2) *mixture (medical)*
mililìtras (2) *millilitre*
mìltai (1) *flour*
minerãlinis vanduõ (1)(3ᵃ)
  mineral water
Mìnskas (1) *Minsk*
mintìs, -iẽs (4) *idea*
minùtė (2) *minute*
mìręs, -usi (1) *dead*
mìškas (4) *forest*
mišraĩnė (2) *'Russian' salad*
myléti, mýli, myléjo (ką?) *love*
močiùtė (2) *grandmother*
mokéti, móka, mokéjo (ką?)
  know how to, be able
mokinỹs, -ė̃ (3ᵃ) *schoolboy,*
  schoolgirl
mokyklà (2) *school*
mókyti, móko, mókė (ką? ko?)
  teach
mókytis, mókosi, mókėsi (ko?)
  study
mókytojas, -a (1) *schoolteacher*
mókslas (1) *science, study*

mókslininkas, -ė (1) *scientist*
mókslo mẽtai (1)(2) *school year*
moldãvas, -ė (2) *Moldovan*
Moldovà (2) *Moldova*
moliũgas (2) *pumpkin*
morkà (2) *carrot*
móteris, -ers (1) *woman*
mótina (1) *mother*
motocìklas (2) *motorcycle*
muĩlas (4) *soap*
mùsė (2) *fly*
muziẽjus (2) *museum*
mùzika (1) *music*
muzikántas, -ė (1) *musician*

nãgas (4) *nail*
naktìniai marškiniaĩ (2)(3ᵃ)
  nightshirt
naktìs, -iẽs (4) *night*
nakvóti, nakvója, nakvójo *sleep*
  over
nãmas (4) *house*
namiẽ *at home*
narcìzas (2) *narcissus*
narỹs, -ė̃ (4) *member*
naršýti, naȓšo, naȓšė *surf*
naudìngas, -a (1) *useful*
naudótis, naudójasi, naudójosi
  (kuo?) *use*
naũjas, -à (4) *new*
Naujìeji mẽtai (2) *New Year*
nė *no*
negazúotas (vanduõ) (1)(3ᵃ)
  still (of water)
negražùs, -ì (4) *not beautiful*
nepìlnas, -à (3) *nearly full*
nepriklausomýbės dienà (1)(4)
  Independence Day

nèrvintis, nèrvinasi, nèrvinosi
  nervous (be nervous)
nešiójamas kompiùteris, -io (1)
  (1) *laptop*
nèt *even*
netolì *not far*
niekadà *never*
niēkur *nowhere*
Nýderlandai (1) *Netherlands*
nỹkti, nỹksta, nỹko *die out,*
  disappear, vanish
noréti, nóri, noréjo (ko?) *want*
norvègas, -ė (2) *Norwegian*
Norvègija (1) *Norway*
nósinė (1) *handkerchief*
nósis bėga (1) *running nose*
nósis, -ies (1) *nose*
novèlė (2) *short story*
nùgara (1) *back*
nuobodùs, -ì (4) *boring*
núolaida (1) *discount*
núomoti, núomoja, núomojo
  (ką?) *rent*
núosavas, -à (3ᵃ) *private*
nuostabùs, -ì (4) *wonderful*
nuteĩkti, nuteĩkia, nùteikė (ką?)
  impress

obuolỹs (3ᵃ) *apple*
óda (1) *leather, skin*
odìnis, -ė (2) *leathery, of leather*
olándas, -ė (1) *Dutchman*
Olándija (1) *Netherlands*
òpera (1) *opera*
operãcija (1) *operation*
operúoti, operúoja, operãvo
  (ką?) *operate*
oránžinis, -ė (1) *orange*
óras (3) *weather*

órkaitė (1) *oven*
orkèstras (2) *orchestra*
óro úostas (3)(1) *airport*
Òslas (2) *Oslo*
Otavà (2) *Ottawa*
ožkà (3) *goat*

paauglỹs, -ė̃ (3ᵇ) *teenager*
pabaigà (3ᵇ) *end*
pabaigtùvės (2) *coping/ending*
  (party)
pacieñtas, -ė (2) *patient*
pačiúža (1) *ice skate*
padangà (3ᵇ) *tyre*
padavéjas, -a (1) *waiter, waitress*
padéti, pàdeda, padéjo (kam?)
  help
pãgal (ką?) *according*
pagálvė (1) *pillow*
paĩlgosios smēgenys (3ᵇ)
  medulla oblongata
pailséti, paĩlsi, pailséjo *have a rest*
pajúris, -io (1) *seacoast*
pajùsti, pajuñta, pajùto (ką?)
  sense, taste
pakėlis, -io (2) *package*
paklõdė (2) *sheet*
palaidinùkė (2) *blouse*
palángė (1) *windowsill*
palapìnė (2) *tent*
palìkti, paliēka, palìko (ką?)
  leave, keep
palýginti *comparatively*
páltas (1) *coat*
pamiñklas (2) *monument*
pamokà (3ᵇ) *lesson*
paplūdimỹs (3⁴ᵇ) *beach*
paprotỹs (3ᵇ) *custom*
papūgà (2) *parrot*

pāpuošalas (3⁴ᵇ) *jewellery*
parà (4) *day and night (24 hours)*
pardavėjas, -a (1) *salesman, saleswoman*
pardúoti, pardúoda, par̃davė (ką?) *sell*
parduotùvė (2) *shop*
Parỹžius (2) *Paris*
párkas (1) *park*
parodà (3ᵇ) *exhibition*
pāsakoti, pāsakoja, pāsakojo (ką?) *narrate, tell*
pasáulio šãlys (1)(4) *points of the compass*
pasirašýti, pasirãšo, pasirāšė (ką?) *sign*
pasirinkìmas (2) *choice*
pasitikéti, pasìtiki, pasitikéjo (kuo?) *rely*
paskaità (3ᵇ) *lecture*
paslaptìngas, -a (1) *mysterious*
paslaugà (3ᵇ) *service*
pãsninkas (1) *fast*
pastà (2) *toothpaste*
pāstatas (3ᵇ) *building*
pastãtymas (1) *staging*
pastebéti, pàstebi, pastebéjo (ką?) *notice*
pãštas (2) *post office*
pãšto dėžùtė (2)(2) *postbox*
pãšto žénklas (2)(3) *postage stamp*
patalpà (3ᵇ) *premise*
patarìmas (2) *advice*
patar̃ti, pàtaria, pŭtarė *advise*
pātiekalas (3⁴ᵇ) *course, dish*
patìkti, patiñka, patìko (kam? kas?) *like*

patirtìs, -iĕs (3ᵇ) *experience*
patogùmai (2) *conveniences*
patogùs, -ì (4) *comfortable*
paukštíena (1) *poultry*
paũkštis, -io (2) *bird*
pavadúotojas, -a (1) *assistant*
pavakariaĩ (3⁴ᵇ) *snack before dinner/supper*
pavardĕ̃ (3ᵇ) *surname*
pavãsaris, -io (1) *spring*
pavéikslas (1) *picture*
pažymỹs (3ᵇ) *mark*
pėdà (3) *foot*
pédkelnės (1) *pantyhose*
peĩlis, -io (2) *knife*
peizãžas (2) *landscape*
Pekìnas (2) *Beijing*
pélkė (1) *swamp, wetland*
penktãdienis, -io (1) *Friday*
peñsininkas, -ė (1) *old-aged pensioner*
péreiti, péreina, pérėjo (ką?) *cross*
perkū́nija (1) *thunderstorm*
pérmainingas, -a (1) *changeable*
pérnai *last year*
petỹs, -iĕs (4) *shoulder*
píenas (1) *milk*
píeno produktai (1)(2) *dairy products*
piĕšti, piĕšia, piĕšė (ką?) *draw*
pieštùkas (2) *pencil*
pietáuti, pietáuja, pietãvo *have lunch*
piĕtryčiai (1) *southeast*
pietų̃ pértrauka (4)(1) *lunch break*
piĕtū̃s (4) *afternoon; lunch; south*

piētvakariai (1) *southwest*
píeva (1) *lawn*
pigùs, -ì (4) *cheap*
pìĨti, pìla, pýlė (ką?) *pour*
piĩvas (4) *stomach*
pinigaĩ (3ᵇ) *money*
piniginė (2) *wallet*
pipìrai (2) *pepper*
pirkėjas, -a (1) *customer*
piřkti, peřka, piřko (ką?) *buy*
pirmãdienis, -io (1) *Monday*
piřštas (2) *finger*
pirtìs, -iẽs (4) *bathhouse, sauna*
pižamà (2) *pyjamas*
pýkinti, pýkina, pýkino (ką?)
  nauseate
pyragáitis, -io (1) *small cake*
pyrãgas (2) *pie*
pyragēlis, -io (2) *pastry*
pjáustyti, pjáusto, pjáustė (ką?)
  cut
plaũčiai (2) *lungs*
plaukaĩ (3) *hair*
pláukioti, pláukioja, pláukiojo
  sail, swim
plaũkti, plaũkia, plaũkė *sail, swim*
pláuti, pláuna, plóvė (ką?) *wash*
plepéti, plēpa, plepéjo *chatter,*
  chat
pliãžas (2) *beach*
plìkledis, -io (1) *ice-covered*
  ground
plìkšala (1) *icy roads, ice-covered*
  ground
plóti, plója, plójo *applaud*
plovyklà (2) *car wash*
póbūvis, -io (1) *party, ball*
poèzija (1) *poetry*

póilsis, -io (1) *rest*
pókylis, -io (1) *party, ball, feast*
polìcininkas, -ė (1) *policeman*
pomidòras (2) *tomato*
põnas (2) *Mr*
ponià (4) *Mrs*
popiĕt *in the afternoon*
porýt *day after tomorrow*
portugãlas, -ė (2) *Portuguese*
Portugãlija (1) *Portugal*
pósėdis, -io (1) *sitting*
póveikis, -io (1) *impact*
pradžià (4) *start*
praeĩvis, -ė (2) *passerby*
Prahà (2) *Prague*
pramogà (3ᵇ) *entertainment*
pranašáuti, pranašáuja,
  pranašãvo (ką?) *predict*
prancũzas, -ė (2) *Frenchman,*
  Frenchwoman
Prancūzijà (2) *France*
pranešìmas (2) *report, notice*
prasidéti, prasìdeda, prasidéjo
  start, begin
prãšymas (1) *request*
prašýti, prãšo, prãšė (ką? ko?)
  ask, request
prašnèkti, pràšneka, prašnēko
  start speaking, talking
pratìmas (2) *exercise*
praũsti, praũsia, praũsė (ką?)
  wash
praũstis, praũsiasi, praũsėsi
  (ką?) *wash oneself*
prekiáuti, prekiáuja, prekiãvo
  (kuo?) *sell*
prekýbos ceñtras (1)(2)
  commercial centre

prezidentūrà (2) *presidential palace/office*

príeplauka (1) *dock*

príeškambaris, -io (1) *hallway, foyer*

príešpiečiai (1) *snack before lunch*

prieštaráuti, prieštaráuja, prieštarãvo *contradict, object*

priim̃ti, prìima, prìėmė (ką?) *take on*

prijuõstė (2) *apron*

prisitáikyti, prisitáiko, prisitáikė *fit*

privatùs, -ì (4) *private*

prižiūrėti, prižiūri, prižiūrėjo (ką?) *look after*

prodùktas (2) *product*

prospèktas (2) *prospect, avenue*

protìngas, -a (1) *smart*

pūgà (4) *snowstorm*

púodas (1) *pot*

puodùkas (2) *cup*

púokštė (gėlių) (1) (4) *bouquet, bunch (of flowers)*

pupà (2) *bean*

pupėlė (2) *bean*

pùsbrolis, -io (1) *cousin*

pùsiasalis, -io (1) *peninsula*

pùsryčiai (1) *breakfast*

pùsryčiauti, pùsryčiauja, pùsryčiavo *have breakfast*

pùsseserė (1) *cousin*

pùsvalandis, -io (1) *half an hour*

pušìs, -iẽs (4) *pine*

ragáuti, ragáuja, ragãvo (ką?) *taste*

rakètė (2) *racquet*

rãktas (2) *key*

ramùs, -ì (4) *quiet, calm*

rankà (2) *arm, hand*

rankìnė (2) *handbag*

rañkšluostis, -io (1) *towel*

rašýti, rãšo, rãšė (ką?) *write*

rašýtojas, -a (1) *writer*

rãšomasis stãlas (4) *desk*

raštúotas, -a (1) *inwrought*

rãtas (2) *wheel*

raudónas, -a (1) *red*

raudoníeji serbeñtai (2) *redcurrant*

raumuõ (3b) *muscle*

raũsvas, -à (4) *pink*

recèptas (2) *recipe; prescription*

registrúotas láiškas (1)(3) *registered letter*

reikalìngas, -a (1) *necessary*

reikéti, reĩkia, reikėjo (kam? ko?) *need*

reiklùs, -ì (4) *strict, demanding*

remòntas (1) *repair*

remontúoti, remontúoja, remontãvo (ką?) *repair*

renginỹs (3b) *event*

reñgti, reñgia, reñgė (ką?) *dress*

reñgtis, reñgiasi, reñgėsi (ką?/ kuo?) *dress oneself*

restorãnas (2) *restaurant*

rẽtas, -à (4) *rare*

riedùčiai (2) *roller skate*

ríešutas (3a) *nut*

riñkti, reñka, riñko (ką?) *choose*

Rygà (4) *Riga*

ryšỹs (4) *connection*

ryškùs, -ì (4) *bright*

rytaĩ (3) *east*
rýtas (3) *morning*
rytój *tomorrow*
ródyti, ródo, ródė (ką?) *show*
rogùtės (2) *sledge*
Romà (2) *Rome*
romãnas (2) *novel*
rõžė (2) *rose*
rožýnas (1) *rosegarden*
rùdas, -à (4) *brown*
ruduõ (3b) *autumn*
rugiaĩ (4) *rye*
rugpjūtis, -io (1) *August*
rugsėjis, -o (1) *September*
rūgštùs, -ì (3) *sour*
rūkas (4) *fog*
rūkýtas, -a (1) *smoked*
rūmai (1) *palace*
rumùnas, -ė (2) *Romanian*
Rumùnija (1) *Romania*
rungtỹnės (2) *game*
rúonis, -io (1) *seal*
ruõšti, ruõšia, ruõšė (ką?)
  prepare
ruõštis, ruõšiasi, ruõšėsi *prepare
  oneself*
rūpestis, -io (1) *worry, ado*
rūpintis, rūpinasi, rūpinosi
  (kuo?) *worry, take care about*
rùsas, -ė (2) *Russian*
Rùsija (1) *Russia*
rūsỹs (4) *cellar, basement*
rūšis, -ies (1) *sort*
rūtà (2) *rue*

sagà (4) *button*
sãgė (2) *brooch*
sakýti paraidžiuĩ (ką?) *spell*
sakýti, sãko, sãkė (ką?) *say*

saksofònas (2) *saxophone*
salà (4) *island*
saldaĩnis, -io (2) *sweet*
saldumýnas (1) *dessert*
saldùs, -ì (4) *sweet*
salotà (2) *lettuce*
salõtos (2) *salad*
sąnarỹs (3a) *joint*
sanatòrija (1) *sanatorium*
sanitãras, -ė (2) *orderly, nurse*
sánkryža (1) *crossing*
sąrašas (3a) *list*
sąsiuvinis, -io (1) *copybook*
sąskaita (1) *bill*
sáulė (1) *sun*
sáulės akiniaĩ (1)(3b) *sunglasses*
saulétas, -a (1) *sunny*
sausaĩnis, -io (2) *biscuit, cookie*
saũsas, -à (4) *dry*
saũsis, -io (2) *January*
sausumà (3b) *continent, dry
  land*
savìjauta (1) *feeling (self)*
saviniñkas, -ė (2) *owner*
savìtarna (1) *self-service*
sãvitas, -à (3b) *original*
scenà (2) *stage*
seánsas (1) *show*
sėdéti, sėdi, sėdéjo *sit*
sekmãdienis, -io (1) *Sunday*
sėkmė̃s! *good luck!, all the best!*
sekretõrius, -ė (2) *secretary*
sèktis, sėkasi, sėkėsi *fare*
sekùndė (1) *second*
semèstras (2) *semester*
seminãras (2) *seminar*
senãmiestis, -io (1) *old town*
sẽnas, -à (4) *old*
senẽlė (2) *grandmother*

senelis, -io (2) *grandfather*
seniai *long ago*
senùkas (2), senèlis, -io (2) *old man*
senùtė (2), senèlė (2) *old woman*
serbeñtas (2) *currant*
sesèlė (2) *nurse*
séstis, sédasi, sédosi *sit*
sesuõ (3ᵇ) *sister*
séti, séja, séjo (ką?) *sow, seed*
sidãbras (2) *silvern, of silver*
sidabrìnis, -ė (2) *silvern, of silver*
síena (1) *wall*
síeninė (lentýna) (1) (1) *wall (shelf)*
sijõnas (2) *skirt*
silkė (2) *herring*
siṁbolis, -io (1) *symbol*
sintètika (1) *synthetic material*
sintètinis, -ė (1) *synthetic*
sir̃gti, ser̃ga, sir̃go (kuo?) *ill (be ill)*
siúlyti, siúlo, siúlė (ką?) *offer, suggest*
siuntinỹs (3ᵇ) *parcel*
siũsti, siuñčia, siuñtė (ką?) *send*
siuvéjas, -a (1) *tailor*
skaitýti, skaĩto, skaĩtė (ką?) *read*
skaláuti, skaláuja, skalavo (ką?) *gargle*
skalbìmo mašinų (2)(2) *washing machine*
skalbyklà (2) *laundry*
skaĩbti, skaĩbia, skaĩbė (ką?) *wash clothes*
skaṁbinti, skaṁbina, skaṁbino *call*
skambùtis, -io (2) *bell (door), call*
skanùs, -ì (4) *tasty*

skarėlė (2) *headscarf*
skaudéti, skaũda, skaudėjo (kam? ką?) *hurt, to ache*
skaũsmas (4) *pain*
skelbìmas (2) *announcement*
skėtis, -io (2) *umbrella*
skìrti, skìria, skýrė (ką?) *devote*
skýrius (2) *department*
skrañdis, -io (2) *stomach*
skrìsti, skreñda, skrìdo *fly*
skrybėlẽ (3ª), skrybėláitė (1) *hat*
skrúostas (3, 1) *cheek*
skruzdėlẽ (3ᵇ) *ant*
skubéti, skũba, skubéjo *rush, be in a hurry*
skùlptorius, -ė (1) *sculptor*
skulptūrà (2) *sculpture*
skùsti, skùta, skùto (ką?) *shave*
skùstis, skùtasi, skùtosi (ką?) *shave oneself*
skústis, skùndžiasi, skùndėsi (kuo?) *complain*
slaũgė (2) *nurse, tender*
slaugýtojas, -a (1) *nurse*
slėnis, -io (2) *valley*
slìdė (2) *ski*
slidinéti, slidinėja, slidinėjo *ski*
slidùs, -ì (4) *slippery*
slyvà (2) *plum*
slogų (4) *cold, the snuffles*
slovãkas, -ė (2) *Slovak*
Slovãkija (1) *Slovakia*
slovénas, -ė (1) *Slovene*
Slovénija (1) *Slovenia*
smagùs, -ì (4) *fun*
smãkras (4) *chin*
smėgenys (3ᵇ) *brain*
smėlis, -io (2) *sand*
smuĩkas (2) *violin*

snãpas (4) *beak*
sniẽgas (4) *snow*
sniẽglentė (1) *snowboard*
snìgti, sniñga, snìgo *snow*
sodìnti, sodìna, sodìno (ką?) *plant*
sofà (2) *sofa*
Sòfija (1) *Sofia*
sóstinė (1) *capital*
spãlis, -io (2) *October*
spalvà (4) *colour*
spar̃nas (4) *wing*
spektãklis, -io (2) *play*
spėlióti, spėliója, spėliójo (ką?) *guess*
spìnta (1) *wardrobe*
spintėlė (2) *cupboard*
spòrtas (1) *sport*
spòrtininkas, -ė (1) *sportsman*
spòrtinis batėlis, -io (1)(2) *trainer*
spòrtinis kostiūmas (1)(2) *sports suit*
spòrto šakà (1)(4) *branch of sport*
sportúoti, sportúoja, sportãvo *play sports*
sriubà (4) *soup*
stabdýti, stãbdo stãbdė (ką?) *stop*
stabdžiaĩ (4) *brakes*
stadiònas (2) *stadium*
stãlas (4) *table*
stáltiesė (1) *tablecloth*
statýti, stãto, stãtė (ką?) *build, stage*
stebuklìngas, -a (1) *magic*
sténgtis, sténgiasi, sténgėsi *do one's best*

stiklaĩnis, -io (2) *glass jar*
stiklìnė (2) *glass*
stiklìnis, -ė (2) *made of glass*
stipeñdija (1) *scholarship*
stìrna (1) *hind, roe*
stógas (3) *roof*
Stòkholmas (1) *Stockholm*
stõris, -io (2) *thickness*
stóti, stója stójo (į ką?) *enter*
stóti, stója, stójo *stop*
stotìs, -iẽs (4) *station*
stótis, stójasi, stójosi *stand up*
stovéti, stóvi, stovéjo *stand*
striùkė (2) *jacket (to wear outside)*
stùburas (3b) *spine*
studeñtas, -ė (2) *student*
suáugęs, -usi (1) *adult*
sudėtingas, -a (1) *complicated*
suknėlė (2) *dress*
sultinỹs (3b, 3a) *bouillon*
sùltys (1) *juice*
sumuštìnis, -io (2) *sandwich*
sunkióji prãmonė (1) *heavy industry*
sunkùs, -ì (4) *difficult*
sùnùs (3) *son*
súolas (3) *bench*
Súomija (1) *Finland*
súomis, -io; -ė (1) *Finn*
supràsti, suprañta, suprãto (ką?) *understand*
sū́ris, -io (1) *cheese*
sūrùs, -ì (3) *salty*
susipažìnti, susipažį́sta, susipažìno *meet*
susirinkìmas (2) *meeting, social*
susitikìmas (2) *meeting*

susitìkti, susitiñka, susitìko (ką?) meet

sutartìs, -iẽs (3[b]) contract

sužadėtinis, -io; -ė (1) fiancé

sužadėtùvės (2) engagement

svãras (2) pound

svarbùs, -ì (4) important

sveĩkas, -à (4) healthy; hello (addressing men and women)

sveikatà (2) health

svéikinti, svéikina, svéikino (ką?) congratulate, welcome

svéikintis, svéikinasi, svéikinosi greet

sveĩkti, sveĩksta, sveĩko recover, get healthy

sveikuõlis, -io (2) person consciously and actively leading a healthy lifestyle

svetaĩnė (2) living room

svíestas (1) butter

svogūnas (2) onion

šachmãtai (2) chess

šakà (4) branch

šaknìs, -iẽs (4) root

šakùtė (2) fork

šaldìklis, -io (2) freezer

šaldytùvas (2) refrigerator

šalìgatvis, -io (1) pavement

šãlikas (1) shawl

šalìs, -iẽs (4) country

šáltas pãtiekalas (3)(3[4b]) cold dish

šáltas, -à (3) cold

šálti, šąla, šãlo freeze, to get cold

šaltìbarščiai (1) cold beetroot soup

šaĨtis, -io (2) cold, chill, frost

šampãnas (2) champagne

šampūnas (2) shampoo

šãškės (2) chequers

šáukštas (1) spoon

šaukštēlis, -io (2) teaspoon

šeimà (4) family

šeimìnė padėtìs, -iẽs (2)(3[b]) marital status

šeimõs šveñtė (4)(2) family holiday, celebration

šeřkšnas (4) frost, crust

šérnas (3) boar

šešiasdešimtmetis, -io (1) 60th anniversary

šeštãdienis, -io (1) Saturday

šiañdien today

šiáurė (1) north

šiáurės rytaĨ (1)(3) northeast

šiáurės vakaraĨ (1)(3[b]) northwest

šiĨkas (4) silk

šilkìnis, -ė (2) silken

šiĨtas, -ų (4) warm

šìlti, šỹla, šìlo get warm

šiĨtnamis, -io (1) greenhouse

šilumų (3[b]) warmth

širdiẽs príepuolis, -io (3)(1) heart attack

širdìs, -iẽs (3) heart

šiùkšlių dėžė̃ (2)(4) rubbish bin

šiurkštùs, -ì (4) rough

šypsotis, šỹpsosi, šypsójosi smile

šlãpdriba (1) sleet

šlãpias, -ià (4) wet

šlepėtė (2) slipper

šliaũžti, šliaũžia, šliaũžė creep, crawl

šokėjas, -a (1) dancer

šõkis, -io (2) *dance*
šokolãdas (2) *chocolate*
šókti, šóka, šóko (ką?) *dance,*
 jump
šòrtai (1) *shorts*
šùkos (2) *comb*
šukúoti, šukúoja, šukãvo (ką?)
 comb
šukúotis, šukúojasi, šukãvosi
 (ką?) *comb one's hair*
šulinỹs (3ᵇ) *well*
šuõ (4) *dog*
švar̃kas (4) *jacket (for men)*
švarkẽlis, -io (2) *jacket (for*
 women)
švarùs, -ì (4) *clean*
švèdas, -ė (2) *Swede*
Švèdija (1) *Sweden*
šveicãras, -ė (2) *Swiss*
Šveicãrija (1) *Switzerland*
švelnùs, -ì (4) *soft*
šveñtas, -ų (4) *holy, sacred*
šveñtė (2) *holiday, feast, festival*
šveñtinis, -ė (1) *festive*
švę̃sti, šveñčia, šveñtė (ką?)
 celebrate
šviẽsiai žãlias, -ià (4) *light green*
šviesofòras (2) *traffic lights*
šviẽsti, šviẽčia, šviẽtė *shine*
šviestùvas (2) *chandelier*
šviesùs, -ì (4) *light*

tablètė (2) *tablet (medical)*
taĩ *that, it*
táikomoji kalbótyra (1) *applied*
 linguistics
taĩp pàt *as well*
taĩp *yes*

taisyklà (2) *repair*
taisýti, taĩso, taĩsė (ką?) *repair*
taksì *taxi*
Tãlinas (1) *Tallinn*
talkà (4) *aid, helping (a friend)*
tam̃siai žãlias, -ià (4) *dark green*
tapýba (1) *painting*
tapýti, tãpo, tãpė (ką?) *paint*
tapýtojas, -a (1) *painter*
tàpti, tam̃pa, tãpo kuo? *become*
tarnáutojas, -a (1) *official*
tar̃ti, tãria, tãrė (ką?) *pronounce*
tãškas (4) *point*
taškúotas, -a (1) *dotted*
taurė̃ (4) *wineglass*
taurẽlė (2) *wineglass (small)*
tautìniai drabùžiai (2)(2)
 national costume
teãtras (2) *theatre*
teĩgiamas, -à (3ᵇ) *positive*
teiráutis, teiráujasi, teirãvosi
 (ką? ko?) *inquire*
tekéti, tẽka, tekéjo *flow (about*
 water), rise (about the sun),
 marry (for female)
Tel Avìvas (2) *Tel Aviv*
telefònas (2) *telephone*
televìzorius (1) *TV set*
temperatūrà (2) *fever,*
 temperature
teñ *there*
tènisas (1) *tennis*
tèniso kamuoliùkas (2) *tennis*
 ball
tẽpalas (3ᵇ) *ointment, unguent,*
 cream
tèpti, tẽpa tẽpė (ką?) *anoint*
terasà (2) *terrace*

termomètras (2) *thermometer*
tèstas (2) *test*
tetà (4) *aunt*
tėvaĩ (4) *parents*
tévas (3) *father*
tėvẽlis, -io (2) *daddy*
tìgras (2) *tiger*
tìk *only*
tikétis, tìkisi, tikéjosi (ko?) *expect*
tikraĩ *really*
tikriáusiai *probably*
tìkrinti, tìkrina, tìkrino (ką?)
  check
tìkti, tiñka, tìko (kam? kas?) *suit*
tìltas (1) *bridge*
tingéti, tìngi, tingéjo *lazy,*
  be lazy
tylùs, -ì (4) *silent*
Tòkijas (1) *Tokyo*
tolì *far*
tòrtas (1) *cake*
tradìcija (1) *tradition*
tramvãjus (2) *tram*
traukinỹs (3ᵃ) *train*
trečiãdienis, -io (1) *Wednesday*
treniruõtė (2) *training*
trimèstras (2) *trimester*
trìnti, trìna, trýnė (ką?) *rub*
trintùkas (2) *rubber*
triušíena (1) *rabbit (meat)*
triùšis, -io (2) *rabbit*
troleibùsas (2) *trolleybus*
trùkti, truñka, trūko *last*
truñpas, -à (4) *short*
trumpàsis baĩsis (2) *short vowel*
tualètas (2) *toilet*
tuõj *soon*
tuõktis, tuõkiasi, tuõkėsi *marry*

turéti, tùri, turéjo (ką?) *have*
tuȓgus (2) *market*
tuȓkas, -ė (2) *Turk*
Tuȓkija (1) *Turkey*
tušinùkas (2) *pen*
tvarkýti, tvaȓko, tvaȓkė (ką?)
  tidy
tvaȓstis, -io (2) *bandage*
tvorà (4) *fence*

úkininkas, -ė (1) *farmer*
Ukrainà (2) *Ukraine*
ukrainiẽtis, -io; -ė (2) *Ukrainian*
unifòrma (1) *uniform*
úodas (3) *mosquito*
uogáuti, uogáuja, uogãvo *pick*
  berries
uogiẽnė (2) *jam, marmalade*
úoga (1) *berry*
ùpė (2) *river*
ūsai (2) *moustache*
uždavinỹs (3⁴ᵇ) *task*
uždegìmas (2) *inflammation*
Ùžgavėnės (1) *Shrove Tuesday,*
  Mardi Gras
ùžmiestis, -io (1) *out of town*
užmiȓšti, užmiȓšta, užmiȓšo (ką?)
  forget
užsiẽmęs, -usi (1) *busy*
ùžsienio kalbų (1)(4) *foreign*
  language
ùžsienis, -io (1) *abroad*
užsikrẽsti, užsìkrečia, užsìkrėtė
  (kuo?) *catch an illness*
užsirašýti, užsirãšo, užsirãšė (pas
  ką?) *take down*
užsisakýti, užsisãko, užsisãkė
  (ką?) *book, order*

užtektinaĩ *enough*
užteñka *enough*
užtrauktùkas (2) *zipper*
užúolaidos (1) *curtains*
ùžvakar *day before yesterday*
ùžvalkalas (3⁴ᵇ) *pillowcase*

vabzdỹs (4) *insect*
vadõvas, -ė (2) *manager*
vadovė̃lis, -io (2) *textbook*
vagìs, -iẽs (4) *(masc.) thief*
vagònas (2) *carriage*
vaidìnti, vaidìna, vaidìno (ką?)
  play (a role)
vaĩkas (4) *child*
vaikìnas (2) *young man*
vaikỹstė (2) *childhood*
váikščioti, váikščioja, váikščiojo
  walk
vaikų̃ daržė̃lis, -io (4)(2)
  kindergarten
vaĩras (4) *wheel*
vairúotojas, -a (1) *driver*
vairúotojo pažymėjimas (1)
  driving licence
vaĩsius (2) *fruit*
vaĩsinis, -ė (1) *fruity, of fruit*
váistai (1) *medicine, drugs*
vaistãžolės (1) *herbs*
váistinė (1) *pharmacy*
váistininkas, -ė (1)
  pharmacist
váišės (1) *regale*
vaĩzdas (4) *view*
vãkar *yesterday*
vakaraĩ (3ᵇ) *west*
vakarè (in the) *evening*
vakarė̃lis, -io (2) *party, evening*

vakariẽnė (2) *dinner/supper*
vakarieniáuti, vakarieniáuja,
  vakarieniãvo *have dinner/*
  supper
valandà (3ᵇ) *hour* **valdiniñkas,**
  -ė (2) *clerk* **valgiãraštis, -io** (1)/
  meniù *menu*
valgyklà (2) *canteen*
válgyti, válgo, válgė (ką?) *eat*
valyklà (2) *dry cleaning*
valýti, vãlo, vãlė (ką?) *clean*
valýtis, vãlosi, vãlėsi dantìs (ką?)
  clean one's teeth
valýtojas, -a (1) *cleaner,*
  housemaid
váltis, -ies (1) *boat*
vandenýnas (1) *ocean*
vanduõ (3ᵃ) *water*
vanìlinis cùkrus (1)(2) *vanilla*
  sugar
vardãdienis, -io (1) *nameday*
var̃das (4) *name*
vardìnės (2) *nameday*
var̃do dienà (4)(4) *nameday*
varlė̃ (4) *frog*
várna (1) *crow*
var̃pinė (1) *belfry*
varškė̃ (3) *cottage cheese, curd*
Vár̃šuva (1) *Warsaw*
vãsara (1) *summer*
vasãris, -io (2) *February*
Vãšingtonas (1) *Washington*
važiúoti, važiúoja, važiãvo *go*
  (using a vehicle)
vėdęs (1) *married (man)*
véidas (3) *face*
véidrodis, -io (1) *mirror*
veĩksmas (4) *act*

veĩkti, veĩkia, veĩkė (ką?) *do, function*
vėjas (1) *wind*
vėjúotas, -a (1) *windy*
vėlaĩ *late*
vėlė̃ *soul, ghost*
Vė̃linės (1) *All Souls' day*
Velýkos (1) *Easter*
vėlúoti, vėlúoja, vėlãvo *late (be late)*
veñgras, -ė (2) *Hungarian*
Veñgrija (1) *Hungary*
veřslininkas, -ė (1) *businessman, businesswoman*
vertéjas, -a (1) *translator, interpreter*
vèsti, vẽda, vẽdė (ką?) *marry, to wed (for man)*
vestùvės (2) *wedding*
vėžỹs (3) *crayfish*
vėžlỹs (4) *turtle*
vèžti, vẽža, vẽžė (ką?) *carry (by transport)*
vidaũs òrganai (4)(1) *internal organs*
vidìnis, -ė (2) *inner*
viduřinis išsilãvinimas (2)(1) *secondary education*
vidùrnaktis, -io (1) *midnight*
vidutìnis, -ė (2) *average*
Víena (1) *Vienna*
vienkartìnis bìlietas (2)(1, 3b) *one way ticket*
vienspaĺvis, -ė (2) *self-coloured*
vienviẽtis, -ė (2) *single (room)*
viẽšbutis, -io (1) *hotel*
viešóji polìtika (1) *public politics*
vietà (2) *place*

viĺkas (4) *wolf*
vìlna (1) *wool*
Vìlnius (1) *Vilnius*
vilnõnis, -ė (2) *woollen*
violètinis, -ė (1) *violet*
virdulỹs (3ᵃ), arbatìnis (2) *kettle*
viréjas, -a (1) *cook*
virỹklė (2) *stove, cooker*
viřsti, viřsta, viřto (kuo?) *convert*
viřšininkas, -ė (1) *boss*
viršū̃nė (1) *peak*
viršutìnis, -ė (2) *uppermost, top*
vìrti, vérda, vìrė (ką?) *cook, boil*
virtùvė (2) *kitchen*
visadà *always*
visažìnis, -ė (2) *know-all*
vìskas (1) *all, everything*
viščiùkas (2) *chicken*
vištà (2) *hen*
vištíena (1) *chicken*
výkti, výksta, výko *go, take place*
výnas (2) *wine*
výnuogė (1) *grape*
výras (1) *husband, man*
vyšnià (2) *cherry*
võgti, vãgia, võgė (ką?) *steal*
vókas (3) *envelope*
Vokietijà (2) *Germany*
vókietis, -ė (1) *German*
vonià (4) *bathroom; bathtub*
vóras (3) *spider*
voverė̃ (3ᵃ) *squirrel*

Zãgrebas (1) *Zagreb*
žadéti, žãda, žadéjo (ką?) *promise*
žaĩbas (4) *lightning*

žaibúoti, žaibúoja, žaibãvo
lightning to strike
žaĩsti, žaĩdžia, žaĩdė (ką?) *play*
(a game)
žaizdà (4) *wound*
žãlias, -ià (4) *green*
žaltỹs (3) *grass snake*
žąsíena (1) *goose (meat)*
žąsìs, -iẽs (4) *goose*
žẽmas, -à (4) *low*
žẽmė (2) *earth, soil, ground*
žemėlapis, -io (1) *map*
žemumà (3ᵇ) *lowland*
žibiñtas (2) *light*
žíedas (3) *blossom; ring*
žiemų (4) *winter*
žinóti, žìno, žinójo (ką?) *know*
žirafà (2) *giraffe*
žìrgas (3) *horse*
žìrgýnas (1) *stud*

žìrklės (1) *scissors*
žìrnis, -io (1) *pea*
žiūréti, žiūri, žiūrėjo (ką?) *look,*
watch
žýdas, -ė (2) *Jew*
žýdras, -à (3) *sky blue*
žỹgis, -io (2) *hike*
žyméti, žỹmi, žymėjo (ką?) *mark*
žmogùs (4), pl. žmónės (3)
person; people
žmonà (3) *wife*
žolė̃ (4) *grass*
žurnalìstas, -ė (2) *journalist*
žuvédra (1) *seagull*
žuvìs, -iẽs (4) *fish*
žvaigždė̃ (4) *star*
žvejóti, žvejója, žvejójo (ką?)
fish
žvėrìs, -iẽs (3) *beast*
žvìrblis, -io (1) *sparrow*

English–Lithuanian vocabulary

See **Appendix: stress** above for an explanation of the stress marks and groups.

@ etų (kilpūtė (2), rožýtė (1))
60th anniversary šešiasdešim̃t-
  metis, -io (1)
able (be able) galéti, gãli, galéjo
abroad úžsienis, -io (1)
according pãgal (ką?)
act veĩksmas (4)
actor, actress ãktorius, -ė (1)
administrator administrãtorius,
  -ė (1)
adult suáugęs, -usi (1)
advice patarìmas (2)
advise patar̃ti, pátaria, pátarė
afternoon piẽtūs (4)
aid, helping (a friend) talká (4)
airport óro úostas (3)(1)
alcohol alkohòlis, -io (2)
alcoholic drinks alkohòliniai
  gė́rimai (1)(1)
all, everything vìskas (1)
All Souls' day Vėlinės (1)
almost bevéik
already jaũ
always visadà
amber giñtaras (3ᵇ)
amber gintarìnis, -ė (2)
America, United States of America
  Amèrika (1)
American amerikiẽtis, -io; -ė (2)
ampoule ámpulė (1)
Amsterdam Ámsterdamas (1)

and iř
angina anginà (2)
animal gyvū́nas (2)
animal (domestic) gyvulỹs (3ᵃ)
Ankara Ankarà (4)
anniversary (of funeral)
  mė́tinės (1)
announcement skelbìmas (2)
anoint tėpti, tė̃pa tė̃pė (ką?)
another time, next time kìtą
  kar̃tą (4)(2)
ant skruzdėlė̃ (3ᵇ)
apartment bùtas (2)
applaud plóti, plója, plójo
apple obuolỹs (3ᵃ)
applied linguistics táikomoji
  kalbótyra (1)
April balañdis, -io (2)
apron prijuõstė (2)
arm, hand rankų̃ (2)
armchair fòtelis, -io (1), krė́slas (3)
arrival atvykìmas (2)
art mẽnas (4)
as well taaĩp pàt
ask kláusti, kláusia, kláusė (ko?
  ką?)
ask, request prašýti, prãšo, prãšė
  (ką? ko?)
assistant pavadúotojas, -a (1)
at home namiẽ
Athens Atė́nai (1)

auditorium **auditòrija (1)**
August **rugpjūtis, -io (1)**
aunt **tetà (4)**
Austria **Áustrija (1)**
Austrian **áustras, -ė (1)**
autumn **ruduõ (3ᵇ)**
average **vidutìnis, -ė (2)**

baby **kūdikis, -io (1)**
back **nùgara (1)**
backpack **kuprìnė (2)**
bad **blõgas, -à (4)**
bag, sack **maišėlis, -io (2)**
balcony **balkònas (2)**
ball **kamuolỹs (3ᵇ)**
ballet **balètas (2)**
banana **banãnas (2)**
bandage **tvaŕstis, -io (2)**
bank **bánkas (1)**
bar **bãras (2)**
basket **krepšỹs (4)**
basketball **krepšìnis, -io (2)**
bathhouse, sauna **pirtìs, -iẽs (4)**
bathing suit **máudymosi
   kostiumėlis, -io (1)(2)**
bathing trunks **máudymosi
   kelnáitės (1)**
bathroom; bathtub **vonià (4)**
be **bū́ti, yrà, bū́vo**
beach **paplūdimỹs (3⁴ᵇ)**
beach **pliãžas (2)**
beak **snãpas (4)**
bean **pupà (2), pupėlė (2)**
bear **meškà (4), lokỹs (3)**
beard **barzdà (4)**
beast **žvėrìs, -iẽs (3)**
beautiful **gražùs, -ì (4)**
beauty salon **grõžio salònas (2)(2)**

become **tàpti, tam̃pa, tãpo
   (kuo?)**
bed **lóva (1)**
bedroom **miegamàsis**
beef **jáutiena (1)**
beer **alùs (4)**
beet **burokėlis, -io (2)**
behave **eĩgtis, eĩgiasi, eĩgėsi**
Belarus **Baltarùsija (1)**
belfry **vaŕpinė (1)**
Belgian **beĩgas, -ė (2)**
Belgium **Beĩgija (1)**
bell (door) **skambùtis, -io (2)**
Belorussian **baltarùsis, -io; -ė (2)**
belt **diŕžas (4)**
bench **súolas (3)**
benzine **benzìnas (2)**
Berlin **Berlýnas (1)**
Bern **Bèrnas (1)**
berry **úoga (1)**
bicycle **dvìratis, -io (1)**
big **dìdelis, -ė (3ᵇ)**
bill **sąskaita (1)**
biology **biològija (1)**
birch (tree) **béržas (3)**
bird **paũkštis, -io (2)**
birthday **gimìmo dienà (2)(4),
   gimtãdienis, -io (1)**
biscuit, cookie **sausaĩnis, -io (2)**
bitter **kartùs, -ì (4)**
black **júodas, -ų (3)**
blackcurrant **juodieji serbeñtai (2)**
blanket **añtklodė (1)**
block of flats **daugiabùtis, -io (2)
   (nãmas) (4)**
blood **kraũjas (4)**
blood pressure **kraũjo spaudìmas (2)**
blossom **žíedas (3)**

blouse palaidinùkė (2)
blue mėlynas, -a (1)
boar šérnas (3)
board lentà (4)
boat váltis, -ies (1)
boy berniùkas (2)
book knygà (2)
book, order užsisakýti, užsisãko, užsisãkė (ką?)
bookcase knýgų spìnta (1)
booking office bìlietų kasà (1)(4)
bookkeeper buhálteris, -io; -ė (1)
bookshop knygýnas (1)
boring nuobodùs, -ì (4)
boss viřšininkas, -ė (1)
bottle bùtelis, -io (1)
bottom dùgnas (4)
bouillon sultinŷs (3ᵃ, 3ᵇ)
bouquet, bunch (of flowers) púokštė (1) (gėlių (4))
bowl dubuõ (3ᵇ)
box dėžė̃ (4)
boxer shorts glaũdės (2)
bra liemenė̃lė (2)
bracelet apýrankė (1)
brain smėgenys (3ᵇ)
brakes stabdžiaĩ (4)
branch šakà (4)
branch of sport spòrto šakà (1)(4)
Bratislava Bratislavà (2)
bread dúona (1)
bread (French) batònas (2)
break gèsti, geñda, gėdo; láužyti, láužo, láužė (ką)?
breakfast pùsryčiai (1)
bride jaunóji
bridge tìltas (1)
bright ryškùs, -ì (4)

brooch sãgė (2)
brother brólis, -io (1)
brown rùdas, -ų (4)
Brussels Briùselis, -io (1)
Bucharest Bukarèštas (2)
Budapest Budapèštas (2)
build statýti, stãto, stãtė (ką?)
building pãstatas (3ᵇ)
Bulgaria Bulgãrija (1)
Bulgarian bulgãras, -ė (2)
bun, roll bandė̃lė (2)
bury láidoti, láidoja, láidojo (ką?)
bus autobùsas (2)
bus station autobùsų stotìs, -ies (2)(4)
bus stop autobùsų stotė̃lė (2)(2)
bush krúmas (1)
businessman, businesswoman veřslininkas, -ė (1)
busy užsiė̃męs, -usi (1)
butter svíestas (1)
button sagà (4)
buy piřkti, peřka, piřko (ką?)

cabbage kopū̃stas (2)
cabin kajùtė (2)
cake tòrtas (1)
call skambùtis, -io (2); skam̃binti, skam̃bina, skam̃bino
Canada Kanadà (2)
Canadian kanadiẽtis, -io; -ė (2)
canoe baidãrė (2)
canteen valgyklà (2)
cap kepùrė (2)
capital sóstinė (1)
capsule (medical) kãpsulė (1)
car automobìlis (2), mašinà (2)
car wash plovyklà (2)

carpet **kìlimas (1)**

carriage **vagònas (2)**

carrot **morkà (2)**

carry (by transport) **vèžti, vēža, vēžė (ką?)**

cat **katė̃ (4)**

catch an illness **užsikrėsti, užsìkrečia, užsìkrėtė (kuo?)**

ceiling **lùbos (2, 4)**

celebrate **švęsti, šveñčia, šveñtė (ką?)**

cellar, basement **rūsỹs (4)**

cent **ceñtas (2)**

centre **ceñtras (2)**

ceramicist **kerãmikas, -ė (1)**

ceramics **kerãmika (1)**

cereal, grain, crop **javaĩ (4)**

certainly, necessary, definitely **būtinaĩ**

chain **grandinė̃lė (2)**

chair **kėdė̃ (4)**

champagne **šampãnas (2)**

chandelier **šviestùvas (2)**

change **grąžà (4)**

changeable **pérmainingas, -a (1)**

chatter, chat **plepéti, plēpa, plepéjo**

cheap **pigùs, -ì (4)**

check **tìkrinti, tìkrina, tìkrino (ką?)**

cheek **skrúostas (3, 1)**

cheese **sū́ris, -io (1)**

chemistry **chèmija (1)**

chequered **langúotas, -a (1)**

chequers **šãškės (2)**

cherry **vyšnià (2)**

chess **šachmãtai (2)**

chest **krūtìnė (2)**

chicken **viščiùkas (2), vištíena (1)**

child **vaĩkas (4)**

childhood **vaikỹstė (2)**

chin **smãkras (4)**

China **Kìnija (1)**

Chinese **kìnas, -ė (2)**

chocolate **šokolãdas (2)**

choice **pasirinkìmas (2)**

choir **chòras (2)**

choose **riñkti, reñka, riñko (ką?)**

christening **krikštỹnos (2)**

Christmas **Kalė̃dos (2)**

Christmas Eve **Kū̃čios (2)**

church **bažnýčia (1)**

cinema **kìnas (2)**

circulation **apýtaka (1)**

city, town **miẽstas (2)**

class **klãsė (2)**

classical music **klasikìnė mùzika (2)(1)**

clean **švarùs, -ì (4); valýti, vãlo, vãlė (ką?)**

clean one's teeth **valýtis, vãlosi, vãlėsi dantìs (ką?)**

cleaner, housemaid **valýtojas, -a (1)**

clear **áiškus, -i (3)**

clerk **valdiniñkas, -ė (2)**

client **klieñtas, -ė (2)**

climate **klìmatas (1)**

clinic **klìnika (1)**

close **artì**

cloth, dress, garment **drabū̃žis, -io (2)**

cloudy **debesúota (1)**

coat **páltas (1)**

cock **gaidỹs (4)**

coffee **kavà (4)**

coffee shop, cafe **kavìnė (2)**

cold šáltas, -à (3)
cold beetroot soup šaltìbarščiai (1)
cold dish šáltas pãtiekalas (3)(3⁴ᵇ)
cold, chill, frost šaĨtis, -io (2)
cold, the snuffles slogà (4)
collar apýkaklė (1)
colleague bendradařbis, -io; -ė (2)
colour dažýti, dãžo, dãžė (ką?)
colour spalvà (4)
colour up dažýtis, dãžosi, dãžėsi (ką?)
comb šùkos (2); šukúoti, šukúoja, šukãvo (ką?)
comb own hair šúkuotis, šukúojasi, šukãvosi (ką?)
comfortable patogùs, -ì (4)
commercial centre prekýbos ceñtras (1)(2)
commode, chest of drawers komodà (2)
company įmonė (1)
comparative politics lýginamoji polìtika (1)
comparatively palýginti
complain skųstis, skuñdžiasi, skuñdėsi (kuo?)
complicated sudėtìngas, -a (1)
computer kompiùteris, -io (1)
concerning dėl
concert koncèrtas (1)
conduct dirigúoti, dirigúoja, dirigãvo
conductor dirigeñtas, -ė (2)
congratulate, welcome svéikinti, svéikina, svéikino (ką?)
conker (tree) kaštõnas (2)
connection ryšỹs (4)
consider laikýti, laĨko, laĨkė (ką?)

continent, dry land sausumà (3ᵇ)
contract sutartìs, -iẽs (3ᵇ)
contradict, object prieštaráuti, prieštaráuja, prieštarãvo
controller kontroliẽrius, -ė (2)
conveniences patogùmai (2)
convert viřsti, viřsta, viřto (kuo?)
cook virėjas, -a (1)
cook, boil vìrti, vérda, vìrė (ką?)
cook, produce gamìnti, gamìna, gamìno (ką?)
Copenhagen Kopenhagà (2)
coping/ending (party) pabaigtùvės (2)
copybook sąsiuvinis, -io (1)
cosy jaukùs, -ì (4)
cost kainúoti, kainúoja, kainãvo (kas? ką?)
cottage cheese, curd varškė̃ (3)
cotton mėdvìlnė (1)
cottony medvilnìnis, -ė (2)
cough kosulỹs (3ª); kósėti, kósi, kósėjo
country šalìs, -iẽs (4)
course, dish pãtiekalas (3⁴ᵇ)
cousin pùsbrolis, -io (1); pùsseserė (1)
cow kárvė (1)
crayfish vėžỹs (3)
cream grietinėlė (2)
cream krèmas (2)
creation, artwork kūrinỹs (3ª)
creep, crawl šliaũžti, šliaũžia, šliaũžė
Croat kroãtas, -ė (2)
Croatia Kroãtija (1)
cross péreiti, péreina, pérėjo (ką?)
crossing sánkryža (1)

crow várna (1)
cucumber agur̃kas (2)
cup puodùkas (2)
cupboard spintėlė (2)
currant serbeñtas (2)
curtains užúolaidos (1)
custom paprotỹs (3ᵇ)
customer pirkėjas, -a (1)
cut kir̃pti, ker̃pa, kir̃po (ką?);
  pjáustyti, pjáusto, pjáustė (ką?)
cut one's hair kir̃ptis, ker̃pasi,
  kir̃posi (ką?)
CV gyvẽnimo aprãšymas (1)(1)
Czech čèkas, -ė (2)
Czech Republic Čèkija (1)

daddy tėvẽlis, -io (2)
dairy products píeno
  prodùktai (1)(2)
day dienà (4)
day after tomorrow porýt
day before yesterday ùžvakar
day and night (24 hours) parà (4)
dance šõkis, -io (2); šókti, šóka,
  šóko (ką?)
dancer šokėjas, -a (1)
Dane dãnas, -ė (2)
dark green támsiai žãlias, -ià (4)
daughter duktė̃ (3ᵇ)
dead mirȩs, -usi (1)
December grúodis, -io (1)
deer élnias (1, 3)
Delhi Dèlis (2)
Denmark Dãnija (1)
dentist dantìstas (2)
department skýrius (2)
departure išvykìmas (2)
desert dykumà (3ᵇ)

desk rãšomasis stãlas (4)
dessert saldumýnas (1)
devote skìrti, skìria, skýrė (ką?)
dianthus gvazdìkas (2)
die out, disappear, vanish nýkti,
  nýksta, nýko
diesel dyzelìnas (2)
different kitóks, -ia (1)
difficult sunkùs, -ì (4)
dinner/supper vakariẽnė (2)
director dirèktorius, -ė (1)
disappear diñgti, diñgsta, diñgo
discharge atléisti, atléidžia,
  atléido (ką?)
discipline dalýkas (2)
discount núolaida (1)
divorced išsiskýrȩs, -usi (1)
do one's best sténgtis, sténgiasi,
  sténgėsi
do the task atlìkti, atliẽka, atlìko
  (ką?)
do, function veĩkti, veĩkia, veĩkė
  (ką?)
do, make darýti, dãro, dãrė (ką?)
dock príeplauka (1)
doctor gýdytojas, -a (1)
dog šuõ (4)
dollar dóleris (1)
door dùrys (2)
dormitory bendrãbutis, -io (1)
dotted taškúotas, -a (1)
draw piẽšti, piẽšia, piẽšė (ką?)
dress reñgti, reñgia, reñgė (ką?);
  suknẽlė (2)
dress oneself reñgtis, reñgiasi,
  reñgėsi (ką?/kuo?)
drink gérti, gẽria, gérė (ką?)
drink, beverage gérimas (1)

driver **vairúotojas, -a (1)**
driving licence **vairúotojo pažyméjimas (1)**
drops **lašaĩ (4)**
drum **bũgnas (2)**
dry **saũsas, -à (4)**
dry cleaning **valyklà (2)**
Dublin **Dùblinas (1)**
duck **ántis, -ies (1)**
duck (meat) **antíena (1)**
dumpling **dìdžkukulis, -io (1)**
dune **kopà (2)**
Dutchman **olándas, -ė (1)**

ear **ausìs, -iẽs (4)**
early **ankstì**
earring **aũskaras (3b)**
earth, soil, ground **žẽmė (2)**
east **rytaĩ (3)**
Easter **Velýkos (1)**
easy **leñgvas, -à (4)**
eat **válgyti, válgo, válgė (ką?)**
education **išsilávinimas (1)**
egg **kiaušìnis, -io (2)**
elbow **alkúnė (1)**
elephant **dramblỹs (4)**
elk, moose **bríedis, -io (1)**
email **elektróninis pãštas (1)(2)**
embassy **ambasadà (2)**
employee **darbúotojas, -a (1)**
employer **darbdavỹs, -ė̃ (3a)**
end **baĩgtis, baĩgiasi, baĩgėsi; pabaigà (3b)**
engagement **sužadėtùvės (2)**
engineer **inžiniẽrius, -ė (2)**
English language **ánglų kalbà (1)(4)**
Englishman, Englishwoman **ánglas, -ė (1)**

enough **užtektinaĩ, užteñka**
enter **stóti, stója stójo (į ką?)**
entertainment **pramogà (3b)**
envelope **vókas (3)**
equipment **į́ranga (1)**
establish, create **kùrti, kùria, kúrė (ką?)**
Estonia **Èstija (1)**
Estonian **èstas, -ė (2)**
euro **èuras (1)**
eve **išvakarės (1)**
even **nèt**
evening **vakarè**
event **renginỹs (3b)**
every year **kasmẽt**
exactly **lýgiai**
examination **egzãminas (1, 3b)**
excited (be excited) **jáudintis, jáudinasi, jáudinosi (dėl ko?)**
exercise **mankštà (4), pratìmas (2)**
exhibit **eksponãtas (2)**
exhibition **parodà (3b)**
expect **tikétis, tìkisi, tikéjosi (ko?)**
expensive **brangùs, -ì (3)**
experience **patirtìs, -iẽs (3b)**
expressway **greĩtkelis, -io (1)**
eye **akìs,-iẽs (4)**

fabric **mẽdžiaga (1)**
face **véidas (3)**
family **šeimà (4)**
family holiday, celebration **šeimõs šveñtė (4)(2)**
far **tolì**
fare **sèktis, sékasi, sékėsi**
farmer **úkininkas, -ė (1)**
fashionable **madìngas, -a (1)**

fast grei̇̃tas, -à (4)
fast pãsninkas (1)
father tévas (3)
February vasãris, -io (2)
feel jaũstis, jaũčiasi, jaũtėsi
feeling (self) savìjauta (1)
fence tvorà (4)
ferry kéltas (1)
festival festivãlis, -io (2)
festive šveñtinis, -ė (1)
fever kařštis, -io (2),
  temperatūrà (2)
fiancé sužadétinis, -io; -ė (1)
field laũkas (4)
filling i̇̃daras (3ª)
film fìlmas (1)
film for adults fìlmas
  suáugusiems (1)(1)
fine baudà (4)
fine arts dailė̃ (4)
finger pi̇̃rštas (2)
Finland Súomija (1)
Finn súomis, -io; -ė (1)
fir (tree) ēglė (2)
fire láužas (3)
fish žuvi̇̀s, -iēs (4)
fish žvejóti, žvejója, žvejójo (ką?)
fit prisitáikyti, prisitáiko,
  prisitáikė
fitting room matãvimosi
  kabinà (1)(2)
flax linas (4)
float léisti, léidžia léido (ką?)
floor griñdys (4)
floor, storey aũkštas (2)
flour miltai (1)
flow (about water) tekéti, tēka,
  tekéjo
flower gėlė̃ (4)

flowery gėlétas, -a (1)
flu, influenza gri̇̀pas (2)
flute fleità (2)
fly mùsė (2); skri̇̀sti, skreñda,
  skri̇̀do
fog rū̃kas (4)
folklore folklòras (2)
foot pėdà (3)
football fùtbolas (1)
footwear ãvalynė (1)
for both abiém
forehead kaktà (4)
foreign language ùžsienio
  kalbà (1)(4)
forest mìškas (4)
forget užmiřšti, užmiřšta,
  užmiřšo (ką?)
fork šakùtė (2)
fortune telling būri̇̀mas (2)
fox lãpė (2)
France Prancūzijà (2)
freeze, to get cold šálti, šą̃la, šãlo
freezer šaldìklis, -io (2)
freezing rain lijùndra (1)
Frenchman, Frenchwoman
  prancū̃zas, -ė (2)
Friday penktãdienis, -io (1)
friend draũgas, -ė (4)
friendly draũgiškas, -a (1)
frog varlė̃ (4)
frost, crust šeřkšnas (4)
fruit vai̇̃sius (2)
fruity, of fruit vai̇̃sinis, -ė (2)
fry, roast, bake kèpti, kēpa,
  kēpė (ką?)
fuel degalai̇̃ (3ᵇ)
fun smagùs, -ì (4)
funeral láidotuvės (1)
funny liñksmas, -à (4)

fur káilis, -io (1)
fur coat kailiniaĩ (3ª)
furry kailìnis, -ė (2)

game rungtýnės (2)
garage autosèrvisas (1), garãžas
  (2)
gargle skaláuti, skaláuja,
  skalãvo (ką?)
garlic česnãkas (2)
gas dùjos (2)
geography geogrãfija (1)
German vókietis, -ė (1)
Germany Vokietijà (2)
get, buy įsigýti, įsigýja, įsigìjo
  (ką?)
get on/off means of transport
  lìpti, lìpa, lìpo
get up kéltis, kéliasi, kélėsi
get warm šìlti, šýla, šilo
gift dovanà (3ª)
giraffe žirafà (2)
girl mergáitė (1)
give dúoti, dúoda, dãvė (ką?)
give a bath máudyti, máudo,
  máudė (ką?)
glad (be glad) džiaũgtis,
  džiaũgiasi, džiaũgėsi (kuo?)
glass stiklìnė (2)
glass jar stiklaĩnis, -io (2)
glasses akiniaĩ (3ᵇ)
glue klijaĩ (4); klijúoti, klijúoja,
  klijãvo (ką?)
go (on foot) eĩti, eĩna, ėjo
go (by vehicle) važiúoti, važiúoja,
  važiãvo
go, take place výkti, výksta, výko
goal įvartis, -io (1)

goat ožkà (3)
godfather krikštãtėvis, -io (1)
godmother krikštãmotė (1)
godparents krìkšto tėvaĩ (4)(4)
gold áuksas (3)
golden auksìnis, -ė (2)
good gẽras, -à (4)
good luck!, all the best!
  sėkmė̃s!
goose žąsìs, -iẽs (4)
goose (meat) žąsíena (1)
gramme grãmas (2)
granddaughter anūkė̃ (2)
grandfather senẽlis, -io (2)
grandmother močiùtė (2),
  senẽlė (2)
grandson anūkas (2)
grape výnuogė (1)
graphic grãfika (1)
graphic designer grãfikas, -ė (1)
grass žolė̃ (4)
grass snake žaltỹs (3)
graveyard kãpinės (3ᵇ)
Great Britain, England Didžióji
  Britãnija (1), Ánglija (1)
Greece Graĩkija (1)
Greek graĩkas, -ė (2)
green žãlias, -ià (4)
greenhouse šìltnamis, -io (1)
greet svéikintis, svéikinasi,
  svéikinosi
greetings linkėjimai (1)
groom jaunàsis, -ojo
grow something augìnti, augìna,
  augìno (ką?)
guess spėlióti, spėliója,
  spėliójo (ką?)
guitar gitarà (2)

hair **plaukaĩ (3)**
hairdresser **kirpėjas, -a (1)**
hairdresser's **kirpyklà (2)**
half an hour **pùsvalandis, -io (1)**
hallway, foyer **prieškambaris,
  -io (1)**
ham **kum̃pis, -io (2)**
handbag **rankìnė (2)**
handkerchief **nósinė (1)**
happy **laimìngas, -a (1)**
hare, rabbit **kìškis, -io (2)**
hat **skrybėlė̃ (3ª),
  skrybėláitė (1)**
have **turḗti, tùri, turḗjo (ką?)**
have breakfast **pùsryčiauti,
  pùsryčiauja, pùsryčiavo**
have dinner/supper
  **vakarieniáuti, vakarieniáuja,
  vakarieniãvo**
have lunch **pietáuti, pietáuja,
  pietãvo**
have a rest **pailsḗti, paĩlsi,
  pailsḗjo**
head **galvà (3)**
headscarf **skarẽlė (2)**
health **sveikatà (2)**
healthy **sveĩkas, -à (4)**
hear **girdḗti, giñdi, girdḗjo (ką?)**
heart **širdìs, -iės (3)**
heart attack **širdiės príepuolis,
  -io (3)(1)**
heavy industry **sunkióji
  prãmonė (1)**
heel **kuĩnas (4)**
heights, elevation **aukštumà (3ª)**
hello **lãbas**
hello (addressing a man)
  sveĩkas (4)

hello (addressing a woman)
  sveikà (4)
help **padḗti, pàdeda, padḗjo
  (kam?)**
Helsinki **Hèlsinkis, -io (1)**
hen **vištà (2)**
herbs **vaistãžolės (1)**
here **čià**
herring **siĺkė (2)**
high **aukštaĩ; áukštas, -à (3)**
higher education **aukštàsis
  išsilãvinimas (1)**
hike **žỹgis, -io (2)**
hill **kalvà (4)**
hind, roe **stìrna (1)**
history **istòrija (1)**
hitchiking **keliáuti autostopù (2)**
holiday **atóstogos (1)**
holiday (be on holiday)
  **atostogáuti, atostogáuja,
  atostogãvo**
holiday, feast, festival **šveñtė (2)**
holy, sacred **šveñtas, -à (4)**
home page **internèto
  svetaĩnė (2)(2)**
honey **medùs (4)**
horse **arklỹs (3), žìrgas (3)**
hospital **ligóninė (1)**
hotel **viẽšbutis, -io (1)**
hour **valandà (3ᵇ)**
house **nãmas (4)**
house-warming party
  įkurtùvės (2)
Hungarian **veñgras, -ė (2)**
Hungary **Veñgrija (1)**
hurt, to ache **skaudḗti, skaũda,
  skaudḗjo (kam? ką?)**
husband **výras (1)**

ice lėdas (4)
ice-covered ground plìkledis, -io (1)
ice cream ledaĩ (4)
ice skate pačiũža (1)
icy, freezing ledìnis, -ė (2)
icy roads, ice-covered ground plìkšala (1)
idea mintìs, -iės (4)
ill (be ill) siřgti, seřga, siřgo (kuo?)
illness, disease ligà (4)
impact póveikis, -io (1)
important svarbùs, -ì (4)
impress nuteĩkti, nuteĩkia, nùteikė (ka?)
in the afternoon popiẽt
Independence Day nepriklausomýbės dienà (1)(4)
India ìndija (1)
Indian ìndas, -ė (1)
Indian summer bóbų vãsara (1)(1)
inflammation uždegìmas (2)
inhabitant gyvéntojas, -a (1)
inner vidìnis, -ė (2)
inquire teiráutis, teiráujasi, teirãvosi (ką? ko?)
insect vabzdỹs (4)
interested (be interested) in dométis, dõmisi, domėjosi (kuo?)
interesting įdomùs, -ì (4)
internal organs vidaũs òrganai (4)(1)
internet internètas (2)
invite, call kviẽsti, kviečia, kviẽtė (ką?)
inwrought raštúotas, -a (1)

Ireland Aĩrija (1)
Irishman, Irishwoman aĩris, -io; -ė (1)
island salà (4)
Israel Izraèlis, -io (2)
it is possible gãlima
Italian itãlas, -ė (2)
Italy Itãlija (1)

jacket (for men) švãrkas (4)
jacket (for women) švarkėlis, -io (2)
jacket (to wear outside) striùkė (2)
jam, marmalade uogiẽnė (2)
January saũsis, -io (2)
Japan Japònija (1)
Japanese japònas, -ė (2)
jazz džiãzas (2)
jeans džìnsai (1)
Jew žỹdas, -ė (2)
jewellery pãpuošalas (3⁴ᵇ)
joint sąnarỹs (3ᵃ)
journalist žurnalistas, -ė (2)
juice sùltys (1)
July líepa (1)
jump šókti, šóka, šóko
June biržẽlis, -io (2)

keep, to store laikýti, laĩko, laĩkė (ką?)
key rãktas (2)
kettle virdulỹs (3ᵃ), arbatìnis (2)
kidney ìnkstas (1)
Kiev Kìjevas (1)
kilogram kilogrãmas (2)
kilometre kilomètras (2)
kindergarten vaikų daržẽlis, -io (4)(2)

kiosk, newspaper stand **kiòskas (2)**
Kishiniev **Kišiniòvas (2)**
kitchen **virtùvė (2)**
knife **peĩlis, -io (2)**
know **žinóti, žìno, žinójo (ką?)**
know-all **visažìnis, -ė (2)**
know how to, be able **mokėti,**
   móka, mokėjo (ką?)
krona **kronà (2)**

lake **ẽžeras (3ᵇ)**
lamp **lémpa (1)**
landscape **gamtóvaizdis, -io (1),**
   kraštóvaizdis, -io (1),
   peizãžas (2)
language **kalbà (4)**
laptop **nešiójamas kompiùteris,**
   -io (1)(1)
last **trùkti, truñka, trùko**
last year **pérnai**
latas **lãtas (2)**
late **vėlaĩ**
late (be late) **vėlúoti, vėlúoja,**
   vėlãvo
Latvia **Lãtvija (1)**
Latvian **lãtvis, -io; -ė (2)**
laugh **juõktis, juõkiasi, juõkėsi**
laundry **skalbyklà (2)**
lawn **pieva (1)**
lawyer **advokãtas, -ė (2), jurìstas,**
   -ė (2)
lazy (be lazy) **tingėti, tìngi,**
   tingėjo
leaf **lãpas (2)**
learn **išmókti, išmóksta, išmóko**
   (ką?)
leather **óda (1)**
leather, of leather **odìnis, -ė (2)**

leave, keep **palìkti, paliẽka,**
   palìko (ką?)
lecture **paskaità (3ᵇ)**
left **kairė̃ (4)**
leg **kója (1)**
leisure **laisvãlaikis, -io (1)**
lemon **citrinà (2)**
lesson **pamokà (3ᵇ)**
letter **láiškas (3)**
lettuce **salotà (2)**
library **bibliotekà (2)**
lie **guĩtis, gùlasi, gùlėsi**
lie, to rest **gulėti, gùli, gùlėjo**
light **šviesùs, -ì (4), žibiñtas (2)**
light green **šviẽsiai žãlias, -ià (4)**
light industry **lengvóji**
   prãmonė (1)
lightning **žaĩbas (4)**
lightening, to strike **žaibúoti,**
   žaibúoja, žaibãvo
like **mėgti, mė́gsta, mė́go (ką?);**
   patìkti, patiñka, patìko (kam?
   kas?)
linden (tree) **líepa (1)**
linen **linìnis, -ė (2)**
lion **liūtas (2)**
lips **lū̃pos (1)**
liqueur **lìkeris, -io (1)**
Lisbon **Lisabonà (2)**
list **sąrašas (3ᵃ)**
listen **klausýti, klaũso, klaũsė**
   (ko?)
litas **lìtas (2)**
Lithuania **Lietuva (3ᵃ)**
Lithuanian **lietùvis, -io; -ė (2)**
Lithuanian language **lietùvių**
   kalbà (2)(4)
Liubliana **Liublijanà (2)**

live gyvénti, gyvéna, gyvéno
liver kēpenys (3ᵇ)
living room svetaìnė (2)
London Lòndonas (1)
long ìlgas, -à (3)
long ago seniaĩ
long vowel ilgàsis baĩsis (2)
look after prižiūréti, prižiūri,
  prižiūréjo (ką?)
look, seem atródyti, atródo,
  atródė
look, watch žiūréti, žiūri, žiūrėjo
  (ką?)
love méilė; myléti, mýli, mylėjo
  (ką?)
low žēmas, -à (4)
lowland žemumà (3ᵇ)
luck, fortune láimė (1)
luggage bagāžas (2)
luggage office bagāžo sáugojimo
  kāmera (2)(1)(1)
lunch break pietų pértrauka (4)(1)
lunch, south piẽtūs (4)
lungs plaũčiai (2)

made of glass stiklìnis, -ė (2)
Madrid Madrìdas (2)
magic stebuklìngas, -a (1)
main course kárštas pātiekalas
  (3)(3⁴ᵇ)
make, cause skélti, kēlia,
  kélė (ką?)
man výras (1)
manager vadõvas, -ė (2)
many daũgelis (1)
map žemélapis, -io (1)
maple (tree) klēvas (4)
March kóvas (3)

margarine margarìnas (2)
marital status šeimìnė padėtìs,
  -iēs (2)(3ᵇ)
mark pažymỹs (3ᵇ)
mark žyméti, žỹmi, žymėjo (ką?)
market tuřgus (2)
married (man) vēdęs (1)
married (woman) ištekéjusi (1)
marry tuõktis, tuõkiasi, tuõkėsi
marry (for woman) tekéti, tēka,
  tekéjo (už ko?)
marry, to wed (for man) vèsti,
  vēda, vēdė (ką?)
mathematics matemātika (1)
May gegužē̃ (3ᵇ)
mayonnaise majonèzas (2)
measure matúoti, matúoja,
  matāvo (ką?)
meat mėsà (4)
medic, doctor gýdytojas, -a (1)
medicine, drugs váistai (1)
medulla oblongata paìlgosios
  smēgenys (3ᵇ)
meet susipažìnti, susipažį̃sta,
  susipažìno
meet susitìkti, susitìñka, susitìko
  (ką?)
meeting susitikìmas (2)
meeting, social susirinkìmas (2)
member narỹs, -ē̃ (4)
menu valgiāraštis, -io (1), meniù
metre mètras (2)
midnight vidùrnaktis, -io (1)
milk píenas (1)
millilitre mililìtras (2)
mineral water minerālinis
  vanduõ (1)(3ª)
Minsk Mìnskas (1)

minute **minùtė (2)**
mirror **véidrodis, -io (1)**
missis **ponià (4)**
mistake **klaidà (4)**
mister **põnas (2)**
mix **maišýti, maĩšo, maĩšė (ką?)**
mixture (medical) **mikstūrà (2)**
moist **drégnas, -à (3)**
Moldova **Moldovà (2)**
Moldovan **moldãvas, -ė (2)**
Monday **pirmãdienis, -io (1)**
money **pinigaĩ (3ᵇ)**
month **ménuo (1)**
monthly ticket **mėnesìnis
   bìlietas (2)(1, 3ᵇ)**
monument **pamiñklas (2)**
moon **mėnùlis, -io (2)**
more **dár**
morning **rýtas (3)**
Moscow **Maskvà (4)**
mosquito **úodas (3)**
mother **mótina (1)**
mother tongue **gimtóji
   kalbà (4)**
motorcycle **motocìklas (2)**
mountain **kálnas (3)**
moustache **ūsai (2)**
mouth **burnà (3)**
much, many **daũg**
multistorey (building)
   **daugiaaũkštis, -io (2)
   (pãstatas (3ᵇ))**
mummy **mamà, mamýtė (4) (1)**
muscle **raumuõ (3ᵇ)**
museum **muziẽjus (2)**
mushroom **grýbas (2)**
music **mùzika (1)**
musician **muzikántas, -ė (1)**

mutton, lamb **avíena (1)**
mysterious **paslaptìngas, -a (1)**

nail **nãgas (4)**
name **vaȓdas (4)**
nameday **vardãdienis,
   -io (1), vardìnės (2), vãrdo
   dienà (4)(4)**
narcissus **narcìzas (2)**
narrate, tell **pãsakoti, pãsakoja,
   pãsakojo (ką?)**
national costume **tautìniai
   drabùžiai (2)(2)**
nature **gamtà (4)**
nauseate **pýkinti, pýkina, pýkino
   (ką?)**
nearly full **nepìlnas, -à (3)**
necessary **reikalìngas, -a (1)**
neck **kãklas (4)**
necklace **karõliai (2)**
necktie **kaklãraištis, -io (1)**
need **reikéti, reĩkia, reikéjo
   (kam? ko?)**
neighbour **kaimýnas, -ė (1)**
nervous (be nervous) **nèrvintis,
   nèrvinasi, nèrvinosi**
Netherlands **Nýderlandai (1),
   Olándija (1)**
never **niekadà**
new **naũjas, -à (4)**
New Year **Naujíeji mẽtai (2)**
nice **gražùs, -ì (4); malonùs, -ì (4)**
night **naktìs, -iẽs (4)**
nightshirt **naktìniai marškiniaĩ
   (2)(3ᵃ)**
no **nè**
north **šiáurė (1)**
northeast **šiáurės rytaĩ (1)(3)**

northwest šiáurės vakaraĩ (1)(3ᵇ)
Norway **Norvègija** (1)
Norwegian **norvègas, -ė** (2)
nose **nósis, -ies** (1)
nosening run **nósis bėga**
not beautiful **negražùs, -ì** (4)
not far **netolì**
notice **pastebėti, pàstebi,**
  pastebėjo (ką?)
novel **romãnas** (2)
November **lãpkritis, -io** (1)
now **dabař**
nowhere **niẽkur**
nurse **medicìnos sesuõ** (2)(3ᵇ),
  sesẽlė (2), **slaugýtojas, -a** (1)
nurse, tender **slaũgė** (2)
nut **riešutas** (3ª)

oak (tree) **ážuolas** (3ª)
oat (cereal) **ãvižos** (3ᵇ)
ocean **vandenỹnas** (1)
October **spãlis, -io** (2)
offer **siūlyti, siūlo, siūlė (ką?)**
official **tarnáutojas, -a** (1)
often **dažnaĩ**
oil **aliẽjus** (2)
ointment, unguent, cream **tẽpalas**
  (3ᵇ)
old **sẽnas, -à** (4)
old-aged pensioner **peñsininkas,**
  -ė (1)
old man **senùkas** (2), **senẽlis,**
  -io (2)
old town **senãmiestis, -io** (1)
old woman **senùtė** (2), **senẽlė** (2)
one-way ticket **vienkartìnis**
  bìlietas (2)(1, 3ᵇ)
onion **svogūnas** (2)

only **tìk**
open one's mouth **išsižióti,**
  išsižiója, išsižiójo
opera **òpera** (1)
operate **operúoti, operúoja,**
  operãvo (ką?)
operation **operãcija** (1)
or **arbà**
oral examination **egzãminas**
  žodžiù (1, 3ᵇ)
orange **apelsìnas** (2); **oránžinis,**
  -ė (1)
orchestra **orkèstras** (2)
orderly, nurse **sanitãras, -ė** (2)
original **sãvitas, -à** (3ᵇ)
Oslo **Òslas** (2)
other **kìtas, -à** (4)
Ottawa **Otavà** (2)
out of town **ùžmiestis, -io** (1)
oven **órkaitė** (1)
overcast **apsiniáukęs, -usi** (1)
owner **savinìñkas, -ė** (2)
ox **jáutis, -io** (1)

package **pakėlis, -io** (2)
pain **skaũsmas** (4)
paint **tapýti, tãpo, tãpė (ką?)**
painter **tapýtojas, -a** (1)
painting **tapýba** (1)
palace **rūmai** (1)
palm **délnas** (3)
pan **keptùvė** (2)
pancake **blỹnas** (2)
pants **kelnáitės** (1)
pantyhose **pėdkelnės** (1)
parcel **siuntinỹs** (3ᵇ)
parents **tėvaĩ** (4)
Paris **Parỹžius** (2)

park **párkas (1)**
parrot **papūgà (2)**
part of the body **kū́no dalìs (1)(4)**
participate **dalyváuti, dalyváuja, dalyvãvo**
party, ball, feast **póbūvis, -io (1), pókylis, -io (1)**
party, evening **vakarė̃lis, -io (2)**
pass an examination **laikýti, laĩko, laĩkė (ką?) egzãminą (1, 3ᵇ)**
passenger **keleĩvis, -io; -ė (2)**
passerby **praeĩvis, -ė (2)**
pasta, noodles **makarõnai (2)**
pastry **pyragė̃lis, -io (2)**
patient, sick **ligónis, -io (1); pacieñtas, -ė (2)**
pavement **šalìgatvis, -io (1)**
pea **žìrnis, -io (1)**
peak **viršū́nė (1)**
pear **kriáušė (1)**
Peking **Pekìnas (2)**
pen **tušinùkas (2)**
pencil **pieštùkas (2)**
peninsula **pùsiasalis, -io (1)**
pepper **pipìrai (2)**
person **asmuõ (3ᵇ), žmogùs (4), pl. žmónės (3)**
person consciously and actively leading a healthy lifestyle **sveikuõlis, -io (2)**
pharmacist **váistininkas, -ė (1)**
pharmacy **váistinė (1)**
physics **fìzika (1)**
photographer **fotogrãfas, -ė (2)**
photography, photo **fotogrãfija (1)**
piano **fortepijõnas (2)**
pick berries **uogáuti, uogáuja, uogãvo**

pick mushrooms **grybáuti, grybáuja, grybãvo**
picture **pavéikslas (1)**
pie **pyrãgas (2)**
pig **kiaũlė (2)**
pigeon **balañdis, -io (2)**
pillow **pagálvė (1)**
pillowcase **ùžvalkalas (3⁴ᵇ)**
pilot **lakū́nas, -ė (2)**
pine **pušìs, -iẽs (4)**
pink **raũsvas, -ì (4)**
place **vietà (2)**
plain, land **lygumà (3ᵃ)**
plane **lėktùvas (2)**
plant **áugalas (3ᵃ); sodìnti, sodìna, sodìno (ką?)**
plate **lėkštė̃ (4, 2)**
platform **aikštė̃lė (2)**
play **spektãklis, -io (2)**
play (a game) **žaĩsti, žaĩdžia, žaĩdė (ką?)**
play (music) **gróti, grója, grójo (ką?)**
play (a role) **vaidìnti, vaidìna, vaidìno (ką?)**
play sports **sportúoti, sportúoja, sportãvo**
pleasant, kind **malonùs, -ì (4)**
plum **slyvà (2)**
pocket **kišēnė (2)**
poetry **poèzija (1)**
point **tãškas (4)**
points of the compass **pasáulio šãlys (1)(4)**
Poland **Lénkija (1)**
Pole **lénkas, -ė (1)**
policeman **polìcininkas, -ė (1)**
pool **baseĩnas (2)**

pork kiaulíena (1)
porridge kõšė (2)
Portugal Portugãlija (1)
Portuguese portugãlas,-ė (2)
positive teĩgiamas, -a (3ᵇ)
post office pãštas (2)
postage stamp pãšto
  žénklas (2)(3)
postbox pãšto dėžùtė (2)(2)
postcard atvirùkas (2)
pot púodas (1)
potato bùlvė (1)
poultry paukštíena (1)
pound svãras (2)
pour pìlti, pìla, pýlė (ką?)
Prague Prahà (2)
precipitation krituliaĩ (3ᵇ)
predict pranašáuti, pranašáuja,
  pranašãvo (ką?)
premise patalpà (3ᵇ)
prepare ruõšti, ruõšia, ruõšė (ką?)
prepare oneself ruõštis, ruõšiasi,
  ruõšėsi
prescribe išrašýti, išrãšo, išrãšė
  (ką?)
present dovanà (3ᵃ)
present, give dovanóti, dovanója,
  dovanójo (ką? kam?)
present tense esamàsis laĩkas (4)
presidential palace/office
  prezidentùrà (2)
price káina (1)
private núosavas, -à (3ᵃ);
  privatùs, -ì (4)
probably tikriáusiai
product prodùktas (2)
promise žadéti, žãda, žadéjo (ką?)
pronounce tařti, tãria, tãrė (ką?)

prospect, avenue prospèktas (2)
public politics viešóji polìtika (1)
puddle balà (2)
pumpkin moliũgas (2)
puppet theatre lėlių̃ teãtras (4)(2)
put déti, dẽda, déjo (ką?)
put on shoes aũti, aũna, ãvė (ką?/
  kuo?)
put on your own shoes aũtis,
  aũnasi, ãvėsi (ką?/kuo?)
pyjamas pižamà (2)

quiet, calm ramùs, -ì (4)
quite ganà

rabbit triùšis, -io (2)
rabbit (meat) triušíena (1)
racquet rakètė (2)
railway station geležìnkelio
  stotìs, -iẽs (1)(4)
rain lietùs (3); lýti, lỹja, lìjo
raincoat líetpaltis, -io (1)
raise kélti, kẽlia, kélė (ką?)
rare rẽtas, -à (4)
raspberry aviẽtė (2)
read skaitýti, skaĩto,
  skaĩtė (ką?)
really iš tiesų̃, tikraĩ
receipt kvìtas (2)
receive gáuti, gáuna, gãvo (ką?)
recipe, prescription recèptas (2)
recover, get better sveĩkti,
  sveĩksta, sveĩko
red raudónas, -a (1)
redcurrant raudoníeji
  serbeñtai (2)
refrigerator šaldytùvas (2)
regale váišės (1)

registered letter **registrúotas láiškas (1)(3)**
relative **gimináitis, -io; -ė (1)**
rely **pasitikéti, pasìtiki, pasitikéjo (kuo?)**
remember **atsimiñti, atsìmena, atsìminė (ką?)**
rent **núomoti, núomoja, núomojo (ką?)**
repair **remòntas (1); remontúoti, remontúoja, remontãvo (ką?); taisyklų (2); taisýti, taĩso, taĩsė (ką?)**
report, notice **pranešìmas (2)**
request **prãšymas (1)**
rest **póilsis, -io (1)**
restaurant **restorãnas (2)**
return **grį̃žti, grį̃žta, grį̃žo**
ride (a horse) **jodinéti, jodinéja, jodinéjo; jóti, jója, jójo**
Riga **Rygà (4)**
right **dešinė̃ (3ᵇ)**
right away **iškart̃**
ring **žíedas (3)**
ritual **apeigà (3ᵇ)**
river **ùpė (2)**
road **kẽlias (4)**
roast **kẽptas, -à (4)**
roast meat **kepsnỹs (4)**
robe **chalãtas (2)**
roller skate **riedùčiai (2)**
Romania **Rumùnija (1)**
Romanian **rumùnas, -ė (2)**
Rome **Romà (2)**
roof **stógas (3)**
room **kambarỹs (3ᵇ)**
root **šaknìs, -iẽs (4)**
rose **rõžė (2)**

rose garden **rožýnas (1)**
rough **šiurkštùs, -ì (4)**
route **maršrùtas (2)**
row **eilė̃ (4)**
rub **trìnti, trìna, trýnė (ką?)**
rubber **trintùkas (2)**
rubbish bin **šiùkšlių dėžė̃ (2)(4)**
ruler **liniuõtė (2)**
run **bėgióti, bėgiója, bėgiójo**
rush, be in a hurry **skubéti, skùba, skubėjo**
Russia **Rùsija (1)**
Russian **rùsas, -ė (2)**
'Russian' salad **mišraĩnė (2)**
rue **rūtà (2)**
rye **rugiaĩ (4)**

sack **maĩšas (4)**
sad **liū̃dnas, -à (4)**
sail **plaũkti, plaũkia, plaũkė**
sailor **jū́rininkas, -ė (1)**
say **sakýti, sãko, sãkė (ką?)**
salad **salõtos (2)**
salary **algà (4)**
salesman, saleswoman **pardavéjas, -a (1)**
salmon **lašišà (2)**
salt **druskà (2)**
salty **sūrùs, -ì (3)**
sanatorium **sanatòrija (1)**
sand **smẽlis, -io (2)**
sandwich **sumuštìnis, -io (2)**
Saturday **šeštãdienis, -io (1)**
saucer **lėkštùtė (2)**
sausage **dešrà (4)**
sausages **dešrẽlės (2)**
saxophone **saksofònas (2)**
scholarship **stipeñdija (1)**

school mokyklà (2)

school year mókslo mētai (1)(2)

schoolboy, schoolgirl mokinỹs,
 -ė̃ (3ª)

schoolteacher mókytojas, -a

science, study mókslas (1)

scientist mókslininkas, -ė (1)

scissors žìrklės (1)

sculptor skùlptorius, -ė (1)

sculpture skulptūrà (2)

sea jū́ra (1)

sea, lagoon mãrios (2)

seacoast pajū́ris, -io (1)

seagull žuvédra (1)

seal rúonis, -io (1)

seasons mẽtų laikaĩ (2)(4)

second sekùndė (1)

secondary education vidurìnis
 išsilãvinimas (2)(1)

secretary sekretõrius, -ė (2)

see matýti, mãto, mãtė (ką?)

self-coloured vienspal̃vis, -ė (2)

self-service savìtarna (1)

sell pardúoti, pardúoda,
 par̃davė (ką?); prekiáuti,
 prekiáuja, prekiãvo kuo?

semester semèstras (2)

seminar seminãras (2)

send sių̃sti, siuñčia, siuñtė (ką?)

sending off (party)
 išleistùvės (2)

sense, taste pajùsti, pajuñta,
 pajùto (ką?)

separate ãtskiras, -ų (3ᵇ)

September rugsėjis, -o (1)

serve aptarnáuti, aptarnáuja,
 aptarnãvo (ką?)

service paslaugà (3ᵇ)

set (about the sun) léistis,
 léidžiasi, léidosi

several kẽletas (1)

sex lytìs, -iẽs (4)

shampoo šampū̃nas (2)

shave skùsti, skùta, skùto (ką?)

shave oneself skùstis, skùtasi,
 skùtosi (ką?)

shawl šãlikas (1)

sheep avìs, -iẽs (4)

sheet paklõdė (2)

shelf lentýna (1)

shine šviẽsti, šviẽčia, šviẽtė

ship, boat laĩvas (4)

shirt marškiniaĩ (3ª)

shoe bãtas (2)

shoe (for women) batẽlis, -io (2)

shop parduotùvė (2)

shore kran̄tas (4)

short trum̃pas, -à (4)

short story novèlė (2)

short vowel trumpàsis
 bal̃sis (2)

shorts šòrtai (1)

shoulder petỹs, -iẽs (4)

show ródyti, ródo, ródė (ką?);
 seánsas (1)

shower dùšas (2)

Shrove Tuesday, Mardi Gras
 Ùžgavėnės (1)

sick ligótas, -a (1)

sign pasirašýti, pasirãšo,
 pasirãšė (ką?)

silent tylùs, -ì (4)

silk šìl̃kas (4)

silken šilkìnis, -ė (2)

silver, of silver sidãbras (2)

silver, of silver sidabrìnis, -ė (2)

sing **dainúoti, dainúoja, dainãvo (ką?)**

singer **daininiñkas, -ė (2)**

single (room) **vienviėtis, -ė (2)**

singlet **marškinėliai (2)**

sink **kriauklė̃ (4)**

sister **sesuõ (3ᵇ)**

sit **sėdėti, sėdi, sėdėjo; sėstis, sėdasi, sėdosi**

sitting **pósėdis, -io (1)**

size **dýdis, -io (2)**

skate **čiuožinėti, čiuožinėja, čiuožinėjo**

ski **slìdė (2); slidinėti, slidinėja, slidinėjo**

skin **óda (1)**

skirt **sijõnas (2)**

sky **dangùs (4)**

sky blue **žýdras, -à (3)**

sledge **rogùtės (2)**

sleep **miegóti, miẽga, miegójo**

sleep over **nakvóti, nakvója, nakvójo**

sleet **šlãpdriba (1)**

slingback **basùtė (2)**

slipper **šlepėtė (2)**

slippery **slidùs, -ì (4)**

Slovak **slovãkas, -ė (2)**

Slovakia **Slovãkija (1)**

Slovene **slovėnas, -ė (1)**

Slovenia **Slovėnija (1)**

slow **lė̃tas, -à (4)**

small **mãžas, -à (4)**

small cake **pyragáitis, -io (1)**

smart **protingas, -a (1)**

smile **šypsótis, šýpsosi, šypsójosi**

smoked **rūkýtas, -a (1)**

snack before dinner/supper **pavakariaĩ (3⁴ᵇ)**

snack before lunch **príešpiečiai (1)**

snake **gyvãtė (2)**

sneeze **čiáudėti, čiáudi, čiáudėjo**

snow **sniẽgas (4); snìgti, sniñga, snìgo**

snowboard **sniėglentė (1)**

snowstorm **pūgà (4)**

soap **muĩlas (4)**

sock **kójinė (1)**

sofa **sofà (2)**

Sofia **Sòfija (1)**

soft **švelnùs, -ì (4)**

something tasty/good **ką̃ nórs skanaũs**

sometimes **kaĩtais**

son **sūnùs (3)**

soon **tuõj**

sorry **atsiprašaũ**

sort **rū̃šis, -ies (1)**

soul, ghost **vėlė̃ (4)**

soup **sriubà (4)**

sour **rūgštùs, -ì (3)**

sour cream **grietinė (2)**

sour milk **kefýras (2)**

southeast **piėtryčiai (1)**

southwest **piėtvakariai (1)**

sow, seed **sė́ti, sė́ja, sė́jo (ką?)**

space **erdvė̃ (4)**

spacious, roomy **erdvùs, -ì (4)**

Spain **Ispãnija (1)**

Spaniard **ispãnas, -ė (2)**

sparkling (of water) **gazúotas (1)**

sparrow **žvìrblis, -io (1)**

speak **kalbėti, kaĺba, kalbėjo**

special **ypatìngas, -a (1)**

spell sakýti paraidžiuĩ (ką?)

spend léisti, léidžia, léido (ką?)

spider vóras (3)

spine stùburas (3^b)

spoon šáukštas (1)

sport spòrtas (1)

sportsman spòrtininkas, -ė (1)

spot dėmė̃ (4)

spring pavãsaris, -io (1)

sprinkle barstýti, bar̃sto, bar̃stė
   (ką?)

square aikštė̃ (3)

squirrel voverė̃ (3^a)

St John's day Jõninės (1)

stadium stadiònas (2)

stage scenà (2); statýti, stãto,
   stãtė (ką?)

staging pastãtymas (1)

stair láiptas (1)

staircase láiptinė (1)

stand stovéti, stóvi, stovėjo

stand up stótis, stójasi, stójosi

star žvaigždė̃ (4)

start pradžià (4)

start, begin prasidéti, prasìdeda,
   prasidėjo

start speaking, talking prašnèkti,
   pràšneka, prašnėko

station stotìs, -iẽs (4)

steal võgti, vãgia, võgė (ką?)

still dár

still (of water) negazúotas
   (vanduõ(3^a) (1))

Stockholm Stòkholmas (1)

stomach pil̃vas (4); skrañdis,
   -io (2)

stop stabdýti, stãbdo stãbdė
   (ką?); stóti, stója, stójo

story apsãkymas (1)

stork gañdras (2)

storm audrà (4)

stove, cooker virýklė (2)

strawberry brãškė (2)

street gãtvė (2)

strict, demanding reiklùs, -ì (4)

striped dryžúotas, -a (1)

stud žirgýnas (1)

student studeñtas, -ė (2)

study mókytis, mókosi, mókėsi
   (ko?)

sugar cùkrus (2)

suggest siū́lyti, siū́lo, siū́lė (ką?)

suit tìkti, tiñka, tìko (kam? kas?)

suit (for men) kostiùmas (2)

suit (for women) kostiumė̃lis,
   -io (2)

summer vãsara (1)

sun sáulė (1)

sunglasses sáulės akiniaĩ (1)(3^b)

Sunday sekmãdienis, -io (1)

sunny saulétas, -a (1)

surf naršýti, nar̃šo, nar̃šė

surname pavardė̃ (3^b)

swamp, wetland pélkė (1)

swan gul̃bė (2)

sweater megztìnis, -io (2)

Swede švèdas, -ė (2)

Sweden Švèdija (1)

sweet saldaĩnis, -io (2);
   saldùs, -ì (4)

swim, sail pláukioti, pláukioja,
   pláukiojo

swimming maudýnės (2)

swimming pool baseĩnas (2)

Swiss šveicãras, -ė (2)

Switzerland Šveicãrija (1)

symbol **simbolis, -io (1)**
synthetic **sintètinis, -ė (1)**
synthetics **sintètika (1)**

table **stãlas (4)**
tablecloth **stáltiesė (1)**
tablet (medical) **tablètė (2)**
tailor **siuvėjas, -a (1)**
take **im̃ti, ìma, ė̃mė (ką?)**
take back **atsiim̃ti, atsìima,**
  atsìėmė (ką?)
take a bath **máudytis, máudosi,**
  máudėsi
take down **užsirašýti, užsirãšo,**
  užsirãšė (pas ką?)
take medicine **gérti váistus (1)**
take on **dárbinti, dárbina,**
  dárbino (ką?); priim̃ti, prìima,
  prìėmė (ką?)
Tallinn **Tãlinas (1)**
task **uždavinỹs (3⁴ᵇ)**
taste **ragáuti, ragáuja, ragãvo**
  (ką?)
tasty **skanùs, -ì (4)**
taxi **taksì**
tea **arbatà (2)**
teach **mókyti, móko, mókė (ką?**
  ko?)
teaspoon **šaukštẽlis, -io (2)**
teenager **paauglỹs, -ė̃ (3ᵇ)**
Tel Aviv **Tel Avìvas (2)**
telephone **telefònas (2)**
temperature **temperatūrà (2)**
tennis **tènisas (1)**
tennis ball **tèniso kamuoliùkas**
  (1)(2)
tent **palapìnė (2)**
terrace **terasa (2)**

terribly **baĩsiai**
test **tèstas (2)**
textbook **vadovė̃lis, -io (2)**
thank you **ãčiū, dė̃kui**
that, it **taĩ**
theatre **teãtras (2)**
there **teñ**
thermometer **termomètras (2)**
thickness **stõris, -io (2)**
thief **vagìs, -iẽs (masc.) (4)**
think about **galvóti, galvója,**
  galvójo (apie ką?)
thought **gerklė̃ (3)**
thunder **griáusti, griáudžia,**
  griáudė; griaustìnis,-io (2)
thunderstorm **perkū́nija (1)**
Thursday **ketvirtãdienis, -io (1)**
ticket **bilìetas (1, 3ᵇ)**
tidy **tvarkýti, tvar̃ko, tvar̃kė (ką?)**
tiger **tìgras (2)**
time **laĩkas (4)**
tip **arbãtpinigiai (1)**
today **šiañdien**
together **kartù**
toilet **tualètas (2)**
Tokyo **Tòkijas (1)**
tomato **pomidòras (2)**
tomorrow **rytój**
tooth **dantìs, -iẽs (masc.) (4)**
toothbrush **dantų̃ šepetė̃lis,**
  -io (4)(2)
toothpaste **pastà (2)**
towel **rañkšluostis, -io (1)**
tower **bókštas (1)**
tracksuit **spòrtinis kostiùmas**
  (1) (2)
tradition **tradìcija (1)**
traffic lights **šviesofòras (2)**

traffic police **kelių polìcija (4)(1)**
train **traukinỹs (3ᵃ)**
trainer **spòrtinis batẽlis, -io (1, 2)**
training **treniruõtė (2)**
tram **tramvãjus (2)**
translator, interpreter **vertéjas, -a (1)**
travel **keliáuti, keliáuja, keliãvo**
tree **mẽdis, -io (2)**
trimester **trimèstras (2)**
trip **keliõnė (2)**
trolleybus **troleibùsas (2)**
trousers **kélnės (1)**
try on **matúotis, matúojasi, matãvosi (ką?)**
Tuesday **antrãdienis, -io (1)**
tumbler (of beer) **bokãlas (2)**
Turk **tuȓkas, -ė (2)**
Turkey **Tuȓkija (1)**
turtle **vėžlỹs (4)**
TV set **televìzorius (1)**
twin **dvynỹs, -ė (4)**
typhus, spotted fever **dėmétoji šiȋtinė (1)**
tyre **padangà (3ᵇ)**

Ukraine **Ukrainà (2)**
Ukrainian **ukrainiẽtis, -io; -ė (2)**
umbrella **skėtis, -io (2)**
uncle **dė̃dė (2)**
underground **metrò**
understand **suprãsti, suprañta, suprãto (ką?)**
unemployed **bedaȓbis, -io; -ė (2)**
uniform **unifòrma (1)**
United States of America (USA), America **Jungtìnės Amèrikos Valstìjos (JAV) (2)(1)(2)**

university or college teacher **déstytojas, -a (1)**
until **ikì**
uppermost, top **viršutìnis, -ė (2)**
use **naudótis, naudójasi, naudójosi (kuo?)**
useful **naudìngas, -a (1)**

valley **slė̃nis, -io (2)**
vanilla sugar **vanìlinis cùkrus (1)(2)**
various **įvairùs, -ì (4)**
vehicle registration **automobìlio dokumeñtai (2)(2)**
vegetable **daržóvė (1)**
vest **liemẽnė (2)**
Vienna **Víena (1)**
view **vaĩzdas (4)**
village **káimas (1)**
Vilnius **Vìlnius (1)**
violet **violètinis, -ė (1)**
violin **smuĩkas (2)**
visit **apsilankýti, apsilañko, apsilañkė; lankýti, lañko, lañkė (ką?)**
vodka **degtìnė (2)**

waft **gū̃sis, -io (vėjo) (1) (2)**
wait **láukti, láukia, láukė (ko?)**
waiter, waitress **padavėjas, -a (1)**
way **bū̃das (2)**
walk **váikščioti, váikščioja, váikščiojo**
wall **síena (1)**
wall (shelf) **síeninė (lentýna) (1) (1)**
wallet **piniginė (2)**
want **norėti, nóri, norėjo (ko?)**
wardrobe **spìnta (1)**

warm šìltas, -à (4)
warmth šilumà (3ᵇ)
Warsaw Váršuva (1)
wash pláuti, pláuna, plóvė (ką?)
wash praũsti, praũsia, praũsė (ką?)
wash clothes skal̃bti, skal̃bia, skal̃bė (ką?)
wash oneself praũstis, praũsiasi, praũsėsi (ką?)
washing machine skalbìmo mašinà (2)(2)
Washington Vāšingtonas (1)
watch, clock laĩkrodis, -io (1)
water vanduõ (3ª)
wave bangà (4)
wear (clothes) dėvéti, dévi, dėvéjo (ką?/kuo?)
wear (shoes) avéti, ãvi, avéjo (ką?/kuo?)
weather óras (3)
wedding vestùvės (2)
Wednesday trečiãdienis, -io (1)
well šulinỹs (3ᵇ)
west vakaraĩ (3ᵇ)
wet šlãpias, -ià (4)
whale bangìnis, -io (2)
wheat kviečiaĩ (2)
wheel rãtas (2), vaĩras (4)
whenever bèt kadà
white báltas, -à (3)
wife žmonà (3)
wind véjas (1)
window lángas (3)
windowsill palángė (1)
windy vėjúotas, -a (1)
wine vỹnas (2)
wineglass taurė̃ (4)

wineglass (small) taurẽlė (2)
wing spar̃nas (4)
winter žiemà (4)
wish linkéti, liñki, linkéjo (ko?)
wishes linkéjimai (1)
wolf vil̃kas (4)
woman móteris, -ers (1)
wonderful nuostabùs, -ì (4)
wooden medìnis, -ė (2)
wool vìlna (1)
woollen vilnõnis, -ė (2)
work dárbas (3)
worker darbiniñkas, -ė (2)
working day dárbo dienà (3)(4)
working time dárbo laĩkas (3)(4)
workplace darbóvietė (1)
workroom, study dárbo kambarỹs (3)(3ᵇ)
worm kirmėlė̃ (3ᵇ)
worry, ado rūpestis, -io (1)
worry, care about rūpintis, rūpinasi, rūpinosi (kuo?)
wound žaizdà (4)
write rašýti, rãšo, rãšė (ką?)
writer rašýtojas, -a (1)
written examination egzãminas (1,3ᵇ) raštù

yard kiẽmas (4)
yellow geltónas, -a (1)
yes taĩp
yesterday vãkar
yoghurt jogùrtas (1)
young man vaikìnas (2)
young woman merginà (2)

Zagreb Zãgrebas (1)
zip, zipper užtrauktùkas (2)

Index

Numbers in bold refer to the units which include the material.

Credits

Notes

Notes

Notes

Notes

Notes